公共文化服务研究丛书

主　　编◎戴　言
执行主编◎张卫中

浙江城市社区文化建设研究

唐　濛　龙长征◎著

Zhejiang Chengshi Shequ Wenhua Jianshe Yanjiu

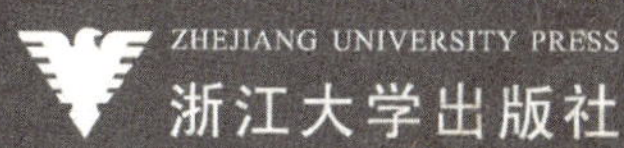

目　　录

概论篇

实践篇

思考篇

概 论 篇

第一章　城市社区与社区文化

第一节　社区构成要素和结构功能

一、社区概念的溯源

“社区”一词来源于拉丁文，指松散的社会群体中的亲密关系。从社会学意义上追溯“社区”这一概念，要从德国社会学家斐迪南·滕尼斯说起。1887年，滕尼斯出版了《共同体与社会》(又译作《社区与社会》)一书，这本著作开启了现代社区研究的大幕。在书中，滕尼斯使用“共同体(社区)”(德语 Gemeinschaft，即英语 Community)，与“社会”一词相区别。在滕尼斯看来，“社区”与“社会”是两种不同的社会组织形态。“社区”主要指乡村中存在的人与人之间亲密无间、守望相助、帮困扶贫、服从权威的有着人情味的“礼俗社会”。它不是社会分工造成的，而是基于血缘、地缘和文化等自然因素聚合的社会联合体；“社会”则是基于契约关系的理性秩序形成的“法理社会”。前者作为礼俗社会不是外力强加的，而是生于斯、长于斯的自然情感使然。后者则是人口异质性强、价值取向多元的，通过社会分工和契约组织起来的重理智、轻人情的社会群体。在滕尼斯看来，社会的形成是社区发展的结果，现代文明的走向便是从“社区”走向“社会”。

滕尼斯对“社区”和“社会”这两个概念的界定引起了社会学界广泛关注。但滕尼斯的“社区”与现代社区在内涵与性质上是有所差别的，尤其是用于城市社区时。100多年来，随着社会经济的日益发达和社会生活方式的日益多元，社区的内涵也在发生着重大改变。现择取几种代表性的观点作简要介绍，它们主要是从地域、人群、结构、功能等方面对其进行定义的。

现代意义的社区研究开始于20世纪初。“社区”最初被视为一个地域单位来研究。英国社会学家麦基文把社区界定为“共同生活的任何领域”，他在1917年发表的《社区：一种社会学的研究》中指出：“说到社区，我意指任何共同生活的区域：村庄、城镇，或地区、国家，甚至更广大的区域。”[①]美国社会学家罗吉斯也认为“社区是一个群体，它由彼此联系、具有共同利益或纽带、具有共同地域的一群人所组成。社区是一种简单群体，其成员之间的关系是建立在地域的基础上的。”[②]这时，“社区”已不再是与“社会”截然对立的概念了。

而美国社会学家帕克则从功能主义的视角对社区进行定义：“社区是占据在一块被或多或少明确地限定了地域的人群汇集。”但是，“一个社区不仅仅是人的汇集，也是组织制度的汇集。”[③]所以，他给出这样的定义：“社区的基本特点可以概括为：一是按区域组织起来的人口；二是这些人口不同程度地与他们赖以生息的土地有着密切的联系；三是生活在社区中的每个人都处于一种相互依赖的互动关系”[④]。此外，美国社会学家B.菲利浦斯也持类似看法：“社区是居住在某一特定区域的、共同实现多元目标的人所构成的群体。在社区中，每个成员可以过着完整的社会生活。”[⑤]1975年，美国社会学家桑德斯发表《社区论》，综合以往社区的内涵，指出要把社区看做是“一个互动的体系”，“一个行动的场所”和“一个行动的场域”。[⑥] 由此可见，尽管不同学者对“社区”概念的表述各有侧重，但其内涵不外乎这些三个方面：人群、地域、人与人之间

---

① 转引自夏学銮主编：《社区管理概论》，北京：中共中央党校出版社，2005，第11—12页。

② 转引自方明、王颖：《观察社会的视角——社区新论》，北京：知识出版社，1991，第4页。

③ [美]R.E.帕克等：《城市社会学》，宋俊岭等译，北京：华夏出版社，1987，第110页。

④ 转引自何金晖：《中国城市社区权力结构研究》，武汉：华中师范大学出版社，2010，第6页。

⑤ 转引自方明、王颖：《观察社会的视角——社区新论》，北京：知识出版社，1991，第2页。

⑥ 转引自夏学銮主编：《社区管理概论》，北京：中共中央党校出版社，2005，第14页。

的社会活动和社会关系。

在中国，最早关注“社区”这一概念的是费孝通。1930 年代，费孝通、吴文藻等燕京大学的学生把英文“Community”翻译为“社区”。费孝通回忆：“当初，Community 这个词介绍到中国来的时候，那里的译法是‘地区社会’，而不是‘社区’。当我们翻译滕尼斯的 Community 和 Society 两个不同概念时，感到 Community 不是 Society，成了相互矛盾的不解之辞，因此，我们感到‘地方社会’不恰当，那时，我还在燕京大学读书，大家谈到如何找一个确切的概念，偶然间，我就想到了‘社区’这两个字样，最后大家援用了，慢慢流行。这就是‘社区’一词的由来。”①

综上所述，我们对社区这一概念作如下表述：社区是指在一定地域范围内聚居的人群，他们有着相近的习俗传统和价值观念，有着相同的的生活共同体。

二、社区构成要素

根据对社区内涵的理解，我们认为构成社区的基本因素包括五个方面：人口、地域、社会活动和组织、社区文化和制度、公共服务体系。②

（一）人口要素

社区首先是“人的汇集”。一定数量的人口是社区的主体构成，也是社区的活力所在。社区人口主要包括人口数量、人口构成、人口分布等，这三个要素是衡量一个社区的重要标准。人口数量决定了社区的规模，人口的构成包括自然构成（年龄构成、性别构成等）和社会构成（职业构成、婚姻家庭结构、民族结构、受教育程度、宗教信仰等），决定了社区的社会结构和性质，人口分布指社区人口在社区范围内的区位分布，不同的区位分布将影响社区环境建设的布局。人口要素是社区的第一要素，

① 费孝通：《二十年来之中国社区研究》，《社会研究》第 77 期，转引自董小燕：《公共领域与城市社区自治》，北京：社会科学文献出版社，2010，第 28 页。

② 参见吴鹏森、章友德主编：《城市社区建设与管理》，上海：上海人民出版社，2007；顾建键主编：《现代社区管理概论》，上海：上海人民出版社，2007；天新叶主编：《社区管理学》，北京：北京大学出版社，2008。

没有一定规模的人口，就没有所谓的生活共同体，也就无所谓社区。

（二）地域要素

人们的社会活动总是在一定的地域空间中进行的。社区的概念中特别强调了一定的地域范围。一个社区是有地理边界的，这个边界可以是自然形成，也可以是行政区划形成。它是社区内的人们进行生产劳动和生活活动的物质载体。

社区的地域要素包括自然地理环境和人文地理环境两个部分。自然地理环境指社区所处方位、所辖范围、地形地貌、自然资源、气候条件等。人文地理环境指社区的人文景观、建筑设施、空间规划等。自然地理条件对社区的生存和发展有着显著的作用，特别是在前工业社会，人类对自然环境的依赖较大，比如拥有丰富的自然资源和宜人的气候条件的地域往往能吸引更多的人口入住，在形成社区的过程中起到重要作用，同时，这些自然资源在发展成社区时也可为居民利用和改造，打上人类的烙印，从而成为人文地理的部分。这些自然资源和人文资源共同影响和改变着社区居民的生产生活方式。一个社区的地域要素包括自然地理环境和人文地理环境，它们是社区存在的载体和必不可少的物质基础。

（三）社会活动和社会组织

一个社区就是一个小社会。社会活动就是指居民在社区中的基本生活与生产活动。而居民们在日常的劳动与生活中必然会产生各种交往与互动，形成一定的社会关系和社会网络。社区居民总是按照一定的组织结构相互联系的，因而社区中便形成了各种表达社区居民共同需要、共同利益的社会群体和组织。组织化是人类的本性表现。亚里士多德就说："人类自然是趋向于城邦生活的动物（人类在本性上，也是一个政治动物）"，"人类生来就有合群的性情，所以能不期而趋于这样高级（政治）的组合"[①]，这说明人类总是自然地结合成高级的组织生活团体，

① [古希腊]亚里士多德：《政治学》，吴寿彭译，北京：商务印书馆，1996，第7—9页。

在社区中也是如此。社区组织是维系社区居民关系，推动社区活动和社区发展的重要手段。所以社会活动以及由此形成的各种社会组织便构成了社区发展的动力因素。

社区中的社会组织类型多样，性质各一，在我国大体可以分为四类：一是行政组织，如街道办事处、社区居委会、社区党组织、社区成员代表大会等。这些组织在社区中主要承担了管理职能，在维护社区公共利益等方面发挥着重要作用；二是驻社区的各种企事业单位。如学校、医院、银行、部队、经营性企业，这些组织主要为社区居民的日常生活提供各种服务，在促进社区经济发展上发挥着重要作用；三是民间组织如各种协会：摄影协会、绘画协会、越剧艺术团、围棋协会、书法协会、文化艺术活动中心等等松散的社会团体，它们对活跃社区生活、提高社区文化氛围有着很大帮助；四是家庭、邻里等以血缘、地缘为纽带的初级组织，是社会的最小组织细胞。

在社区中，较高的组织化程度有助于改善社区人文环境，形成良好的社区氛围，加强社区成员的归属感和认同感，反之，低度的组织化不利于社区内社会群体与组织的互动，社区发展缺乏动力。同样，随着社会分工的细密化，人们以不同方式参与组织生活的愿望和需要也越发强烈。因而社区内社会组织的类型越多样化，其功能也越完善，越有利于社区成员的生产与生活。

（四）共同的文化和制度

生活在同一个社区，并参与到各种社区组织和社区活动中的居民们，久而久之，在人际关系的互动中形成共同的社区文化，并遵守一定的社会制度和行为规范。社区文化内涵丰富，包括生活方式、风俗习惯、价值观念、伦理道德、审美情趣、宗教信仰等。社区制度可以分为正式和非正式两种，前者表现为各类成文的规章制度，如国家、地区、社区、物管等各级组织颁布的法律、法规和规章制度，后者是社区成员约定俗成的行为规范，涉及道德准则、生活准则。正如费孝通所说："社区，它的含义中一个重要的部分，说是"共同的"、"一起的"、"共享的"，就是一群人有共同的感受，有共同关心的事情，也常常有共同的命运。社区中的住户，彼此都很了解，有什么事务，大家都有一种责任感，要一起去解决，而不是那种'各扫自家门前雪'的分离状态。"①社区的文化与制度起到统一社区成员行为，增进社区成员共同意识的作用。

（五）公共服务体系

社区要成为一个相对独立的区域，就必须有一个相对独立完善的公共服务体系。这个体系包括公共品与公共服务。社区公共品是指在社区这一地域范围内，与居民生活密切相关的公共产品，即居民在社区生活中所需公共产品的总和②。公共服务设施包括学校、医院、银行、邮局、农贸市场等。这些公共设施使得社区居民的生活得以维持和提高。缺乏这些设施或服务设施不完备，必然会影响社区居民的生活品质，也影响社区的稳定和发展。

三、社区的功能

社区功能是指社区内各构成要素经过组合后对社区整体运行所具有的功效和作用。由于不同类型的社区在构成要素、构成结构上各有特点，其社区功能也各有侧重，比如社区中人口结构中以老年人居多的社区，会比较重视社区的社会福利保障功能；而少年儿童居多的社区，则重视社区的社会化功能，关注社区教育对青少年儿童的作用。根据不同学者关于社区功能的观点进行归纳，可总结为五大功能：满足经济需求功能、社会参与功能、社会化功能、社会控制与维护功能、社会福利保障功能。③

（一）满足经济需求功能

指社区内的经济组织和服务机构能够满足社区成员在就业、生产、

---

① 费孝通：《居民自治：中国城市社区建设的新目标》，《江海学刊》2002 年第 3 期。

② 李雪萍：《城市社区公共产品供给研究》，北京：中国社会科学出版社，2008，第 9 页。

③ 参见顾建键主编：《现代社区管理概论》，上海：上海人民出版社，2007；天新叶主编：《社区管理学》，北京：北京大学出版社，2008；孙秋云、曹志刚编著：《社区与社区建设八讲》，武汉：华中科技大学出版社，2011。

流通和消费等方面的需求。不同经济结构的社区在满足社区成员的经济需求方面的能力有所不同。如乡村社区以第一产业为主导，居民能在社区内解决劳动、生产与基本消费需求，但对文化娱乐的需求在社区内就无法满足。城市社区中有以第二产业为主，第三产业为辅的工业社区，也有以第三产业为主导的商业中心。工业社区与商业中心在满足该区域的经济需求方面也有差异，前者在文化娱乐消费方面有所欠缺，后者既能为社区成员提供就业岗位，也能满足其在多方面的消费需求。由于商品经济的发展、社会分工的细化，现代意义的城市社区基本上形成了以第三产业、高新科技为主导的经济结构。每一个社区都有自己的经济基础，它决定了社区在发展中形成自己独特的生活方式、风俗习惯与文化心理，所以各个社区都非常重视发展社区经济，形成特色经济，构筑社区的物质基础。

（二）社会参与功能

社区是本地居民生活和交往的场所，也是他们直接参与社会事务、进行各项活动的场所。社会参与功能指社区为居民提供参与社区内政治、经济、文化、教育、娱乐、社会福利等方面活动的机会，促进社区内成员的交往与互助，增进居民认同感，增强社区活力，提高社区的价值整合。社会参与包括三个基本要素：谁来参与，参与什么和怎样参与。[①]社会参与的主体当然是社区的居民、驻社区的机关、团体、部队和企事业单位、由社区居民组成的各种非政府组织、居委会和街道办事处等。社会参与意味着社区成员作为参与的主体，既需承担社区的建设职责，同时也分享着社区发展的成果。所谓职责，主要表现在对社区公共事务的决策、管理和监督上。如推进社区民主建设进程，实现社区居民的自我管理、自我服务与自我监督。又如社区成员积极调动自身的资源为社区发展服务。特别是驻社区的机关、团体部队、企事业单位这些组织成员，都可以为社区发展贡献力量，如解决失业、贫困问题，提供社区服务，改

① 参见沈关宝主编：《历史、现实、模式——以上海社区文化为例的实证研究》，上海：上海人民出版社，2007，第79—82页。

善社区环境等。此外,社区居民参与得更多的还是与日常生活相关的事务,如参与社区文艺、体育、休闲、娱乐活动,志愿者活动,分享社区发展成果。社区参与有助于提高社区成员的公民意识,养成自助和互助的精神。

(三)社会化功能

“社会化”是社会学基本概念之一,指作为个体的生物人,通过参与社会生活,掌握生活技能,理解社会角色,学习社会文化,形成自觉遵守与维护社会秩序的价值观念与行为方式,最终融入群体当中,成长为社会人的过程。社区是个人社会化的重要场所。对于青少年而言,社区是他们社会化的最初场所,他们通过家庭、邻里、同辈群体,与其他人形成交往互动,理解各种社会角色;他们从社区的幼儿园、小学、中学等公共服务机构中受到教育,掌握了一定的知识技能;他们在参与社区组织的各种文化体育活动、公益活动当中受到熏陶,逐渐形成明确的世界观和价值观,遵循一定的社会行为规范,最终实现人的社会化。对于成年人来说,也有一个继续社会化的问题,即成人为适应新角色而继续学习生活知识技能、形成社会价值观和行为规范的过程。成人的继续社会化,既能使社会的正常运作与发展得到保证,也能使成人在适应社会需要的同时,自身个性也得以发展和完善。社区可以通过开展社区继续教育对成人的知识技能、价值观念和行为规范产生全面而深刻的影响,进而在一定程度上推动成人的继续社会化。目前,中国积极推进学习型社区的建设,在社区创办各种类型的社区学院,开放社区内各中小学校的资源,组织丰富多彩的文化活动,其目的正是为了促进成人继续社会化,提高社区居民的审美情趣和人文素养。

(四)社会控制和维系功能

社会控制有广义和狭义之分。广义的社会控制是指社会组织体系运用社会规范以及与之相应的手段和方式,对社会成员(包括社会个体、社会群体及社会组织)的社会行为及价值观念进行指导和约束,对各类社会关系进行调节和制约;狭义的社会控制是指对社会越轨者施以社会

惩罚和重新教育。社区作为一个生活共同体，通过文化心理认同和规章制度等对社区成员的伦理道德、价值观念和行为规范进行指导和约束，协调社会关系中的各个利益部分，保障社会安全，维持社会稳定，是一种广义的社会控制。

社会控制又分为制度化控制和非制度化控制。制度化控制即通过法律条例、规章制度明文规定“什么可为”、“什么不可为”，非制度化控制则通过人文教育、舆论宣传等方式将共同的价值观念和行为规范传递给社区成员。中国社区有比较完整的社会控制体系，如社区的派出所、居民调解委员会等发挥着制度化的社会控制功能。而社区的各类民间组织与团体，则通过举办各类活动、教育倡导等方式发挥社会控制功能。

（五）社会福利保障功能

社会福利是指国家和社会为全体社会成员特别是弱势群体提供的，旨在提高广大民众物质生活和精神生活质量的各种社会保障制度与措施。社区福利是整个社会福利体系的重要组成部分，也是落实国家福利政策，为社会成员提供相应服务与设施的基层单位。在社区中，社会福利功能主要通过各类社区服务机构提供的社区服务得以实现，并为社区全体成员所享有，如医疗卫生服务机构、体育运动场所、文化活动中心、娱乐健身设施等。此外，社区还有为社区的特定群体尤其是弱势群体提供相应的福利保障的责任。如为老年人提供养老福利、为少年儿童提供教育福利，为残疾人士提供助残福利，为贫困人群提供特别福利等。帮助和保护社区弱势群体是社区必须承担的责任，要让这些群体也能及时分享社会经济发展的物质与精神成果，从而缓解因社会不公引起的社会矛盾。

第二节　中国城市社区的建设

在中国，根据地域条件和社会特征，可将社区分为农村社区、城镇社区和城市社区三种类型。农村社区指以从事农业生产活动为主，人口密度和规模较小的社区，城镇社区又称为“集镇社区”，是介于农村社区和城市社区之间的类型。城市社区是指以从事工商业及其他非农社会活动的居民所组成的、有一定人口规模的地域性社会生活共同体。[①] 城市社区是人类居住的基本形式之一，是城市的细胞和基本单位。

一、中国城市社区的类型

我国城市社区的变化总体来看是一个由原有的均衡型社区向多层次、多类型社区转化的过程[②]。城市社区是多层次的。希腊规划家萨迪亚斯在他的《人类聚居学》中把社区分为六级：第一级社区：微型社区（包括邻里）；第二级社区、第三级社区：次社区或者准社区；第四级社区：规划社区；第五级社区：城市；第六级社区：都市[③]。当代社会学界普遍强调社区的层次性，认为社区可大可小，大至一个国家，小至一个居民小区。有许多学者在对城市社区进行研究时，把整个城市作为一个社区来研究。

中国政府在划分社区时主要从地域和基层管理的角度出发，把城市社区分为市级、区级、街道级、居委会级四级社区。我们通常提及的“社区”是居委会级的。中共中央办公厅、国务院办公厅转发的《民政部关于在全国推进城市社区建设的意见》（中办发〔2000〕23 号）中明确指出：“社区是指聚居在一定地域范围内的人们所组成的社会生活共同体。目前城市社区的范围，一般是指经过社区体制改革后作了规模调整的居民委员会辖区”。根据民政部的意见，我国城市社区基本上按人口、地域、认同感等社区构成要素来划分，一般认为居委会级的社区规模为 3000 户居民、1 万左右人口，辖有 0.5 平方公里左右土地。当然，在进行社区建设和试点时，并不排除有些工作是从区级或街道级这一层次来开展

① 吴鹏森、章友德：《城市社区建设与管理》，上海：上海人民出版社，2007，第 28 页。

② 王颖、杨贵庆：《社会转型期的城市社区建设》，北京：中国建筑工业出版社，2009，第125 页。

③ 参见吴鹏森、章友德：《城市社区建设与管理》，上海：上海人民出版社，2007，第 8 页。

的。本书在运用“社区”概念时也会涉及这四个层次。

关于社区的类型，学者的看法不一。按照不同标准，可对社区作出不同的分类。有学者根据社区归属与认同感、社区规范、社区服务、社区资源和行政渗透力，把我国社区类型基本分为四种：单一式单位社区、混合式综合社区、演替式边缘社区、新型房地产开发型社区[①]；也有根据社区的形成年代、社区空间布局、设施状况、管理方式、居民特征等把城市社区分为五种类型：传统街坊社区、单位公房社区、高价格商品房社区、中低价商品房社区、社会边缘社区[②]。也可以按功能来分：商业型社区、文教型社区、生态型社区、旅游型社区等。中国的社区建设起步较晚，在社区建设中需结合中国国情对国外的社区建设进行创造性的借鉴。

二、中国城市社区的发展历程

在新中国成立以后较长一段时间里，“单位制”和“街居制”一直是中国城市社会的基层管理体制。直到改革开放，中国城市社会发生着巨大而深刻的变化，“单位制”、“街居制”逐渐退出历史舞台，而“社区制”则逐渐浮出历史地表。

（一）单位制

“单位制”可以说是新中国成立后为解决旧中国“一盘散沙”的总体性危机而创造出的一套社会基层组织体系。新中国成立后，中国共产党面临着旧中国散漫无组织状态、社会总资源相对不足与快速建立中国工业化体系、加强社会主义建设之间的冲突，为了使中国政治、经济发展步入正轨，首先要解决的问题就是构筑有效的组织体系，将社会力量整合起来。而“单位制”成为当时的最佳选择，即利用单位作为社会的最基本单元，让几乎所有城市人口都纳入到政府的行政管理系统当中。这样，国家就能对社会资源进行统一的管理、调度与支配，极大地发挥社会主

---

① 参见徐晓军：《城市自治社区的定位及其特征》，《北京社会科学》2001年第4期。

② 参见王颖、杨贵庆：《社会转型期的城市社区建设》，北京：中国建筑工业出版社，2009，第125－127页。

义优越性。

在当时高度集权的政治体制与高度集中的计划经济体制下，“单位制”确实起到了有效的社会秩序整合功能，能在短时间内能集中人力、物力和财力来建设社会主义新中国。这主要表现在政治动员和经济发展上。[①] 通过单位组织，党和政府可以大规模地发动群众投入政治运动，从而实现党和政府的各项方针政策；通过单位组织，国家可以有效利用、调配有限的资源，集中力量进行社会主义建设，快速实现国家发展目标。对于个人而言，单位组织犹如一个功能完全的小社会，能满足单位成员的基本经济需求和政治需求。然而，“单位制”在发挥积极作用的同时，也产生不少消极影响，由于“单位制”的高度组织化，单位之外没有完整的社会，使得个人对单位形成高度的人格依赖，个人离开单位则寸步难行，甚至丧失个人身份。整个社会封闭僵化，缺少流动性，也丧失了经济活力。这些问题随着中国社会的剧烈变迁而日益严重，最终走向解体。

（二）街居制

“街居制”的建立，是对“单位制”的一种补充。建国初期，虽然中国城市大部分人口被纳入到单位中，但仍有少部分人口不属于工厂、企业、机关、学校等组织，如家庭妇女、小商小贩、自由职业者、社会闲散人员等。因此，为加强城市政权和城市管理工作，新政府在废除国民党保甲制度之后，逐步建立起街道—居委会的基层管理体制，即“街居制”。1954 年，第一届全国人大四次会议上，制定并通过了《城市街道办事处组织条例》和《城市居民委员会组织条例》。就这样在中国城市形成了作为国家政权派出机构的街道办事处和作为地域性自治组织的居民委员会相互衔接的基层管理组织的格局。这一体制是中国城市社会调控体系的有力补充，使无单位人员也得到了有效管理和控制，弥补了单位体制的盲区，吸纳了一部分社会摩擦，形成了当代城市社区的雏形。[②] 但

---

① 参见何海兵：《和谐社区：上海和谐社区建设报告》，上海：学林出版社，2010，第 15—16 页。

② 参见何亚群：《从单位体制到社区体制——建国后我国城市社会整合模式的转变》，《前沿》2005 年第 4 期，第 158—160 页。

“文革”时期，“街居制”遭到了严重破坏，几乎名存实亡，“文革”后，“街居制”重获新生，并朝着社区制转型。1980 年，全国人大常委会重新公布 1954 年的《城市居民委员会组织条例》，再次明确街道办事处是区政府的派出机构，1982 年通过的《中华人民共和国宪法》首次明确指出：“城市按居民居住地设立的居民委员会是基层群众性组织”，主要工作就是办理本居住地区居民的公共事务和公益事业，反映居民的建议和问题，调解居民内部矛盾，维护社会稳定。到了 20 世纪 80 年代中后期，“街居制”已呈现出向社区制转型的趋向。

（三）社区制

“社区制”作为一种全新的基层组织，是对“单位制”和“街居制”的一种接续和超越。改革开放后，中国社会结构发生巨大变化，随着所有制结构的变动，市场经济的发展，以及城乡二元格局的松动，社会流动加剧，大量体制内人员脱离单位，流向外资企业、私营企业等，同时出现了许多个体户、私营企业主、待业青年和失业下岗工人等无法纳入单位的人员。“单位制”已经不可能起到全面控制社会人员的作用。同样，“街居制”也面临着改革和转型。在计划经济时期，由于绝大部分社会成员属于单位组织，单位之外的人员较少，街居制起着城市管理的辅助作用。但是单位制的解体和城市社会的剧烈变迁，使得街居制无法应对，主要表现为职能超载、职责不清、权责不一致和资源缺乏等一系列问题。[①]这些问题推动着“街居制”向“社区制”转型。

基于以上原因，我国城市基层管理体制在 20 世纪 80 年代中后期开始酝酿变革。1986 年，民政部率先倡导在城市基层开展以民政对象为服务主体的社区服务活动，第一次把“社区”概念引入到政府工作中来。1999 年，民政部在全国范围开展社区建设的试点工作，选择在北京、上海、天津、杭州、沈阳、青岛等城市设立了 26 个“全国社区建设实验区”。通过几年的实践探索和经验总结，已形成了几种有代表性的社区管理模

① 参见翟桂萍：《公共空间的历史性建构：社区发展的政治学分析》，北京：军事科学出版社，2009，第 69－71 页。

式,比如上海模式、沈阳模式、江汉模式和青岛模式等。2000 年 11 月,中共中央办公厅和国务院办公厅转发了民政部《关于在全国推进城市社区建设的意见》,开始了社区建设的全面展开和城市基层管理体制的深刻转型。随着城市社区体制建设的改革和深化,城市社区在服务居民群众、搞好城市管理、密切党群干群关系、维护社会稳定、促进社会和谐等方面已具有不可替代的地位和作用。

三、浙江省城市社区建设概况

浙江省城市社区建设方面的探索实践开始得比较早,城市社区建设工作一直走在全国前列。浙江省社区建设主要经历了四个阶段:探索期、实验期、推进期和深化期。[①]

(一)探索期(1991—1999 年)

早在 20 世纪 90 年代,当社区建设概念初步提出时,浙江省便开始了这方面的探索。从 1989 年开始,杭州市下城区在全国率先实施社区服务计划,并在社区服务的基础上探索社区的制度建设,使得社区建设的概念有了较为清晰的界定。

1991 年 5 月,时任民政部部长崔乃夫指出城市基层组织建设应着重抓好社区建设。之后,杭州、天津、石家庄、青岛、南京等城市进行了这方面的探索,取得了很多经验。1992 年 3 月,时任民政部基层政权建设司司长李学举深入杭州下城区街道、民委会甚至居民家庭进行为期半个月的社区调研,写出了《关于杭州市下城区"社区建设"的调查研究报告》,文中称下城区为"城市社区建设的先行实践者",给予了高度肯定。同年 10 月,中国基层建设研究会在杭州下城区召开了"全国城市社区建设理论研讨会",从理论和实践两方面对社区建设问题进行了深入的研讨。1993 年 5 月,著名社会学家、全国人大常委会副委员长雷洁琼视察

① 该阶段划分主要参考郭竞成主编:《浙江社区的建设与发展(1949—2009)》,杭州:浙江工商大学出版社,2009;翁卫军、杨张乔主编:《建设现代和谐社区——杭州市区社区建设创新研究》,北京:中国社会出版社,2006。

了杭州市的社区建设。当年11月，全国首家区级社区建设研究会在下城区成立，雷洁琼副委员长任名誉会长。1996年，下城区出版了全国第一本社区建设专著《中国城市社区建设》，为社区建设的发展提供了理论指导和可资借鉴的经验。到了1999年，浙江省已在全省范围内开展了社区建设的试点工作。

(二)实验期(1999—2002年)

1999年，民政部开展了“全国社区建设实验区”的工作。从2月至4月间，先后选择了全国26个城区为社区建设实验区。杭州市下城区被民政部确定为首批全国城市社区建设实验区。同年8月，民政部在杭州下城区召开了全国城市社区建设实验区工作座谈会，主要探讨社区建设的总体思路、发展方向、工作目标及运行机制等，提出要整合社区资源和社区力量，形成党委和政府领导、民政部门牵头、有关部门配合、社区居委会主办、社会力量支持、群众广泛参与的推进社区建设的整体合力。比如杭州市下城区这个“全国城市社区建设实验区”在社区建设的实践探索中也形成自己的建设特色：以“政府推动力”、“社区自治力”、“社会参与力”、“市场运作力”为动力的“四力合一”运行模式，建设“人本社区”、“文化社区”、“生态社区”和“数字社区”的四位一体的战略目标。

2000年，浙江也在全省范围内展开了社区建设的试点工作。杭州市上城区、江干区，宁波市江东区，温州市鹿城区被确定为第一批省级实验区；嘉兴市新城街道、湖州市月河街道、绍兴市塔山街道、金华市城中街道、舟山市环南街道被确定为第一批省级实验街道。经过几年的实践探索，这些实验单位在全省率先完成了社区体制改革，开展了基层社区的全方位建设，取得了较好的实验成果。

(三)推进期(2002—2006年)

2000年11月，中共中央办公厅、国务院办公厅下发了《关于转发国家民政部关于在全国推进城市社区建设的意见》(中办发〔2000〕23号)，指出大力推进城市社区建设，是面向新世纪我国城市现代化建设的重要途径。这个意见标志着社区建设进入一个新的阶段。2001年7月，民政部又下发了《全国城市社区建设示范活动指导纲要》，在全国掀起了社区建设示范市（区）的创建活动。2002 年 9 月，全国社区建设工作现场会暨城市民政工作座谈会在吉林省四平市召开。会上，民政部确定了河北省保定市等 27 个市为“全国社区建设示范市”，北京市西城区等 148 个区为“全国社区建设示范区”，其中浙江省有 5 个“全国社区建设示范市”：杭州市、宁波市、义乌市、诸暨市、江山市；11 个“全国社区建设示范区”：杭州市下城区、西湖区、上城区、江干区、拱墅区；宁波江东区、海曙区、江北区、镇海区、北仑区；温州鹿城区。浙江省的示范城市（区）数量位居全国第一，由此可见，浙江省的城市社区建设的一些有益探索和改革在全国都起着模范效应。

浙江省高度重视城市社区建设。新世纪伊始，浙江省便将城市社区建设作为省委、省政府的重点工作来抓。2001 年，浙江省委、办公厅下发了《关于进一步加强城市社区建设的意见》（浙委办〔2001〕28 号），同年，浙江省委下发了《关于加强城市社区党建工作的意见》。这些文件强调了城市社区建设和党建工作的重要性和紧迫性，并明确提出了加强社区建设的基本措施和城市社区党建工作的主要目标，为浙江省社区建设提供了总体思路。

2003 年 12 月，浙江省拟定了城市社区指导纲要（2003—2010 年），从加强社区党的建设、强化社区自治组织建设、拓展社区服务、健全社区民间组织体系、加强社区卫生服务、繁荣社区文化、推进社区教育、美化社区环境、加强社区治安、加强社区档案管理这十个方面为未来城市社区建设提出了明确任务。城市社区建设工作在浙江省全省范围内得以全面推进。各个地市根据中共中央办公厅、国务院办公厅《关于转发国家民政部关于在全国推进城市社区建设的意见》（中办发〔2000〕23 号）精神，响应省委、省政府的号召，从地区实际出发，探索城市社区建设的新路子，全面推进城市社区建设。如宁波市在 2001 年提出，加强社区建设以街道为主导、社区为主体，按照“一年打基础，两年求完善，三年上台阶”的总体部署，突出重点，有序推进。2001 全面完成社区规模调整，普

遍建立以党组织为核心的新型社区，基本形成区、街道、社区三级服务网络，有40%的社区达到高级文明社区、安全社区标准。2002年，进一步理顺社区管理体制，完善社区组织体系，强化社区服务功能，80%的社区建成市级文明社区、安全社区。2003年，基本实现社区工作规范化、民主化、社会化；文明社区、文明街区、文明城区协调发展，90%以上的社区成为安全、舒适、文明和谐的新型社区。

（四）深化期（2007年至今）

最早提出“构建和谐社会”这一概念是在党的十六届四中全会。2004年，党的十六届四中全会审议通过《中共中央关于加强党的执政能力建设的决定》，《决定》将“构建社会主义和谐社会的能力”作为提高党的执政能力的一个重要内容。2005年2月19日，中共中央举办的省部级主要领导干部提高构建社会主义和谐社会能力专题研讨班在中央党校开班。胡锦涛总书记在开班式上发表重要讲话。他指出，构建社会主义和谐社会，是我们党从全面建设小康社会、开创中国特色社会主义事业新局面的全局出发提出的一项重大任务，适应了我国改革发展进入关键时期的客观要求，体现了广大人民群众的根本利益和共同愿望。要加强城乡基层自治组织建设，从建设和谐社区入手，使社区在提高居民生活水平和质量上发挥服务作用，在密切党和政府同人民群众的关系上发挥桥梁作用，在维护社会稳定、为群众创造安居乐业的良好环境上发挥促进作用。

社区是社会的细胞、社会的缩影，社区和谐是构建社会和谐的重要基石。从这个意义上讲，构建社会主义和谐社会，当然要把构建和谐社区作为重要切入点。2005年8月，民政部在吉林省长春市召开了全国社区建设工作会议。会上，李学举部长作了题为《建设和谐社区，为构建和谐社会奠定基础》的重要讲话。会议指出，应努力建设居民自治、管理有序、服务完善、治安良好、环境优美、文明祥和的社区，使之在提高居民生活水平和质量上发挥服务作用，在密切党和政府同人民群众的关系上发挥桥梁作用，在维护社会稳定和创造安居乐业的良好环境上发挥促进作用。2006 年 7 月，民政部下发了《关于开展“建设和谐社区示范单位”创建活动的通知》，在全国开展了创建和谐社区活动。

为表彰先进，树立典型，推动和谐社区建设深入持久发展，2009 年，民政部命名北京市西城区等 188 个城区（市）为全国和谐社区建设示范城区（市）、北京市东城区东华门街道等 253 个街道为全国和谐社区建设示范街道、北京市丰台区丰台街道永善社区等 500 个社区为全国和谐社区建设示范社区。其中浙江省共有 10 个全国和谐社区建设示范城区（市）、15 个全国和谐社区建设示范街道、25 个全国和谐社区建设示范社区。

从 2007 年起，以“和谐社区”为目标的社区建设便成为浙江省委、省政府关于社区工作的重点。浙江省委、省政府积极把握《中共中央关于加强党的执政能力建设的决定》等文件的精神，把和谐社区作为构建社会主义和谐社会的基石，在全省启动了和谐社区的创建工作。2005 年，时任浙江省委书记习近平指出：“各省各级要以建设和谐社区为目标，突出以人为本的理念，认真研究，积极探索，打牢基础，创造特色，着力推进社区建设再上新台阶。”2005 至 2006 年，浙江省民政厅开展了全省范围的社区建设工作调研，初步形成了“以建设和谐社区为目标，突出以人为本理念，着力完善基层社会管理，规范社区居民自治，提升社区服务品质，打牢基础，创造特色，切实推进社区建设工作再上新台阶，为构建和谐社会奠定扎实的基础”的城市社区建设思路。2007 年，中共浙江省委、浙江省人民政府下发了《关于推进和谐社区建设的意见》，省委、省政府提出，以社区党的建设为核心，以居民自治为导向，以社区服务为重点，以社区文化为载体，以社区稳定为基础，以社区居民满意为标准，积极探索创新基层社会管理和公共服务的体制机制，使社区在提高居民生活水平和生活质量上发挥服务作用，在密切党群干群关系上发挥桥梁作用，在创造安居乐业良好环境上发挥促进作用，努力使我省和谐社区建设工作走在全国前列。浙江省各地以“和谐社区”建设为载体，进一步完善社区建设评价体系，深化社区工作内涵，推进全省社区建设再上新台

阶。2008年，浙江省城市社区工作协调小组下发的《关于开展和谐社区创建活动的通知》提出，从2008年开始，在全省城市开展和谐社区创建活动，争取到2010年底，全省城市社区基本实现和谐社区创建目标。全省命名表彰一批"和谐社区建设工作先进县(市、区)"和200个左右"和谐示范社区"，发挥典型示范作用，引导和推进和谐社区创建工作。为此，浙江省城市社区工作协调小组还特别设计了"浙江省和谐社区建设工作先进县(市、区)测评标准"，从组织机构、部署工作、党工作、党群关系协调、社区体制改革、社区建设规划、社区工作队伍等十个方面入手，把浙江省和谐社区建设工作进一步细化，落到了实处。各县(市、区)、街道和社区则对照《标准》，对和谐社区建设工作进行全面自查，寻找差距，改进工作。到2010年底，浙江省已创建了两批"浙江省和谐社区建设工作先进县(市、区)"和"浙江省和谐示范社区"。2008年年底，省城乡社区建设领导小组命名20个县(市、区)为首批"浙江省和谐社区建设工作先进县(市、区)"和161个社区为首批"全省和谐示范社区"；2010年12月底，杭州市西湖区等17个县(市、区)成为第二批"浙江省和谐社区建设工作先进县(市、区)"，杭州市上城区小营街道葵巷社区等103个社区成为第二批"浙江省和谐示范社区"。浙江省通过和谐社区创建活动，努力把城市社区建设成为管理有序、服务完善、文明祥和的社会生活共同体，为构建社会主义和谐社会、实现全面建设小康社会奋斗目标作出了新贡献。

第三节　城市社区文化

一、文化、城市文化与社区文化

城市文化、社区文化都是文化的子概念。所以要对城市文化、社区文化进行界定，首先要简单梳理文化的内涵。

(一)文化

"文化"一词,中国古已有之。《周易》中有对文化的表述:"刚柔交错,天文也;文明以止,人文也;观乎天文,以察时变,观乎人文,以化成天下。"由此可见,"文化"有"人文"与"教化"之意。在西方,文化(Culture)一词源于拉丁文,原指种植和耕作,后引申为培养、教育之意。最早明确给文化定义的是英国人类学家爱德华·泰勒,他在《原始文化》一书中指出:"文化是一个复杂的整体,包括知识、信仰、艺术、道德、法律、习俗以及作为社会成员的个人而获得的任何能力和习惯。"① 中国著名社会学家吴文藻把文化分为四个方面:"(1)物质文化,是顺应物质环境的结果;(2)象征文化,或称'语言文字',系表示动作或传递思想的媒介;(3)社会文化,亦简称'社会组织',其作用在于调适人与人之间的关系,乃应付社会环境的结果;(4)精神文化,有时仅称为'宗教',其实还有美术、科学与哲学也须包括在内,因为他们同是应付精神环境的产品。精神的文化是文化的结晶,是与各个特殊的文化系统相别的枢纽。"②

综合来看,我们对文化的理解,有广义和狭义之分。广义的文化指人类社会历史实践过程中所创造的物质产品与精神产品的总和,狭义的文化仅包括精神层面,如宗教、艺术、哲学、语言、礼仪、习俗、制度等。

(二)城市文化

城市文化与社区文化都社会文化的一个有机组成部分,是人类文化在一定地域中的具体表现形式。《大英百科全书》(第15版)把城市文化定义为"古往今来各类城市和城市区域之任何行为模式"。凡与城市有关的物质生活、行为方式、精神活动都可称之为城市文化。城市是文明的产物,又是文明的生成地和土壤。在《西方的没落》一书中,斯宾格勒甚至认为,人类所有的伟大文化都是由城市产生的。③ 由此可见,文化是城市的题中之义,可以说没有文化,不可能形成城市。正如刘易斯·

① [英]爱德华·泰勒著《原始文化》,连树声译,上海:上海文艺出版社,1992,第1页。

② 吴文藻:《人类学社会学研究文集》,北京:民族出版社,1990,第146页。

③ 参见倪鹏飞:《中国城市力竞争报告NO.2》,北京:社会科学文献出版社,2004,第169页。

芒德福所说："历史地看，人类文明经过自狩猎文化向农耕文化的过渡，人口增加，有可能促成了乡村社会向城市社会的转变；贸易通道的拓展，以及职业种类的增多，也都有可能发挥促进作用。但是，仅仅从城市的经济基础层面是没有办法去发现城市的本质的。因为，城市更主要是一种社会意义上的新事物。城市的标志物是它那目的性很鲜明的、无比丰富的社会构造。城市体现了自然环境人化以及人文遗产自然化的最大限度的可能性；城市赋予前者（自然环境）以人文形态，而又以永恒的、集体形态使后者（人文遗产）物化或者外化。"①

（三）社区文化

社区文化的定义不一，国内学者分别从多个角度进行说明。关于社区文化的可概括为五类：②

生活方式说：社区文化指社区成员在一定的地域范围内形成的行为模式和生活方式，包括物质生活方式和精神生活方式。前者指衣食住行以及工作和娱乐的方式，后者包括人们的价值结构（追求、期望、时空、价值观等）、信仰结构和规范结构（风俗、道德、法律等）诸方面。

文化活动说：指社区内开展的各种文化活动，这是社区文化最具体的体现。文化活动内容丰富、形式多样。内容涉及文学、艺术、体育、教育、法律、风俗习惯等等，形式上可以是表演类、参与类、庆典类、咨询类、培训类多种形式齐头并进。社区文化活动的开展还涉及文化机构和文化场所，如图书馆、博物馆、演剧院、体育运动场所、娱乐场所、文化艺术中心等。

群众文化说：群众文化是人们在职业之外，自我参与、自我娱乐、自我开发的社会性文化。其核心是群众的共同参与和集体认同。社区文化具有自娱自乐、自我管理的特点，基本上是群众自发地组织和参与，它

---

① 刘易斯·芒德福：《城市文化》，宋俊岭译，北京：中国建筑工业出版社，2008，第5页。

② 参见孟固、白志刚：《社区文化与公民素质》，北京：中国社会出版社，2005，第3－4页；汪大海、魏娜、郇建立：《社区管理》（第二版），北京：中国人民大学出版社，2009，第143－144页；吴鹏森、章友德：《城市社区建设与管理》，上海：上海人民出版社，2007，第220－221页。

体现了社区普通群众的共有的行为习惯、伦理道德和价值观念。社区文化一经形成，便会对社区居民起到一定的约束力。

特色文化说：强调社区范围内特有的文化现象。包括生活方式、语言表达、行为规范、风俗习惯、宗教信仰等各个方面具有的特征。

广义狭义说：和文化的概念有广义狭义之分一样，广义的社区文化指社区成员在一定的地域范围内，通过长期的社会生活与交往互动而形成的文化认同，包括物质层面和精神层面。狭义的社区文化主要指有地方特色的价值观念、生活方式、行为模式等文化现象的总和。

综合以上定义，我们认为社区文化是特定区域内的特定群体，在长期的共同生活与交往中创造形成的具有鲜明地域特色的生活方式、行为模式、价值观念的总和。

社区文化受社区成员素质、地域环境特色及地区历史文化传统这三个因素的影响颇大。首先，社区文化的主要参与者是社区居民，每一个社区居民的文化特长、文化素养、文化需求都有所不同，社区居民的文化特点是构成社区文化风貌的基础，如一些社区的居民中多是从事艺术工作者，那么这一社区的艺术氛围相对浓厚，而一些社区的居民以本地居民为多，传统习俗积淀厚，民俗文化活动参与多，气氛热烈。不同社区的地理环境和人文环境对社区居民的文化素养也有熏染作用，所谓的"一方水土养一方人"，社区的地域特征、环境氛围最终为社区文化的形成奠定了物质基础，正如有些学者所说："社区文化的生动性还体现于社区居民的素质。由于不同层次的人群聚居形成了社区社会生活的特征，这一过程营造了特定的社区文化，也反映出不同的地域特征。"[①]同时，"不同的社区所表现出的社区风貌，在很大程度上是源于对传统文化的吸收与同化，并在此基础上推陈出新，而被改造后的传统文化还会以一定的形式加以保存，并将其留传给下一代。"[②]该地域的传统文化也深深地扎根

① 王颖、杨贵庆：《社会转型期的城市社区建设》，北京：中国建筑工业出版社，2009，第196页。

② 孙秋云、曹志刚：《社区与社区建设八讲》，武汉：华中科技大学出版社，2011，第192页。

在社区当中，并经过社区居民的文化参与和改造利用而焕发出新的生命。

二、社区文化体系

社区文化是一个多层次、多方面整合形成的体系。《中国大百科全书・社会学卷》提到："社区文化大体由环境设施层面、行为或生活层面、组织制度层面、精神层面所构成。在这一多层次的社区文化体系中，环境设施是其物质外表，行为或生活是其动态显现，组织制度是其依托和保证，精神文化则是灵魂。"[①]根据社区的定义和内涵，我们把它分为四个层面：第一层是社区物质文化，第二层是社区行为文化，第三层是社区制度文化，第四层是社区观念文化。[②]

（一）社区物质文化

指社区文化的外在表现，主要包括社区的人居环境、文化场所与设施、文化产品与服务等物质基础。

社区文化建设往往首先从改善人居环境着手。"不同时期形成的城市路网构架、建筑特色风格和外部空间环境特征等，它为社区空间组织的多样性提供了重要物质基础。"[③]人居环境的文化建设主要表现空间规划、生态环境、人文景观和房舍建筑等。要对社区的生活空间进行合理规划与布局，巧妙地安排社区内的商业、教育、医疗、运动、娱乐等空间，让居民的生活各个方面的需求能便利地获得；应加强生态环境的建设。社区的生态环境的改善，一方面需要投入资金进行花草树木等的培植，一方面也需居民注意养成良好的卫生习惯，不要践踏草地、随地吐痰、乱丢垃圾等，使社区拥有一个鸟语花香、空气清新、景色宜人的自然环境。人文景观和房舍建筑的设计，要符合社区的自然条件和历史人文

---

① 转引自杨贵华等：《自组织：社区能力建设的新视域——城市自组织能力研究》，北京：社会科学文献出版社，2010，第 91 页。

② 参见于显洋：《社区概论》，北京：中国人民大学出版社，2006，第 228 页。

③ 王颖、杨贵庆：《社会转型期的城市社区建设》：北京中国建筑工业出版社，2009，第 196 页。

背景，要研究社区内的人群生活方式、文化需求，从而营造出符合社区特色，与居民工作、学习、娱乐休闲相和谐的人文景观和房舍建筑。

文化场所和设施指社区内的图书馆、博物馆、体育馆、演剧院、茶楼、棋牌室、运动广场等场所以及其中的文化设施。此外，在科技发达的大城市，很多社区还建设了“数字社区”，如社区网页、社区局域网等，这些网络平台为社区居民提供了一个虚拟交往场所，在这里居民们通过发帖、跟帖，参与社区事务，组织社区活动，联络成员感情，增进社区邻里关系。文化场所和设施的规模、种类、数量等是衡量社区文化建设的硬指标，因而受到政府部门、尤其是文化部门的重视，在资金投入力度上比较重视。

文化产品与服务。从广义的角度来看，凡涉及居民衣食住行的产品和服务，都属于社区文化的有机组成部分。

（二）社区行为文化

行为文化层面是社区文化的动态显现，主要包括邻里互动和文化活动。社区成员之间的交往沟通方式，是形成社区文化的一个重要部分。在《北京社区魅力指数报告》一书中，衡量社区文化水平的指标里就有 4 个与此有关：邻里相处融洽程度、邻里互助氛围、社区敬老扶弱氛围、社区志愿服务氛围。①

邻里互动，营造良好的人际关系，睦邻关系，是整个社区建设发展有效的润滑剂。早在 19 世纪 80 年代，英美国家城市社区工作者和志愿者就已开展“社区睦邻运动”，发动居民积极参与社区活动，建立社区睦邻组织，为社区提供服务，尤其注重培养居民的社区参与和互助精神，着力造就社区发展的内在动力，在改良市民生活方面作出了很大的贡献。中华民族一向注重邻里关系、人情交往的传统。目前我国的社区文化建设

---

① 参见北京城市服务管理广播：《北京社区魅力指数报告》，南京：凤凰出版社，2010，第 124 页。

更要继承这一传统，努力营造守望相助、和睦相处的社区氛围。[①]

文化活动是社区文化的重要体现，也是社区文化的最具活力的部分。文化活动的内容丰富多样，学者白志刚把它分为民俗文化、文艺文化、体育文化、教育文化、环境文化和精神文明六个方面。[②] 也有学者把它分为五个方面：高雅文化、群众文化、科普文化、休闲文化和民俗文化。[③] 我们认为从活动内容、居民参与程度来看，以这六个方面为主：民俗文化、文艺文化、体育文化、教育文化、科普文化和休闲文化。

（三）社区制度文化

有学者认为社区制度文化表现为行政体系、法律体系和道德规范体系的实际操作水准及人们的认同度。[④] 所以，制度内容不仅限于文化，凡属于社区的组织管理与制度，也即“社区管理组织机构的设置、管理权限的分配、职责范围的划分及其机构运行和协调的机制”[⑤]都属于制度文化范畴。如果从狭义范围来讲，主要指与文化建设相关的组织与制度。文化组织指社区里的文化管理机构、民间文化团体、社区文化人才队伍等；与文化建设相关的制度如社区公共文化服务供给机制，社区文化资源规划、开发、运用机制，社区文化产业市场运行机制、文化人才培养、管理机制等。社区制度文化对社区文化的开展具有一定的约束力和控制力，合理完善的制度配套是社区文化的建设的有力保障。

（四）社区观念文化

指社区居民在长期的社会活动中形成的世界观、价值观、伦理道德、理想信念、社区意识等，集中体现为社区的总体精神风貌，即社区精神文

---

① 参见杨贵华等：《自组织：社区能力建设的新视域——城市自组织能力研究》，北京：社会科学文献出版社，2010，第 97 页。

② 参见白志刚：《社区文化与教育》，北京：中国劳动社会保障出版社，2001，第 27 页。

③ 参见吴鹏森、章友德：《城市社区建设与管理》，上海：上海人民出版社，2007，第 226 页。

④ 参见沈关宝：《历史、现实、模式——以上海社区文化为例的实证研究》，上海：上海人民出版社，2007，第 93 页。

⑤ 李光等：《中国城市社区建设新探索：百步亭花园社区研究》，武汉：武汉出版社，2002，第 50 页。

明。社区精神文明固然与社区教育、科学、文艺、卫生、体育等事业的发展规模和发展水平相关，但主要还是限定在思想观念、意识形态的层面。社区精神文明建设的目标就是让社区成员形成有利于社会主义现代化建设的价值观念、道德规范和理想信念，把社区创建为一个居民们守望相助、疾困相扶、和谐共处的幸福家园。[①]

社区文化是一个系统，系统中的四个层次之间相互依存、相互影响。比如，通过社区的空间环境，可以感知社区成员的生活状态和精神面貌，社区的文化活动都要依托社区的文化场所和文化设施，因地制宜地开展。合理完善的社区文化制度将促进社区文化活动的开展，而社区成员的人生观、价值观也将支配着他们的行为表现和生活方式。比如有着强烈公德意识和生活修养的社区，在环境卫生方面往往表现也很好。因此，在进行社区文化建设时，我们兼顾到这四个层面的建设，才能使社区文化得到全面的进步。其中，有两点非常重要：一是强调社区精神是社区文化的核心，是社区成员的精神支柱和活力源泉。二是重视社区成员的参与意识。“新时期社区文化建设的一个主要标志是社区居民公众参与的意识”[②]。社区成员是社区文化建设的主体，要充分调动他们的积极性和创造力，才能将社区文化搞得有声有色。

三、城市社区文化的特征

“都市文化离不开社区文化，社区文化是都市文化的基础。假如说都市文化是一座文化大厦，那么社区文化就是这座大厦的新基石。不论代表城市形象的文化“名片”有多少，老百姓最关心的还是身边的文化。文化的主体是广大市民，而市民长期接触的就是社区文化”[③]。城市社区文化，是广泛存在于现代城市社区的一种文化现象，兼具城市文化与社区文化的特征。

---

① 参见白志刚：《社区文化与教育》，北京：中国劳动社会保障出版社，2001，第42—43页。

② 王颖、杨贵华：《社会转型期的城市社区建设》，北京：中国建筑工业出版社，2009，第197页。

③ 陈民宪：《社区文化与城市发展》，北京：北京出版社，2002，第33页。

（一）多元性

社区文化作为社会文化的一部分，是一个地域范围内各种文化要素的结合，呈现出多元性特征。“社区文化在居民构成、内容形式、体制管理、模式等方面均呈现出多元性的特点。”[①]社区居民构成复杂，年龄、性别、职业、收入不同，导致了他们的文化素养和文化需求差异化；文化内容上，社区文化包含民俗文化、文艺文化、教育文化、科普文化、体育文化等多种类型；文化活动形式上也呈现多样性：参与型、表演型、庆典型、讲座型、咨询型、画报展览型等；而管理体制上，也呈现出政府部门主导、民间组织发起、社区居民参与的层次结构；不同社区在文化建设上各有特色、各个重点，有的投入大量资金完善社区文化环境，有的创新文化建设机制，有的创建社区品牌文化活动，总之，每个社区努力形成自己的文化模式，呈现“百花齐放”的态势。

（二）开放性

社区虽有一定区域界限，但社区文化并没边界。和城市文化一样，它面向广大群众，面向整个社会，呈现出一种开放、包容、平和的心态，以海纳百川的博大胸襟接纳和融合各种不同的文化样式。无论是本土文化，还是外来文化，无论是传统文化还是现代文化，无论是高雅文化还是通俗文化，都能被社区文化所吸纳，所包容。正如朱熹所说：“问渠哪得清如许，为有源头活水来”。外来的、先进的文化犹如新鲜的血液，源源不断地注入到社区文化中，这样的社区文化才有拥有持久的生命力。

（三）共享性

社区文化包含在公共文化服务体系之中。公共文化服务体系是指为满足社会的公共文化需求，向公众提供公共文化产品和服务行为及其相关制度与系统的总称。社区文化作为这一体系中重要的组成部分，也是一种公共文化产品。公共产品具有非排他性和非竞争性，也就拥有一种共享性。社区文化的共享性表现在很多方面：(1)文化资源的共同使

① 吴新叶：《社区管理学》，北京：北京大学出版社，2008，第157页。

用。像社区的图书馆、体育馆、康乐室等等文化场所和文化设施，都是面向居民免费开放的。(2)文化活动的全体参与。像有些社区举办的“邻居节”、“社区运动会”、“楼院文化节”、“社区书香节”等活动，都得到全体居民的支持和参与。(3)文化制度的集体认同。社区的文化制度社区成员在文化参与和文化交往中形成的规章制度、组织机构等，是社区成员共同遵守的文化制度。(4)社区精神文明的共同建设。社区精神文明建设工作的重点是社区居民思想道德素质的提高。十四届六中全会决议中把它归结为五爱(爱祖国、爱人民、爱劳动、爱科学和爱社会主义)、三德(社会公德、职业道德、家庭美德)和一种人际关系(平等友爱、团结互助的邻里关系)。建设社区精神文明是社区居民的共同职责。

(四)日常性

社区文化是最贴近群众生活的基层社会文化，很多文化活动本身就是社区居民日常生活的内容，如读书看报、唱歌跳舞、下棋弹琴、跑步打拳、养花种草、饲弄宠物等等，都属于生活爱好，是平日的消遣休闲。在社区中，生活化气息比较浓厚、深受居民喜爱的文化活动大体可分成三类：(1)衣食住器。这些文化源于生活的基本需求。衣着服饰的时尚元素、饮食起居的科学健康，庭院居所的舒适整洁，生活器具的精美大方，这些都体现了社区居民平时生活的文化追求。(2)花鸟虫鱼。随着城市化进程的加速，城市居民与自然接触的机会也大大减少；城市生活的快节奏、工作中的激烈竞争使得城市居民更加向往大自然，与动植物们亲近。因此，很多居民在家里种些花花草草，养些鸟儿鱼儿，借此解除疲劳、缓解压力，增添乐趣。(3)琴棋书画。这是中国传统文化的精华，也是怡情养性的高雅文化。随着社区居民生活水平的提高，这些文化活动也日益融入到居民的日常生活当中，生活品质得到了极大提高。①

四、社区文化的作用

社区文化是社区建设的重要组成部分，是居民物质生活、行为方式、

① 参见汪大海、魏娜、郇建立：《社区管理》(第二版)，北京：中国人民大学出版社，2009，第147页；吴鹏森、章友德：《城市社区建设与管理》，上海：上海人民出版社，2007，第225页。

价值理念的集中反映，对社区居民的社会生活和心理行为等都有很大作用。

（一）促进社区经济发展的作用

文化所具有的经济促进力有目共睹。在中国，文化产业已是城市经济重要的组成部分。20 世纪 90 年代以来，文化产业成为全球发展最快的产业之一。“美国的影视业已成为全美居于前列的创汇产业，可与其航天航空业和现代电子业并驾齐驱。在英国，文化产业发展的平均速度是整个经济增长速度的近两倍。在日本，仅是文化娱乐的经济收入，就与其汽车工业的产值相接近。”[①]在中国，上海、北京、广州等大城市也把文化产业作为新的经济增长点。我省如杭州市、宁波市等城市也同样在积极发展文化产业经济。城市社区就是一个个“微型城市”，同样，社区文化是推动社区经济可持续发展的重要力量。在社区当中，居民的文化消费需求是比较多的，大体可分为民俗、文体、教育、娱乐等，比如传统小吃、民间手工艺品，健身活动、职业培训等方面的消费，在社区中都能形成一套产业运作，促进社区经济良性循环。除了文化产业本身的经济效益外，文化还起到促进其他经济发展的作用。如文化对旅游业的促进。罗伯特·尼得兰德在《百老汇：纽约文化特色》一文中提到：“百老汇一年创造的经济效益在 43 亿美元左右。尽管直接到百老汇看戏的消费者只占 43 亿当中不到四分之一，但是由此拉动的旅游消费却占了很大一部分。百老汇是纽约市最能够吸引游客的地方，访问纽约市的 3540 万游客当中超过 50％是专程为看百老汇演出而来的。”[②]文化对房地产业的推动也不失为有趣的例子。一个社区内房地产的价值主要由其区位或者说地段决定，但对一个社区整体文化形象、文化公共空间的塑造也能提高房地产的价值。如社区内大型体育运动场所的建设、文化娱乐广场的布局等都能使本地区的房地产升值。“文化机构可以使房地产升值，

① 倪鹏飞：《中国城市力竞争报告 NO. 2》，北京：社会科学文献出版社，2004，第 180 页。

② 转引自叶辛、蒯大申：《城市文化研究新视点——文化大都市的内涵及其发展战略》，上海：上海社会科学出版社，2008，第 34 页。

这可以追溯到很久以前。19世纪末,大都会艺术博物馆和美国自然历史博物馆建造时就保留了几个通向中央公园和公园附近的上流社区的入口。下一代城市规划者和建筑师受芝加哥世界博览会的影响掀起了城市美化运动,设计出更全面的方案以统一市中心公共建筑风格,吸引一流房地产投资。差不多在同一时间,虽没有那么多商界及政界名人的配合,时报广场建立了一种新型公共空间,在杂耍厅、合法剧院和冬令公园中,社会各阶层人物各得其乐。有势力的纽约人懂得了即使是不入流的文化机构在新的房地产开发中也有重要作用。”①良好的社区人文环境是社区的无形资产,它能起到提升社区形象,吸引投资的作用,为社区发展和建设提供动力。

(二)形成社区认同的作用

“社区认同感和归属感是社区心理的重要因素,是指居住在同一社区的人们出于对自身生活安全和生活质量提高等自身利益的考虑,对所在生活地域具有的一种天然的维护、保护意识。”②社区文化能使社区居民对社区形成强烈的认同感和归属感。社区文化在组织社区人居环境方面起着整合作用:风格统一的房舍建筑、规划清晰的街区布局、有特色的店家商铺、空气清新的自然环境、设施齐全的活动场所、和谐美好的人文氛围,这些是社区文化物质层面的重要体现。良好的社区形象是一笔无形财富,能使社区成员产生一种“共同家园”的认同感;社区文化活动是社区居民之间互相联络、沟通关系、达成共识的纽带和桥梁。城市社区人员构成复杂,异质性强。由于接触面较少,社区成员人际关系趋于淡化,社会交往相对减少。通过社区组织的丰富多彩的文化活动,居民们可以以愉快轻松、自然亲切的方式认识熟悉、交流沟通,从而增进感情,彼此认同。更重要的是,社区成员在频繁的活动中逐渐接受社区的

---

① [美]朱克英(Zukin,S):《城市文化》,张廷佺、杨东霞、谈瀛洲译,上海:上海教育出版社,2006,第119页。

② 沈关宝主编:《历史、现实、模式——以上海社区文化为例的实证研究》,上海:上海人民出版社,2007,第26页。

文化传统和习惯，形成统一的社区意识和社区理念。社区成员由此产生“我们”的意识，高度认同社区共同的价值观念，为自己的社区身份感到自豪，并积极维护社区公共利益，踊跃参加社区建设和发展。

（三）引导和约束的作用

文化有着巨大的精神力量。社区文化虽不能像法律条例、规章制度那样对人们的思想行为起到强制约束力，但它通过潜移默化的方式，引导和约束着社区成员的思想和行为。社区通过倡导积极向上的生活方式，表彰良好的行为规范，宣扬正确的价值观念和道德风尚，使社区形成友爱互助、健康文明的文化氛围。在这种文化氛围的感染和熏陶下，社区居民自觉提升自己的个人修养，养成良好的行为习惯，维护社区的共同价值观念，形成强烈的社会责任感、正义感、道德良知。此外，这种文化氛围也是一种软性约束。目前，社会变迁剧烈，社区成员个体价值趋于多元，往往会出现一些越轨的思想和行为。共同的社区观念文化对于不遵守社区共同价值与行为的居民有一定约束力，可通过带动、调解、舆论、评价等方式促使其改正。社区居民在这种“文化压力”下会形成一种自律行为，自觉约束自己，与社区其他成员发展良好的人际关系，遵循共同的社区价值观念。社区文化的约束作用是法律强制约束的一种有力补充。

（四）传承和教育的作用

社区文化是社区成员共同创造和拥有的精神财富，一般都有着较浓厚的地方色彩。社区文化中积淀着这个地区的历史传统、风俗习惯和宗教信仰等，这些传统文化在社区中以各种方式被社区成员学习、利用，并加以革新、改造，再经过社区一代代人流传下去，发扬光大。正如有些学者谈到：“在当今我国大陆社区居民的生活和交往中，社区的传统文化资源仍具有可利用的功能和价值。如敬老爱幼、邻里互助、注重人际关系等传统、岁时节令等民俗，都是可以经过创造性转换而成为现代社区文化的有机传统部分的。”[①]由此可见，传统习俗、民族文化主要是通过转化为社区文化的有机组成部分而得以传承下去，社区成员也在这种社区文化的滋养之下接纳、吸收着传统文化的精华，并发扬光大。

社区文化还具有教育功能。社区教育本身就是社区文化的有机组成部分。目前，建设学习型社区正是中国社区文化建设的一个努力目标。学习型社区倡导终身学习的理念，致力于培养社区成员的终身学习的习惯和热情。学习型社区能有效整合社区教育资源，构建多样化的教育平台，营造浓厚的学习氛围，全面提高社区成员的整体素质，实现人与社会的全面协调发展。此外，社区开展的各种文化活动同样是一个受教育的过程。社区成员在活动中获得了有关生活常识、历史民俗、文学艺术、科学技术等各方面的知识，提高了自身的文化、道德修养，形成正确的人生观、世界观和价值观。

① 杨贵华等:《自组织:社区能力建设的新视域——城市自组织能力研究》,北京:社会科学文献出版社,2010,第97页。

第二章　浙江省城市社区文化建设总格局

21世纪以来，浙江省的公共财政相对宽裕，人们的文化意识和文化需求逐年提高，文化建设的重要性已成浙江省政府与民众的共识。同时，浙江的经济发展为文化建设提供了充裕的物质支持。新世纪伊始，浙江省委、省政府就提出了建设“文化大省”的战略构想，2000年年底中共浙江省委常委会讨论通过的《浙江省建设文化大省纲要(2001—2020年)》便是为浙江省的文化建设构画一幅令人振奋的蓝图。这是全国第一个省级文化建设纲要，更是浙江新世纪建设文化大省、文化强省的宣言书。《纲要》指出：“经济文化一体化是现代经济社会发展的重要趋势。在现代化进程中，经济发展为文化发展提供必要的物质基础，文化发展为经济发展提供强大的推动力量。有中国特色的社会主义，是经济政治文化协调发展、全面推进的社会主义。必须坚持‘两手抓、两手都要硬’的方针，促进经济文化协调发展，实现社会全面进步。”《纲要》进一步提出了文化大省的总体目标：“2020年，努力把浙江建设成为全民素质优良、社会文明进步、科技教育发达、文化发展主要指标全国领先、文化事业整体水平和文化产业发展实力走在全国前列的文化大省。”

新世纪里，浙江在加快建设教育强省、科技强省、卫生强省、体育强省的同时，深入实施文明素质工程、文化精品工程、文化研究工程、文化保护工程、文化产业促进工程、文化阵地工程、文化传播工程、文化人才工程等文化建设“八项工程”，着力建设社会主义核心价值体系、公共文化服务体系、文化产业发展体系，努力使浙江省文化发展水平与经济社会发展水平相适应，在文化建设方面走在前列。

建设文化大省、强省是浙江建设有中国特色社会主义文化的重大战略举措,也是浙江全面推进社会主义现代化建设的一项宏大系统工程。在这个系统工程当中,公共文化服务体系的建设则是浙江建设“文化大省”、“文化强省”的一项重点工程,也是关注文化民生、实现文化惠民的重要举措。新世纪的十年间,浙江省的公共文化建设成果有目共睹,在加强建设覆盖城乡的公共文化设施网络,丰富文化供给,创新服务机制,加大投入力度等方面位居全国前列。这十年,是浙江省历史上文化基础设施建设力度最大、建成设施最多的一个时期,先后建成了西湖文化广场、浙江自然博物馆新馆、浙江美术馆、浙江省博物馆武林馆区(浙江革命历史纪念馆)等一批重点文化设施。目前,全省已建和在建县级以上文化广场、文化中心300余个。

在这样的文化建设大背景下,浙江省的城市社区文化建设也得到飞跃式的大发展。城市社区文化是公共文化服务体系的重要组成部分,也是公共文化服务真正深入到基层、深入到群众当中的基础环节。只有重视社区层面的文化建设,公共文化服务才能落在实处,真正达到便民惠民、有利民生的实际效果。

在浙江省城市社区建设中,社区文化的建设一直很受重视。“十一五”期间,浙江省社区文化建设在很多方面取得了突出成果,在社区文化建设理念、文化服务机制、文化空间和文化活动等方面都走在全国的前列。

第一节　社区文化的建设理念

社区是城市的细胞,社区文化是公共文化体系的基石,如何夯实这个基石,首先就是从文化建设理念这个基础入手。浙江省各个地市在社区文化建设理念上都有不同的表述方式,但总结起来,浙江省的社区文化建设主要是围绕着两大理念展开:“文化惠民”和“文化共享”。实际上,这两个理念也是我国在新世纪实现文化大发展、大繁荣,建设公共文化服务体系时必须坚持的两个核心理念。在2007年召开的中国共产党

第十七次全国代表大会上就提出了“文化惠民工程”。它是社会主义文化大发展、大繁荣的一项重大举措，也是一项惠及全国人民、普及大众文化的工程。这工程包括广播电视“村村通”工程、全国文化信息资源共享工程、农村电影放映工程、农家书屋工程、西部开发助学工程和电视进万家工程等重点项目。实施文化惠民工程，是构建公共文化服务体系、推动城乡基本公共文化服务均等化的重要途径。“文化惠民”的最终目标就把惠民做到实处，让人民群众能平等享有文化成果，实现“文化共享”。

“文化惠民、文化共享”的理念在城市的实现途径必然要通过社区层面得到落实，“文化共享”表现在社区文化上，就是要做到让社区居民能平等地、方便地享受到社区的各种文化设施与服务，让社区居民积极参与到社区文化活动中，从“看官”变为“主角”，充分享受到社区的整体文化氛围。“文化惠民”表现在社区文化上，就是强调社区文化的公益性和利民性，紧紧围绕居民的实际文化需求和价值取向来建设社区文化，使文化成为社区居民日常生活中不可或缺的一部分，起到提高社区居民的生活情趣与格调，促进社区居民的情感交流与沟通，从而实现社会和谐的作用。浙江省政府出台的《浙江省文化建设“四个一批”规划(2005—2010)》就明确指出了“根据我省基层文化设施的现状以及人民群众对文化设施的需求，应加强建设县级文化设施、社区文化设施、农村文化设施三类基层文化设施，进一步丰富居民文化生活，提升居民文化层次和个人素质修养。”

“文化惠民、文化共享”是浙江省各地在社区文化建设方面的理论元点，浙江省各地市通过一系列举措，把“文化惠民、文化共享”的理念真正落到实处，从而唤醒社区居民享受文化、参与文化、创造文化的积极性和主动性。

(一)建设“文化资源共享网络”

要实现文化共享，文化资源共享网络的建设是基础。早在2002年5月，文化部、财政部联合在全国实施了文化信息资源共享工程。该工程利用现代信息技术，依托各级图书馆、文化站等公共文化设施，通过互联网、卫星网、广播电视网、无线通信网等新型传播载体，在全国范围内实现中华优秀文化资源的共建共享。截至2010年10月，“中央和地方各级财政为全国文化共享工程建设投入累计已达50多亿元，全国已建成207个专题资源库，其数字文化信息资源达到了海量的92TB(约合2300万册图书)，服务基层群众约7亿人次。”①

浙江省于2002年4月启动文化信息资源共享工程，是全国最早开始实施的省份之一。2006年，浙江省被文化部确定为全国文化信息资源共享工程的试点工作省份，嘉兴市、宁波市、绍兴县、长兴县为示范地区。“十一五”期间浙江省设立了文化共享工程专项资金，2006年500万元，2007年700万元，2008—2010年增加到每年1000万元。“十一五”期间省财政专项投入资金4200万。根据《浙江省文化信息资源共享工程专项资金管理办法》，专项资金主要用于硬件建设和资源建设。全省各地方财政也加大了投入，据不完全统计，全省各市、县地方财政投入47993.71万元；中央财政奖励400万，保证了浙江省文化共享工程建设的持续发展。

在推行文化共享工程上，浙江省取得了很大成绩。“十一五”期间，浙江省以数字资源建设为核心，以基层服务网点建设为重点，以共建共享为基本途径，谋划全省资源整合、服务网络覆盖的新思路，积极探索资源共享平台建设，创新服务方式，组织策划丰富多彩的活动，文化共享工程建设全面快速推进。通过“十一五”的建设，已形成了省市县乡镇村五级服务网络。(资料由浙江省文化厅提供)

(二)构建“十五分钟文化圈”

浙江省政府部门在社区文化建设的实践中依据“文化共享、文化惠民”的理念展开工作思路，率先提出构筑“十五分钟文化圈”的社区文化建设总目标。在社区文化建设中，首先从社区文化空间设置、文化场所

① 谌强：《8年投50多亿元促文化共享》，《光明日报》2010年10月14日

布局和文化设施投入等方面着手，让社区居民在距离家步行十五分钟的范围内能享受到社区的文化设施、文化活动和文化氛围。为此，浙江省加大了面向基层的资金投入力度，积极推进基层基础文化设施建设，构建覆盖全区、惠及群众的公共文化服务网络，提高公共文化服务功能。“十一五”期间，全省各地功能齐全的社区文化活动中心、大型社区广场、图书阅览室、体育运动场馆等相继在社区内建成。比如杭州市，在2007年制定“文化设施专项规划”时，就以打造老百姓的“十五分钟文化圈”为规划依据，建成均衡分布的“文化服务网络”，正如杭州市城市规划设计研究院钟景琳工程师所说：“设置省、市、区、居住区四级文化服务体系，特别是居住区级的，以市民家为半径的1500米范围内，都要有文化设施。”[①]杭州市的六个城区在此总体规划指导下，根据本区的实际情况和环境特色建设“十五分钟文化圈”。如西湖区打造的“西溪、西山、西湖、钱塘”四大健身圈，建好“山边、溪边、河边、江边”的文体场地和设施，不断调整和完善结构合理、发展均衡、网络健全、运行有效、惠及全区居民的公共文化体育圈。[②] 2008年，下城区率先提出了“文化超市”的概念。这个文化超市把区、街道、社区及辖区单位的文化阵地、文化活动、文化队伍等文化资源有效整合，通过菜单式的管理、交互型的运作，打造了覆盖全区的“15分钟文化圈”和“10分钟体育健身圈”，让社区居民在步行时间15分钟的距离内就能参与到文化活动中去，10分钟的距离内就能彻底“动”起来，像逛超市一样方便地享受公共文化服务。[③]

浙江省其他城市在打造“十五分钟文化圈”方面也走在全国前列。宁波市率先在全国提出“人人参与文化、人人建设文化、人人享受文化”的理念，着力构建“十五分钟文化活动圈”。截至2008年，宁波市5年内共投入近45亿元，在中心城市和县(市)区建设了一批满足区域群众文

---

① 《画个“十五分钟文化圈”》，http://www.zjol.com.cn/05qianbao/system/2007/08/03/008665180.shtml，浙江在线，2007年8月3日。

② 《浙江杭州市西湖区建成十五分钟公共文体服务圈》，http://www.ccdy.cn/xinwen/content/2011-01/19/content_764605.htm，中国文化传媒网，2011年1月19日。

③ 《让老百姓享受“15分钟文化圈”全覆盖》，《杭州日报》2009年6月13日。

化需求的文化设施。宁波市民可以在“天一讲堂”听“阎崇年们”说古道今，到“群星课堂”学跳国标、做香袋，花 20 元到宁波音乐厅欣赏高雅艺术……在宁波，越来越多的市民免费或者花少量的钱，就能在家门口享受到公共文化服务。[①] 宁波的江东区以构建“十五分钟文化活动圈”为目标，面向基层切实加大投入力度，推进基层基础文化设施建设，构建覆盖全区、惠及群众的公共文化服务网络，不断提高公共文化服务功能。目前，已形成了图书借阅、文化活动、文化辅导等几大网络，功能齐全、性能优良、富有品位的文化设施相继在社区内建成。各社区普遍建立了社区文化活动中心、文化广场、图书阅览室。全区共有文化广场 47 个，面积累计达到 92985 平方米；社区图书阅览室 56 个，面积累计达到 4871 平方米，藏书达 126062 册；区图书馆社区流动图书站 30 个，年图书流通量 2 万册次以上。为了进一步盘活图书资源，方便市民借书还书，区图书馆启动了图书通借通还信息化管理“卡卡通”工程，先在社区阅览室实行“一卡通”。随着社区文化设施覆盖面的不断扩大，市民出门 15 分钟就能享受到公共文化服务的网络已初步形成。[②]

舟山市于 2009 年初也提出了打造“十五分钟文化圈”的理念。首先加大了文化场馆的基础建设，像临城海洋文化艺术中心工程、嵊泗县海洋文化中心、普陀剧院、普陀文化创意园区等开建或建成的项目，这些文化设施将为当地的文化活动提供良好的硬件设施。在此基础上，加大公益性文化场馆的免费或优惠力度，全市推行基本公共文化服务“零费用”制，公共博物馆、纪念馆免费开放，公共图书馆“零费用、无障碍”，坚持公共文化服务的均等性、共享性。[③]

让每家每户都能便利地享受到社区文化设施，这是以人为本、公正

① 《十五分钟文化活动圈惠百姓》，《宁波日报》2008 年 8 月 13 日。

② 参见齐道一、何泽军：《宁波市江东区“一社一品”社区文化品牌建设的实践与启示》，http://www.zengdou.gov.cn/templet/default/ShowArticle.jsp? id＝9474，湖北曾都政府网，2010 年 9 月 19 日。

③ 参见：《岛城打造“十五分钟文化圈”家门口就能拥抱文化》，http://news.163.com/10/0325/15/62KMBML2000146BB.html，网易，2010 年 03 月 25 日。

平等价值理念在公共文化领域的延伸和体现。浙江省在社区文化建设上积极倡导“文化惠民、文化共享”的理念，无论是文化设施规划，还是服务网络的布点上都充分体现了“人人平等享受文化”的建设思路，“体现了社区及各阶层都能实现可持续发展，深层次地保证了人民群众的文化权力”。[①] 这样，市民们走出家门，只需步行 15 分钟便能找到一个文化活动场所，享受文化带来的生活乐趣。因此，社区自发性的文化活动，这就越来越多，社区的整体文化氛围也得到了很大提升。

（三）推进“文化进社区”活动

在“文化共享、文化惠民”理念的引领下，浙江省积极推进各种“文化进社区”的惠民活动，把各类优质文化资源通过有效的配送系统和途径向社区传递，让社区居民在家门口就能享受到中华民族的优秀文化。

“文化进社区”活动的主题是：“传播先进文化，丰富居民生活，创建文明社区，全面建设小康社会”。2002 年，中央文明办、文化部等 9 个部门联合拉开全国科技、文体、法律、卫生“四进社区”活动序幕，“文化进社区”活动便在全国蓬勃开展，激起了社区居民对文化生活的热情。据统计，2002 年 4 月中旬以来，浙江省文化厅会同省文明办、团省委等有关部门，印发了《关于开展科教、文体、法律、卫生“四进社区”活动的通知》。一个多月里，“文化进社区”活动便已覆盖全省 11 市的 1289 个新建社区，参与活动的群众超千万人次。[②]

在省文化厅的统一部署下，全省各地积极组织筹划“文化进社区”活动。据报载，在 2004 年，杭州市举办了“讲文明、除陋习、树新风”文化活动进社区的百场巡演活动，为 9 个区的 150 个社区居民献上喜闻乐见、妙趣横生的精彩节目，观看演出的居民达 30 万人次；2003 年，宁波市成功举办了首届社区文化艺术节，以“大众创造，全民参与，人人享受”为主

① 宁波市镇海区文化广电新闻出版局、宁波市镇海区招宝山街道编：《社区文化新论》，北京：中国文史出版社，2008，第 19 页。

② 参见许杰：《浙江：不断丰富“文化进社区”活动内涵》，http://old.zjcnt.com/ploy/ploy_show_page.php? ploy_id=493&search_ploy_type1=1，浙江文化信息网，2002 年 05 月 23 日。

题，形成“百场演出进社区，百项活动大展示，百万市民广参与”的文化氛围。温州、绍兴、金华、湖州、台州、嘉兴、丽水、舟山等地也积极组织各种文艺演出深入到社区，与他们进行面对面的互动式的艺术交流。①

近年来，浙江省各地市坚持以人为本和普惠均等原则，结合时代精神、地区特色和居民需要完善群众文化配送机制，推动中华优秀文化走进社区，走进市民日常生活。像“文化直通车进社区”、“国学进社区”、“非遗文化进社区”、“中医药文化进社区”、“廉政文化进社区”、“外国艺术家进社区”、“电影进社区”、“戏曲进社区”等等特色各异、形式多样、内容丰富的活动受到了居民的热烈反响。在推进“文化进社区”活动中，政府部门还充分考虑群众的文化需求和口味，以“超市式”供给、“菜单化”服务的模式开展各种“文化进社区”活动，使文化活动更容易被社区居民接受，参与程度高。

（四）打造“家门口文化”

社区文化是基层文化，群众文化，因此“无论是文化活动形式、内容，还是地点、时间，参与者都充分具有浓郁的‘家’的形象”，②一句话，社区文化应是一种“亲民”文化，就像“家”一样让人感觉着亲切、贴心，并且能充分调动起居民参与社区文化建设的积极性，让居民成为“家文化”的主角，不仅是社区文化的享受者，同时也是社区文化的创造者。

社区文化在内容上、形式上本来就有很强的地域性和民间性。打造“家门口文化”就是要根据区域内的人口组成、居民素质、职业特点、地域特色等，进行有针对性的文化建设，在文化设施的布局、文化活动的开展、文化团队的组建等方面都要紧紧围绕居民的文化需求，坚持以人为本，打造每个社区特有的社区文化，像社区运动会、墙门文化、青少年活动中心、老年聊天室、单身俱乐部、社区红娘等特色各一的社区文化形式，都是浙江省各地市社区在打造“家门口文化”方面积极探索的成果，

---

① 参见王全吉、林敏：《浙江各地大力开展社区文化》，《中国文化报》，2004年2月12日。

② 宁波市镇海区文化广电新闻出版局、宁波市镇海区招宝山街道编：《社区文化新论》，北京：中国文史出版社，2008，第37页。

这样的社区文化才是居民乐于参加的、有生命力的文化。目前，浙江很多社区大力打造“一社一品”的社区精品文化活动，这就是“家门口文化”的最佳体现。比如杭州江干区2011年评选出的全区十大社区精品文化项目就是每个社区根据自身优势和特色打造的家门口文化：采荷街道绿茗社区的“书茗苑”，推出茶艺培训、茶艺演艺、茶艺体验、茶艺联谊、茶诗书画等多样的茶事活动。采荷街道洁莲社区的篆刻工坊，是全国首家西泠印社书画篆刻学院(校)社区教育点。社区围绕金石篆刻文化，推出教学、赏析、试刻等丰富的体验活动供居民参加。闸弄口街道京惠社区的“秋水雅韵”以诗会友，主打诗歌创作交流、诗歌朗诵。闸弄口街道天杭社区的“快乐DODO坊”，有资深民间手工艺老师教授居民们剪纸、布贴工艺、串珠和中国结等工艺课程。这些独具特色的“家门口文化”极大地提升了居民群众的文化生活品质，充分体现了社区居民享有文化、创造文化的热情，它是提升我省公民文明素质、形成社会共同价值观、营造和谐友爱文化氛围和宽容社会风尚的重要途径，将最大限度地激发基层群众的文化创造力。[①]

第二节　社区文化建设的服务机制

社区文化建设是一个系统工程，要积极挖掘各种社会资源来发展社区文化、提供文化服务。文化服务作为一种公共产品，可以发挥多种机制的能动性来丰富文化服务的内涵。浙江省在社区文化服务机制有着积极的探索，充分发挥各方面的力量为社区提供文化产品与服务。

一、政府部门

社区文化是公共文化服务体系的重要组成部分。公共文化服务体

① 参见吴月华、舒也文、傅一览：《江干区发布“文化地图” 一社一品有滋有味》，http://zjnews.zjol.com.cn/05zjnews/system/2011/11/16/017999888.shtml，浙江在线，2011年11月16日。

系是指为满足社会的公共文化需求，向公众提供公共文化产品和服务行为及其相关制度与系统的总称。社区文化作为这一体系中重要的组成部分，也拥有一些重要的特性，如共享性、公共性、公益性。因此社区文化的绝大部分资源应以政府为主导，无偿供给，才能使该区域的群众免费享有。政府提供的社区文化服务主要表现为四个方面：文化政策的支持、文化资金的投入、文化队伍的培育、文化活动的引导。

（一）文化政策的支持

前文我们已经提到了“文化理念”的重要性。浙江省每一级政府都是先进社区文化理念的当然倡导者。正是在省委、省政府的先进社区文化理念、思路的指导下，各个地区根据地方的经济、社会、文化发展特点出台具体的建设社区文化的政策，引导基层工作者发挥积极性，建设有特色的社区文化。杭州、宁波、温州、金华、丽水、舟山等市、县（市、区）分别建立了社区文化工作领导小组，出台了一系列加强社区文化建设的政策和措施，从社区文化设施、文化队伍、文化活动等方面建设有地区风貌、地方个性的社区文化。如 2002 年浙江省政府发布的《关于加强基层文化建设的若干意见》（浙政发〔2002〕17 号）就从落实基层文化建设任务、推进基层文化活动内容和形式的创新，筹措资金加快文化设施建设、加强机构和队伍建设等各个方面提出了加强基层文化建设的意见。

为了促进社区文化建设，培育一批社区文化创新典型，自 2006 年起，浙江省文化厅开展省级文化示范社区的评选活动，从社区文化重视程度、文化设施的布局、文化活动的开展、文化队伍的培育、社区社会效益等方面制定了相应的标准，自“省级文化社区”评选活动开展以来，已有 100 多个社区被评为“省级文化示范社区”，它们对浙江省的社区文化创新起着重要的示范与带动作用。

浙江省各个区、街道也根据地方不同情况出台了一些促进社区文化建设与发展的激励措施。如宁波镇海区的《镇海区社区文化阵地设施管理考核办法》，每年将对所辖社区文化阵地建设，从阵地设施概况、设施管理与经费、设施使用与服务、奖励指标等四个方面进行评估考核，总计

120分，考核分在80分（含）以上的为合格，考核奖励1万元；超过80分的，每增加1分奖励150元；80分以下，不给予考核奖励。此外，对社区承办镇（街道）级、区级、市级文化活动、获得区级以上文化设施奖励的，再给予不超过20分的奖励，每1分奖励300元。[①] 绍兴越城区的蕺山街道实行经费专项奖励划拨制度，对社区举办的重大文化活动予以重点扶持等，大大促进了各项文化工作的开展。越城区还开展"十强文艺团队、十优文化阵地、十佳文化活动"等评选活动，并给予一定奖励，促进了基层各单位对文化建设的重视。[②]

（二）文化资金的投入

"十一五"以来，党中央国务院对文化建设高度重视，对兴起社会主义文化建设新高潮、推动社会主义文化大发展大繁荣提出了一系列重大战略思想，作出了一系列重大战略决策和部署，各级政府也不断加大文化投入，全国文化事业费呈现快速增长的态势。据报刊统计，"十一五"期间，浙江省在文化事业上的投入总额居全国首位。[③] 2004年至2006年，全省财政对文化的投入总额达44.54亿元，2007年23亿元，2008年更是达到63.76亿元，占财政支出比重3.06%。近年浙江财政对公共文化的投入已达213亿元，新建文化设施项目1100多个，文化事业费占财政支出比重连续8年居全国第一位。[④]

党的十七届六中全会提出，"必须坚持政府主导，按照公益性、基本性、均等性、便利性的要求，加强文化基础设施建设，完善公共文化服务网络，让群众广泛享有免费或优惠的基本公共文化服务。"这就明确了公共文化服务体系建设的任务、原则和方向，为大力推动增强公共文化服务能力提供了重大战略机遇。浙江省委十二届十次全会把"着力构建公

---

① 《镇海区设立专项基金奖励社区文化阵地设施建设》，http://www.zjwh.gov.cn/dtxx/zjwh/2011－09－23/108660.htm，浙江省文化厅网站，2011年09月23日。

② 《越城区社区文化建设特色鲜明》，http://www.sx.gov.cn/content/20090803000410/20101030013850_0.html，中国绍兴政府网站，2010年10月30日。

③ 参见：《文化事业费投入：浙江总额最多，北京人均最高》，《领导决策信息》，2011年第37期。

④ 参见叶辉：《浙江：从经济大省迈向文化大省》，《光明日报》，2010年03月02日。

共文化服务体系”，作为推进文化强省建设6个方面的主要任务之一，提出要“完善公共文化设施网络，增强公共文化服务能力，创新公共文化服务机制，加强现代传播能力建设，加强文化遗产传承和利用”。“十一五”期末，全省城市中每10万人拥有公共文化服务机构数达0.95个，全省共有全国文化先进县27个，省级文化先进县42个，“浙江东海文化明珠”乡镇545个，省级文化示范村(社区)431个。县级图书馆、县级文化馆、乡镇综合文化站基本实现全覆盖，村级文化活动室的覆盖率达到85%。“文化信息资源共享工程”覆盖农村，基层服务站点达4万余个，其中乡镇覆盖率达100%，村覆盖率98.5%，建成“职工电子书屋”6000余家，拥有教学辅导、组织管理和技术服务三支骨干队伍5万余人。到2010年初，已经基本上形成了优势互补、错位发展、优化配置、布局合理的城乡区域公共文化服务体系一体化格局。①

浙江省各地在“十一五”期间都加大了文化建设的投入，尤其是公共文化服务体系的建设。如宁波市在“十一五”期间累计投入45亿元用于公共文化设施建设，以“三江文化长廊”为重点，建成了大剧院、音乐厅、美术馆、博物馆、宁波书城等一批重点文化设施。② 绍兴市出台《关于市区推进文化惠民、实施基层文化三年(2008—2010)扶持行动意见》等一系列支持文化建设的政策。近三年中，在文化惠民工作中投入的财政资金就达1500多万元，市区基层文化设施建设和文化惠民品牌发展等工作得到进一步推进。截至2011年11月，市区已建成129个基层文化活动中心，总面积达8万多平方米。全市2660个行政村(社区)中，85%以上建成了综合文化活动中心，其中300平方米以上面积的文化活动中心占40%左右。③

---

① 参见陈立旭:《增强浙江公共文化服务能力的五点建议》，http://news.sina.com.cn/c/sd/2012-01-06/141523757874.shtml，新浪网，2012年01月06日。

② 李臻:《“十一五”宁波文化“六大战略”成就瞩目》，http://www.cnnb.com.cn/nbzfxwfbh/system/2010/12/07/006770748.shtml，中国宁波网，2010年12月07日。

③ 《绍兴社区文化活动中心使生活丰富邻里和谐》，http://www.wenming.cn/syjj/dfcz/201111/t20111117_391294.shtml，中国文明网，2011年11月17日。

（三）文化队伍的培育

社区文化队伍的缺乏，会严重制约社区文化活动的开展和质量的提高。因此，浙江省各地市的社区特别注重培育和发展基层各类社区文化群众组织，每个社区基本上都拥有一批文艺骨干和文艺队伍，为广泛开展的社区文化活动创造了强有力的人才保证。在社区文化队伍培育方面，浙江省推行的社区文化指导员制度，对社区文化人才的培育起到很大作用。社区文化指导员都是从市、县级机关各部门、各乡镇、文化馆、图书馆等部门中的文化骨干，以及志愿报名的民间艺人中选拔出来的。文化指导员充分发挥专业文化人才的作用，他们在社区驻点举办各类艺术讲座，指导、组织各类相关的文艺演出，引导开展各种文化活动，极大地丰富了社区居民文化生活。

对于文化指导员的管理，浙江省各地都有具体的规定和要求。如绍兴市对文化指导员有如下要求：文化指导员开展文化指导服务的时间一般为1年，每月深入服务单位开展指导服务至少2次。在服务期间，各指导员要认真履行岗位职责，结合被服务社区（村）实际，指导帮助创作1～2件特色文艺作品，开展1～2场有一定影响的文体活动，培养1～2支有一定水准的文体队伍。同时要认真做好指导服务工作记录，积累工作经验，并在完成指导服务任务后，向市文广局和派出单位报送有关工作总结。（见《关于市区第一批文化指导员开展文化指导工作的意见》，绍市文〔2009〕44号）

（四）文化活动的引导

虽然社区文化强调群众性、民间性，自娱自乐的成分大，但在中国，社区的文化活动尤其是大型文化活动依然需要行政力量进行组织和引导，使得社区文化活动得以有序开展。像前文提及的社区文化指导员，对社区文化活动的开展起到很大的组织和引导作用。在嘉兴，这几年来，文化指导员先后辅导和参与了“当湖新貌”文艺专场、公民道德组歌大家唱、“清风颂”廉政文化文艺专场等较有影响的文化活动，累计开展180多场，参加活动35000多人次。还协助18个社区居委会分别结对

90个部门(单位)开展文化共建活动。正如嘉兴当湖街道党委副书记俞卫平评价,“文化指导员不仅仅只是辅导居民唱唱跳跳,她的作用是全方位的,带动了整个社区文化的建设。”[①]

此外,很多社区会根据本区实际情况,制定各种文化活动计划,组织居民有序参与到社区文化活动中来。比如一年内根据节庆假日、地区特色、居民组成等,社区总要组织多次大型文体活动,让居民享用文化大餐。比如嘉兴秀州区新城街道亚都社区常利用节庆日开展一些健康向上、丰富多彩的文体活动:如2008年,为喜迎奥运,亚都社区在秀洲花园二期广场举办了一场以“迎奥运、讲文明、树新风”为主题的文艺晚会;为了庆祝第21个老人节,社区在老年大学举办了一场以“夕阳无限好,欢度重阳节”为主题的联欢活动。社区夕阳红文艺队、社区健身操队的队员及老年大学学员一同表演了丰富多彩的节目;为喜迎中秋、欢度国庆,亚都社区配合市文明办在秀洲花园二区广场联合举办了一场以“文明创建社区行,喜迎中秋”为主题的文艺演出活动。春节前夕,社区还组织文艺队到结对村进行演出,活动以赠送对联和文艺表演相结合,亚都社区的书法爱好者当场即兴挥毫泼墨,书写春联,为村民们送上新春的祝福。2009年社区又在“全国助残日”来临之际,举办了“残健同行同享阳光”文艺演出活动;在端午节,社区举办了“我们的节日——端午”包粽子比赛;为了迎接“六一”儿童节,举办了“庆六一儿童用品置换”活动,活动中共有100余名居民群众参与其中,128件童装、27件玩具、70本书籍搬了新“家”,受到了家长及小朋友们的喜爱和欢迎。(资料由亚都社区提供)

二、社会组织

在我国,社区中有许多驻社区的企事业单位和社会团体,它们在社区文化建设方面发挥着重要作用。驻社区单位可以为社区居民提供丰

① 参见:《社区走来文化指导员 为群众文化活动注入新的生机》,http://www.zjol.com.cn/05jx/system/2005/12/19/006408745.shtml,浙江在线,2005年12月19日。

富的文化资源。比如驻社区单位开放会议室、图书室、体育场等设施，供社区居民使用。社区内的学校为社区居民提供教育平台，组织文化活动，社区内的文化单位发挥自己的文化专长，为社区文化提供文化指导，社区内的大型厂矿、机关单位为社区文化建设提供资金赞助，与社区居民共同开展文化活动等等。社区居民与驻社区单位完全可以共享文化资源。学者陈伟东在提及利用驻社区单位的公共产品资源时指出，要形成良好的氛围，创设激励机制，使得驻社区单位能够积极主动向社区提供公共产品。首先，要让驻社区单位充分认识到共驻共建、资源共享的好处，这是创造良好氛围的前提条件，其次，制定并实施社区共驻共建优惠政策，是实现资源共享、激励驻社区单位更多地志愿供给社区公共产品的制度环境。再次，建立面对面的协商机制，如共同确立谈判规则、共同决策、共同推选代表执行协议、共同评估协议执行情况等，让驻社区单位自愿供给社区公共产品；最后，建立政府协调机制，整合社区与驻社区单位资源。①

浙江省在社区文化建设方面推出了许多政策和举措，充分利用了驻社区单位的资源优势，实现了社区与辖区单位的文化资源共建共享。浙江省民政厅牵头下发了社区与辖区内单位共建、资源共享的文件，要求各级党政机关、群团组织、企事业单位、中介组织等按照“优势互补、互惠互利、共驻共建、促进发展”原则，坚持“社区工作社会化、社区资源整合化、社区设施配套化、社区服务群众化方向”，主动参与社区建设，实现社会效益最大化。而社区文化共建便是其中的主要内容之一，可以从资金、设施、人才和活动等方面进行。在开展社区文化共建活动中，浙江各地政府纷纷出台有关文化资源共建、共享政策，结合地区实际，采取自己找、组织牵等方式，建立机关单位与社区共建，积极构建和创新共建体制，形成多元化的社区文化共建形式和机制。

---

① 参见陈伟东：《社区自治：自组织网络与制度设置》，北京：中国社会科学出版社，2004，第244—248页。

（一）政府牵头，盘活辖区文化资源

在共建共享促进社区文化建设发展方面，政府部门有着整合社会各方面力量的优势。杭州市下城区便有可资借鉴之处。区内利用“共建”机制，有效盘活了辖区各类文化资源，实行辖区内文化体育场所、文化体育设施、文化体育活动等资源的整合互补。下城区内有杭州剧院、浙江展览馆、浙江科技馆、浙江报业集团、浙江省群众艺术馆等省市文化、体育、教育重点单位。2006年，下城区成立了“下城区文化体育资源共建共享委员会”、“下城区文化体育事业发展专家咨询委员会”，倡导共建共享，发挥人才资源效应，为社区文化建设与发展服务。目前，全区有214个共建单位的文化体育场所向社区居民开放，总面积360000平方米，人均文化体育活动面积已超1.7平方米。在社区文化建设中，区委、区政府明确规定在开展各类公益性文化活动中，有关部门免收费用，社区文化活动由区文化广电新闻出版局牵头，宣传、财政、建设、教育、民政、卫生、科技、公安、行政执法等有关部门相互配合，密切协同，形成合力“共建”。[①]

宁波市也非常重视社区文化的共建共享。2006年，宁波市江东区整合辖区各类文化资源，组建成立了江东区文化共建联谊会。文化共建联谊会积极探索活动联办、阵地联创、队伍联建、项目联动、管理联手机制，为促进全区文化资源共建共享，推进文化事业发展发挥了积极作用。许多有影响、有规模的文化娱乐企业，除了搞好自身文化经营外，走出场所，融入社会，共同为江东文化建设献计出力。江东许多大型的文化活动都借助于一些文化企业的场所，每年重要的节庆日都可以看到“飞越时空”、市歌舞团、市小百花越剧团、甬剧团等歌舞、演艺企业的演员们的身影。尤其是“飞越时空”，除了每年要完成全年300余场经营演出外，还要到各街道社区义演50场次，获得了社会各界的好评。通过资源共

① 参见吴建中、章柯：《杭州市下城区扎实推进社区文化建设》，http://www.zjwh.gov.cn/dynamic/magzine/yk_detail.php? article_id=2179&article_type=6 浙江省文化厅网，2007年12月19日。

享，逐步实现多重互动，真正形成社区文化建设从共建到共享，从共生到共荣的社区文化建设新格局。[①]

（二）文化单位利用自身优势反哺社区

学校、报社、剧团等单位拥有天然的文化优势，这些文化单位同时也是公共文化服务的平台，首先的服务对象往往是所驻区域的社区。各个社区可挖掘辖区内的文化资源，让这些资源为社区提供特色文化服务。

宁波市江东区百丈街道将校园文化引进了社区。街道团工委与多家在甬高校联系，开展“校园文化进社区”活动，与宁波大学、万里学院、宁波服装学院、浙江工商职业技术学院等多家院校建立长期合作关系，在宁波大学生命科学院建立了校区共建基地，设立“党员挂牌生态服务站”；街道在2005年举行“文明我先行、青年当先锋”暨纪念“五四”运动86周年广场文化活动，宁大文学院和外院的艺术团带来了小品、话剧、舞蹈等精彩的节目。通过校园文化进社区活动，既为学生提供了社会实践的机会，又丰富了社区青年文化的内容。[②]

（三）社区与辖区企业联盟，互补互利

社区与企业的互动也是共建共享的组成部分。辖区内的企业中有不少优秀的文化人才可以为社区建设服务，企业与社区内的文化共建活动也可以为企业打响知名度，增进美誉度。如宁波海曙区天一家园社区在街道领导多次出面协调下，由社区接管原来由房产公司管理的二层文化宫，由物业公司投入45万元资金完善各类设施设备。镇海区招宝山街道城东社区利用共建资源，工商所把原办公楼无偿提供给社区使用；总浦桥社区的建设力度更大，建成了总面积达1000平方米、设施一流的

① 参见齐道一、何泽军：《宁波市江东区“一社一品”社区文化品牌建设的实践与启示》，http://www.zengdou.gov.cn/templet/default/ShowArticle.jsp?id=9474，中国曾都网，2010年9月19日。

② 《江东百丈街道团工委“四篇文章”打造社区青年文化品牌》，http://www.nbyouth.com/info.aspx?id=5922，宁波青年网，2006年05月26日。

社区文化宫。[①] 江东区百丈街道多家企业积极动员职员参与社区活动，部分好的企业能为社区建设献计献策，与社区一起共同组织策划并赞助活动。潜龙社区联合太平人寿宁波分公司青年人举行“关爱在今秋、携手享太平”文艺活动，太平人寿回报社会的企业文化在整台晚会的节目中得到充分的体现。名典咖啡百丈店与划船社区合作多年，店内有艺术特长的青年多次为划船社区活动送去精彩节目，并免费给居民品尝新款咖啡，让咖啡文化融入到居民的日常生活中。[②]

浙江省社区文化建设充分发挥了驻地单位的文化资源优势及特长，真正做到了“优势互补、互惠互利、共驻共建、促进发展”的原则。

三、民间志愿

关于志愿服务，学术界的定义基本上包含以下四层含义：自愿性，即个人的行动是出于自由的意志，不受外在强制；公益性，即志愿服务不是为了经济报酬；劳务性，行动者提供的是自己的劳务，不是钱物等；非职业性，即志愿服务是行动者的业余劳动，而不是本职工作。[③]

志愿服务是新时期社会管理创新的有效手段之一，已成为社会保障体系的有益补充。目前，我国社区志愿者队伍正在逐渐壮大，像党员志愿者、青年志愿者、巾帼志愿者、夕阳红志愿者等各种类型、各种性质的志愿者活跃在社区建设当中，为社区提供多种服务，如帮贫扶困、助残护弱、便民服务、医疗保健、法律援助、美化环境、文化娱乐等等。

社区文化产品的供给同样离不开民间志愿者的力量。文化志愿者的积极加入、文化志愿服务活动的持续开展，能够有效弥补文化建设领域政府服务和市场服务的不足，成为社区文化队伍以及文化建设的重要补充。党的十七届六中全会《决定》第一次在加强基层文化人才队伍建

---

① 参见：《宁波：文化享受就在身边》，http://www.zjwh.gov.cn/www/dtxx/2007-10-17/37270.htm，浙江文化厅网站，2007 年 10 月 17 日。

② 《江东百丈街道团工委“四篇文章”打造社区青年文化品牌》，http://www.nbyouth.com/info.aspx? id=5922，宁波青年网，2006 年 05 月 26 日。

③ 参见唐娟：《政府治理论》，北京：中国社会科学出版社，2006，第 293 页。

设的阐述中提出了文化志愿者的概念："壮大文化志愿者队伍，鼓励专业文化工作者和社会各界人士参与基层文化建设和群众文化活动，形成专兼结合的基层文化工作队伍。"

在浙江省活跃着这么一群文化志愿者，他们为丰富社区文化提供了各种支持。关于文化志愿者，可以分为组织与自发两种。前者是指注册志愿者，以规定性志愿服务为主，即主要是根据法律、政策规定或某个政府机构的要求来开展文化活动的。个人或团体经有关管理机构审核登记后，即可成为注册文化志愿者或文化志愿团体。而后者可以说是社区里的文化爱好者或社区"文化精英"，他们一般以本社区为主要活动场所，为社区居民提供文化服务。

培育和壮大文化志愿者队伍需要各级政府提供有效的保障和支持。志愿服务的开展，离不开政府及相关部门的帮助。浙江者各个地市政府相当重视文化志愿者的培育，主要从以下三个方面进行：一是健全管理机制。建立完善的社区志愿者队伍的招募、服务和激励机度，引导文化志愿者持续、高效地开展服务工作；二是组织培训活动。各级文化行政部门可根据本地文化建设实际，向文化志愿者提供相关的文化知识、技能等方面的培训，提升文化志愿者的服务能力和服务水平；三是制定活动计划，引导社区志愿者开展活动，实现社区文化志愿服务的经常化，增强社区文化建设的针对性和有效性。

浙江省各地积极培育社区文化志愿者队伍，发挥好志愿者先锋模范作用，带动社区居民积极参与社区文化建设，形成了良好的社区文化氛围。

民间文化志愿者应该成为社区文化建设服务机制中的重要组成。目前，我国的文化志愿者还是以规定性志愿服务为主，即主要是根据法律、政策规定或某个政府机构的要求来开展文化活动的，而社区内的自发性文化志愿服务开展活动少，专业化程度也不高。而实际上，社区内志愿者在提供文化服务时有其"天时、地利、人和"的内在优势，可以灵活安排时间，就地开展活动，为本社区居民提供长期持续的文化服务，更能带动社区居民积极参与到社区文化建设中来。

四、市场力量

在中国，许多学者正在探讨“公共产品供给引入市场机制”的做法。有学者指出，政府在公共产品供给时引入市场机制，只能是把市场机制的某些“成分”引入进来，建立公共产品供给的准市场制度环境。在准市场机制中，供应者必须对公共产品供求、价格机制、竞争机制、自主选择机制加以限制。也就是说公共产品供给中供应者引入的市场机制与私人企业供给私人产品的市场机制之间应有所差别，使得市场机制“变形”，因而称之为准市场机制。事实上，政府与公共产品消费者之间不可能完全遵守“自愿交换原则”，如消费者只能在政府那里购买该公共产品并被迫接受政府确定的价格，或者向获得特许经营权的私人企业购买该项公共产品，也只能被迫接受政府和获得特许经营的私人企业共同确定的价格。此外，政府向私人企业等购买产品无偿给予部分特殊群体，这都未能遵循“自愿交换原则”，因此，公共产品的供给只能是一种准市场运作机制。[①] 在社区文化建设方面，也可适当利用市场对资源的配置功能，以政府为主导和社会多元投入相结合，积极扶持非营利性组织、各种文化自治体及各文化中介组织，鼓励一些商业性组织进入不同类型的社区，从而拓宽社区文化建设的资源渠道，搭建社区文化建设的公共平台，丰富社区文化活动内涵，促进社区文化建设质量的提高。同时，文化产品的特殊属性也决定了它不可能完全依赖市场，市场运作不一定灵。在很多时候政府都有必要介入、扶持，如在社区进行国学传播、地方剧种的表演等。

目前，浙江省对公共文化产品的供给也尝试着各种准市场机制。“在政府不放弃公共文化服务政策制定责任，不放弃满足人民群众最基本、最普遍需求的前提下，把市场机制、社会力量引入公益性文化事业领

① 参见李雪萍：《城市社区公共产品供给研究》，北京：中国社会科学出版社，第238页—241页。

域，将政府权威与市场交换的功能优势有机地组合在一起，使政府从公共产品和服务的‘直接提供者’变成‘促进者’和‘发包人’，实现公共文化产品和服务从传统的单中心提供模式向多中心、多层次、协同合作的提供模式转变。”①

社区文化是公共文化产品的重要组成部分，对于社区文化产品的供给，浙江各地先后启动了精神文化产品政府采购、市场运作的办法。如全省各级财政对文艺院团实行按演出场次补贴，鼓励它们到社区、到基层演出。杭州市在全省率先实行了公益性文化项目政府采购制度，通过“以购代拨、以奖代拨”的市场手段扶持公益性文化项目。比如2006年，杭州歌舞团的“星期六音乐会”和杭州越剧院的“周末越剧大舞台”分获30万元政府资助，杭州滑稽艺术剧院“百场演出进社区、村镇”和杭州话剧团“话剧进校园”分获20万元政府资助。

政府对公益性文化项目的投入起到了“四两拨千斤”的引导作用。不少政府采购的公益性文化项目，因其过硬的艺术质量、数目可观的观众人数，吸引了企业和其他社会力量共同来参与投资，产生了多方受益的多赢效应。像宁波的“百场音乐会”活动，除获得市政府少量资金补贴外，还得到了企业的支持，连续两年出资100万元予以冠名赞助，较好地解决了演出运作的成本难题，探索出一条政府、企业共同办文化的有效途径。②

第三节　社区文化空间的营造

“空间”是一个地理概念，也是一个社会性概念。社区文化空间首先是一个地理概念，主要指社区内面向居民开放使用并进行各种文化活动

---

① 陈野：《浙江蓝皮书·2011年浙江发展报告（文化卷）》，杭州：杭州出版社，2011。第52—53页。

② 参见江南：《浙江推广公益性文化项目 政府买节目群众饱眼福》，http://www.gov.cn/jrzg/2006-08/01/content_351153.htm，中央政府门户网站，2006年08月01日。

的空间，可分为三个部分：山地、河湖水系、林带等自然环境，街道、广场、公园、绿地、文化景观等人居环境以及体育馆、博物馆、游乐场等各种文化场所。社区文化空间同时也是一个社会性概念，是居民进行日常生活、社会交往的重要舞台，社区建设营造一系列的文化空间能促进社区居民之间良好的人际互动。

社区文化建设往往从改善居民生活的社区空间着手，对社区内的街巷、广场、公园等城市结构肌理的布置安排，营造有地域特色和历史传统的街道景观增强社区空间的魅力，如水池、喷泉、文化墙、雕塑小品等，增设休憩木椅、游廊和亭榭等，整治绿色和水系等开放空间，营造社区的整体文化氛围，为居民打造一个和谐幸福的人居环境。如衢州的府山街道，近几年先后建成杭州湾文化广场、致远文化广场、五圣街健身公园等大型室外文体活动广场 10 余处，面积 4 万多平方米，社区室外文体活动场点达 60 余处，为社区居民健身运动、休闲娱乐提供了良好的文化空间。①

文化场所和设施的规模、种类、数量等也是衡量社区文化建设的硬指标，更是受到政府部门、尤其是文化部门的重视，在资金投入力度上比较大。此外，值得注意的一个现象是网络的发展使得文化场所、文化空间的概念大为扩展，文化场所作为居民日常生活、休闲的集聚空间，既包括实体环境，也包括虚拟空间，浙江省各个社区都在积极建设的“数字社区”已成为居民参与文化交流、文化享受的新型空间。在这个虚拟空间中居民通过信息的交流、论坛的参与等活动，同样能产生对社区的归属感、认同感和安全感。

一、人居环境的营造

社区的人居环境最能体现一个社区的整体文化氛围。正如有学者认为，社区文化“体现于历史空间文脉方面，例如不同时期形成的城市路网构架、建筑特色风格和外部空间环境特征等，它为社区空间组织的多

---

① 参见赖国洪、王琳：《人文社区的耕耘者——记衢州市十佳文化单位府山街道文化站》，http://www.zjwh.gov.cn/dtxx/zjwh/2012-04-18/123509.htm，浙江省文化厅，2012 年 04 月 18 日。

样性提供了重要物质基础”。[①] 一个城市的街道网络、市政设施、建筑形式、外部空间的风貌特征折射出一个地方居民的社会生活方式和思想价值观念，因此，一个城市的人文氛围、人文魅力常常体现在公共空间上，比如上海的石库门建筑、弄堂小巷、外滩各国风格的建筑等，都是构成上海魅力的因素之一。

清华大学吴良镛教授指出：人居环境的灵魂在于它能够调动人们的心灵，在客观物质世界里创造更加深邃的精神世界，因此，社区文化的形成、发展和传承往往与人居环境的建设息息相关。反过来，经济、社会、文化和自然上的差异对公共空间也会产生巨大的影响。比如缪朴在《亚太城市空间》一书中谈及亚洲城市公共空间的特征时就提到亚洲人口的高密度在形成亚洲城市中公共空间的少量、线性形态、立体布置和高强度使用当中起到了关键作用。[②]

浙江省各个城市近年来进行背街小巷的整治工作就是以改善社区人居环境为核心的。如杭州市从 2004 年开始，花了 3 年时间，投入 3 亿多元，改造 1500 多条背街小巷，其重点是提升背街小巷的人居环境，完善背街小巷的市政设施，改造背街小巷交通条件，挖掘背街小巷的人文历史，对街巷原有的生活肌理、空间格局、街巷尺度、文化遗产等历史文化元素进行综合考虑，使通过改造后的背街小巷既能符合现代化中心城区街巷的功能要求，满足居民的生活需求，又能保持背街小巷的原有文化内涵和历史风貌。[③]

从 2011 年 4 月起，宁波也启动了背街小巷整治工程，打算花 5 年时间把全市 266 条背街小巷整治一新。目前，已经整治完的背街小巷，有的铺上沥青路面，有的摆上艺术雕塑，有的添置木椅、花坛，有的还设置

---

① 王颖、杨贵庆：《社会转型期的城市社区建设》，北京：中国建筑工业出版社，2009，第 196 页。

② 参见缪朴：《亚太城市的公共空间》，北京：中国建筑工业出版社，2007，第 9 页，

③ 参见：《杭州背街小巷改造工程为什么搞得好》，http://www.zznet.com.cn/sitegroup/root/html/ff80808123a5465d0123a878fdf50013/20091215094509913.html，郑州科技港，2011 年 07 月 15 日。

了灯光夜景，小巷的路面也划出整齐的停车位。[①] 此外，像绍兴、温州等城市在背街小巷整治中除了优化市政设施外，也注重保留小巷原有的文化底蕴。

近年来，社区的文化景观已成为社区生活品质的重要衡量标准。"文化景观是一个特定的人类群体在文化的支配下，在长期聚居实践的地域空间中，创造出的与文化相应的地表特征。"[②]社区居民生活与社区文化景观之间有着积极的互动关系。文化景观不仅是社区居民社会性聚居活动的舞台，也是人类文化的表现对象。浙江省很多社区立足于自身内部的人文资源，结合社区历史传统、现实生活方面的文化因素，努力打造有特色的街区文化景观。像杭州历史悠久、人文底蕴丰厚，社区在文化景观建设中可以充分调用这些资源。如文晖街道的打铁关社区以宋朝岳家军率兵在"打铁关"锻造兵器的传说为社区街区的人文元素，考证历史记载，拼合文化碎片，先后投入400余万元，建成了"打铁关历史文化陈列馆"、打铁关路正牌坊、十二生肖石柱、巨幅太湖石刻《出师表》碑廊、由"岳母刺字"为主题的石雕组画等。又如武林街道的竹竿巷社区巧借街名背后的历史故事，从历史记载中发掘整理了"竹"的人文内涵，使历时千年的竹竿巷粉墙黛瓦，翠竹环绕，曲径通幽；在社区的背街小巷中，还有由众安百戏、宋都御街、梅竹双清等组成的"社区八景石刻图"。[③]

社区的文化景观也需与社会现实紧密结合，体现时代精神。如杭州滨江区闻涛社区的一面"爱心墙"便与闻涛社区白金海岸小区内发生的"爱心事件"有关。2011年的7月2日，小区两岁女童妞妞从10楼坠下，邻居吴菊萍踢掉高跟鞋，伸出双臂接住了孩子。这个发自本能的动作，令她当场昏迷，左手臂多处骨折，但也挽救了妞妞的生命。"最美妈妈"

---

① 参见：《宁波整治背街小巷》，http://www.people.com.cn/h/2011/1122/c25408-3217172607.html，人民网，2011年11月22日。

② 王纪武：《人居环境地域文化论：以重庆、武汉、南京地区为例》，南京：东南大学出版社2008年版，第31页。

③ 参见吴建中、章柯：《杭州市下城区扎实推进社区文化建设》，http://www.zjwh.gov.cn/dynamic/magzine/yk_detail.php? article_id=2179&article_type=6，浙江省文化厅网，2007年12月19日。

吴菊萍的事迹感动了全城，为此，钱江晚报与闻涛社区、白金海岸小区携手，在白金海岸为吴菊萍筑起一道名为“最美一面”的爱心墙，用坠落时的线条和手臂的造型来表达那震撼人心的一刻。现在，这面“爱心墙”成为小区标志性文化景观，承载这个城市的温情与感动，诉说着这个人间大爱故事。

二、文化场所和设施的建设

浙江省政府一直注重社区的文化场所和设施的建设。《浙江省文化建设“四个一批”规划(2005—2010)》中指出：“社区文化具有很大的需求空间。社区文化设施含图书馆、电子阅览室、文化活动室、健身路径、游泳池、健身活动室、篮球场、羽毛球场等。要按照国家文明城市考核指标和全国文化信息资源共享工程的要求，结合浙江实际，加快制定落实社区文化设施标准，加强活动场所室内外面积、安全、卫生标准的监督落实。要鼓励财政转移支付、以奖代拨、社会集资、个人捐助、单位社区共建等多渠道融资，积极探索社区文化健身休闲场所建设、运营、维护的新形式，要积极扶持鼓励社区业余文化演出团队开展活动，丰富居民文化生活。”

在文化部、财政部的指导和支持下，浙江省高度重视城市社区文化中心(街道文化站)及文化活动室建设，通过出台政策、完善设施、丰富活动、打造品牌，城市社区文化中心(街道文化站)及文化活动室建设取得了良好成效。到2010年底，浙江省建成了一批社区文化活动阵地。全省共建有街道文化站322个，占街道总数的98%，平均面积为1457平方米，拥有藏书量358万册，年文化活动经费9062万元；3275社区中，共有2450社区建有文体活动中心，平均面积达265平方米，其中面积200平方米以上的1366个，占41.7%；为居民群众提供了方便快捷的服务，社区文体中心均建有文化共享工程基层服务点、图书室。(数据由浙江省文化厅社文处提供)

从2006年起，浙江省文化厅根据本省“十一五”期间公共文化建设目标任务，积极开展浙江省文化示范社区创建活动，推进基层公共文化服务体系建设。到2010年为止，各地市已创建了107个文化示范社区。其中，省文化厅对于文化示范社区的文化设施有着明确规定：建有功能健全、符合需求的文化活动室（中心），室内建筑面积不少于500平方米（一类地区300平方米），设有多功能活动室、图书阅览室、培训排练室、展示展览室、文体娱乐室。建有文化信息资源共享工程基层服务点和已在当地备案的公共电子阅览室。图书阅览室藏书不少于人均1册，报刊不少于30种。建有图书流通点，每季度流通1次，全年流通400册以上。室外文体活动场地不少于800平方米，设有演出舞台、宣传长廊等，定期更换宣传内容，全年出刊不少于12期。这些示范社区极大地满足了居民文化需求，融洽了社区人际关系；提升了社区凝聚力，增强了居民归属感；净化了社会风气，提高了社区文明程度，发挥了典型示范带动作用。（见《浙江省文化厅关于开展浙江省文化强镇、浙江省文化示范村（社区）评选活动的通知》，浙文社〔2010〕44号）

浙江省各地市根据城区功能、社区居民构成等已逐步完善社区内文体设施布局，加快建设社区文体的基础设施，通过发挥文化馆、体育场（馆）、各街镇文化站、健身苑（点）等社区文体阵地和设施的作用，开辟更多方便社区居民群众活动的文化体育场所，已基本形成了以区文化馆、体育场（馆）、青少年活动中心等大型文体设施为主体，街道、镇文化站为依托，社区文体活动室为基础，辖区单位文体场所为共享资源的新型社区文体网络。

各个社区都注重打造有特色的社区文化活动中心。宁波市积极推进社区文化宫建设，制定出台了社区文化宫建设标准，要求室内综合文化活动场所不少于300平方米，内设教育培训室、图书阅览室、文体活动室等，有及时更新的阅报栏、宣传窗或黑板报，有开展篮球、羽毛球等体育活动的室外场所。[①]

① 参见：《宁波：文化享受就在身边》，http://www.zjwh.gov.cn/www/dtxx/2007-10-17/37270.htm，浙江文化厅网站，2007年10月17日。

截至2011年11月，绍兴市区已建成129个基层文化活动中心，总面积达8万多平方米。全市2660个行政村（社区）中，85%以上建成了综合文化活动中心，其中300平方米以上面积的文化活动中心就占40%左右。[①] 像绍兴市越城区府山街道的越都社区的文化活动中心有500多平方米，内设越都藏书楼、健身房、电子阅览室、棋牌室、书画苑、谈心阁等。此外，社区还投入15万元，创办了电子阅览室，购置了电脑、多媒体投影仪，开通信息资源共享工程，让广大居民可以浏览社区网站，了解社区动态，进行政策咨询。[②] 嘉兴开发区各街道文化中心都设置了多功能活动厅、乒乓球活动室、图书阅览室，个别街道还拥有健身房、多功能演艺大厅、多功能培训室。每个社区都有文化活动室，配置了数量相当的活动器材。比如嘉北街道文化活动中心面积达1620平方米，有篮球场、网球场、游泳池、田径场、健身路径等。街道所辖9个社区文化活动中心面积达1800平方米，有室外运动场地24处，面积达41815平方米。[③]

对于基层文化阵地的建设，浙江省各个社区纷纷出招，依据社区居民的构成特色和兴趣爱好，打造各种特色文化活动场所。一些社区除了图书阅览室外，还建有博物馆、书画室、健身房、多功能排练厅等各具特色的文化场所。像嘉兴桐乡的环南社区就有一个农业科普馆。馆内以实体标本、图片和文字资料相结合的方式，向社区居民宣传农业科普知识，介绍农副产品的营养价值、人体所需要量等与居民日常生活息息相关的常识，让大家通过参观学习建立科学、健康的生活观念。

宁波镇海区后大街社区里还藏着一所全国首家社区博物馆，这里收藏着16位社区收藏爱好者的藏品。2004年，后大街社区组建了社区收藏协会。协会成立之初，会员们把自己的宝贝拍成了图片，在社区文化

---

① 《绍兴社区文化活动中心使生活丰富邻里和谐》，http://www.wenming.cn/syjj/dfcz/201111/t20111117_391294.shtml，中国文明网，2011年11月17日。

② 参见吴佳佳：《社区文化活动多》，《经济日报》，2011年02月04日。

③ 《"文化进社区"让居民乐享文化成果》，http://www.cnjxol.com/Industry/content/2011-03/16/content_1642901.htm，嘉兴在线，2011年03月16日。

长廊进行了一次名为“品味岁月”的展览。图片展览推出后，居民们反响热烈，都想看看真品，会员们也希望把自己的宝贝拿出来供他人欣赏、琢磨，分享收藏的乐趣。为满足居民群众的这种文化需求，后大街社区专门辟出300多平方米的活动用房，用来展示这些收藏品。于是，一个完全由社区居民自发创建管理的国内第一个社区博物馆应运而生。短短一年时间，社区博物馆里已有藏品近2000件：春秋战国时期的三鼎铜香炉、西汉的陶罐、晋朝的提梁壶、战国以来不同时期的铜镜、20世纪30年代的红军家属优待证……这些展品使博物馆的知名度越来越高，不仅吸引了其他社区居民的眼球，许多外地的收藏爱好者也慕名而来，“社区收藏协会博物馆”的社会效益得到了最大程度的发挥。据报刊统计，仅开馆后的一年间，从2004年6月开始到2005年8月20日止，就接待了全国各地112个代表团、12000多人前来参观，到2008年，已有1.3万人次参观。[①]

宁波江东区的社区微型博物馆也是公共文化建设的亮点项目。白鹤街道涌现出周炳德家庭奇石收藏博物馆、李国良家庭收藏博物馆、杨古城民间工艺品收藏博物馆等一批家庭微型收藏博物馆。明楼街道深入挖掘辖区收藏爱好者资源，建立了常青藤非物质文化遗产展示基地、徐家社区曹洪年熨斗收藏博物馆。福明街道收集当地村改居前的一些旧物件，在新城社区建立了独具地方色彩的“史迹陈列馆”。[②]

三、社区“数字”新平台

社区是城市的重要组成部分，社区的现代化建设与城市的现代化建设息息相关。打造社区的“数字平台”是社区建设的时代特征，是社区建

---

① 参见：《文明创建篇：宁波市镇海区后大街社区社区博物馆》，http://www.zjol.com.cn/05zjnews/system/2005/12/31/006426201.shtml，浙江在线，2005年12月31日；《小小社区博物馆》，http://cbzs.mca.gov.cn/article/qkjx/200801/20080100009760.shtml，中国社会新闻出版总社官方网站，2008年01月11日。

② 参见谢雯雯：《宁波市江东区做好三篇文章打造“草根”博物馆群落》，http://www.zjwh.gov.cn/dtxx/zjwh/2012-08-03/130289.htm，浙江省文化厅网站，2012年08月03日。

设实现现代化的重要手段，同时也是社区文化建设的新平台与新空间。社区数字化与数字城市发展有着密切的关系。只有社区逐步实现信息化，才谈得上城市的信息化。社区数字化的实现使信息技术在城市当中得到普及和应用，随之成为推动城市数字化实现的基本动力。因此，数字社区建设，是城市信息化建设不可缺少的基础和重要的组成部分。在浙江省，数字社区已成为现代化新型社区发展的必然趋势，也成为推动社区文化建设的重要平台。

杭州市在社区的数字化建设方面的摸索和实践走在全省前列。杭州市社区数字化的发展可以为归纳为互联网、数字电视和移动合作这三个主要的阶段。早在2003年底就实现了区、街、社区之间三级联网，建成了社区网络综合平台，使得各职能部门、街道与社区之间文件的传送以及职能部门查看、调用社区存在的有关基础资料，都实现了网上运作。2008年，杭州市政府出台的《杭州市数字化城市管理实施办法》对杭州社区的信息化建设起着很大的促进作用。2009年，上城区6个街道52个社区13.2万户家庭的数字电视社区信息化平台建设全部完成。同年，上城区数字电视“社区频道”在上羊市街居民委员会试点，并于2010年底扩展到全区52个社区，率先上线开通。数字电视“社区频道”立足为社区居民服务，突出了实用性、多元性、互动性。2010年，由中国移动杭州分公司与杭州市政府合作推出的第一个“数字社区”——下城区潮鸣街道“数字潮鸣民生在线”正式启动，这也是全国首个社区基层服务信息化项目。目前，杭州移动先后在潮鸣街道、翠苑一区、古墩社区、彩虹社区、余杭新城社区等杭州10个街道建成“数字社区”平台，涵盖杭州市西湖区、下城区等8个区县(市)，有效促进了杭州市城市信息化建设。

浙江其他地市也在努力打造本地特色的“数字社区”。如宁波从2003年开始进行“数字社区”的规划：到2005年期间，初步形成全市统一的社区信息化基本框架——建立起市、区、街道、社区四级社区服务网络支撑体系，社区信息基础比较完备，全市60%以上的社区可以通过电话、家用电脑、社区公共电脑亭等设施来享受社区提供的信息化服务，个性化的家庭服务信息系统进一步完善。到2007年,全市社区信息化体系全面建成,社区管理服务水平全国领先——全市95%以上的社区可以通过电话、家庭电脑、社区公共电脑亭等设施来享受信息化服务;居民网上事务申办、社区教育与职业培训等系统将建成;建立和完善电子商务、远程教育、远程医疗等社区服务信息化系统,逐步建成服务门类齐全的社区服务信息系统。[①] 宁波市的社区信息化建设,海曙区、江东区已走在前列。特别是海曙区以"81890社区服务信息平台"为标志的海曙区社区信息化工作,在全国都有一定的知名度;海曙区2011年又全面推出了"三级互动社区信息管理系统",初步开始了社区管理工作的信息化。

在社区文化阵地的建设中,浙江省根据本省特色,走高科技的文化建设发展之路,很多社区正在积极建设集管理、服务和交流一体的社区网络平台,打造自己的"数字社区"。通过社区的数字信息平台,居民就能便捷地分享全新的数字时代精神文化生活。

第四节　社区文化活动的推动

社区文化活动是社区文化建设体系的核心内容。有些学者谈到"社区文化"时,其基本内涵就是指社区内开展的各种文化活动。社区文化活动是社区居民之间互相联络、沟通关系、达成共识的纽带和桥梁。通过社区组织的丰富多彩的文化活动,居民们可以以愉快轻松、自然亲切的方式认识熟悉、交流沟通,从而增进感情,彼此认同。更重要的是,社区成员在频繁的活动中逐渐接受社区的文化传统和习惯,形成统一的社区意识和社区理念。

浙江省各个社区都看到了文化活动这一载体对提升社区居民生活品质与文化素质的重要作用,因此都非常重视组织社区的文化活动,在

---

① 参见吴明京:《5年后,你我徜徉"数字社区"》,《宁波晚报》,2003年12月7日。

队伍建设、活动内容、形式等方面都力图有所突破，使之成为推进和谐社区建设的有力抓手。

一、文化活动队伍

社区文化活动是一种群众性、普及性的活动，但是无论常规性的日常文化活动，还是大型的群体性文化活动，都需要有组织的安排，才能有序进行，顺利开展。因此，浙江省各地市都非常重视社区内的文化队伍的打造，把社区内的文艺爱好者们组织起来，发挥特长，引导居民参与社区文化活动。目前，浙江各地社区内因爱好不同，都会有几个甚至十几个文体队伍，如舞蹈队、太极拳队、腰鼓队、健身队、乒乓球队、舞龙队、交谊舞队、越剧联谊社、书画社、摄影协会等等。宁波海曙区全区 8 个街道 74 个社区，建有广场舞蹈基地 74 个，社区艺术团队 245 支，精品艺术团队 10 支，广场舞蹈队 15 支。[①] 据不完全统计，宁波江东区全区各街道、社区共建立特色群众文化团队 520 余支，参加团队人数 15000 余人。[②] 嘉兴的经济技术开发区 22 个社区目前已有 109 支文体团队，成为市民日常文化生活中的主角。这些由不同兴趣爱好的市民组合而成的社区文体团队，依托社区文化广场、各种活动室，吸引了上千名群众参与到公共文化活动中来，每年要进行数百场的社区文体活动，培养了一大批群众文艺骨干，为社区居民搭起了共享健康、文明、和谐的大舞台，形成了政府搭台居民唱戏的良性互动。[③]

起初，社区文化活动处于一种自发状态时，主要靠一些爱好文艺的热心居民，尤其是离退休居民在维持。社区文化管理和组织队伍人才匮乏，缺乏懂文化、有经验的社会文化工作者，缺乏整体策划安排，活动粗放无序。但随着社区文化建设的发展，许多专业人士加盟到这一队伍，

---

① 参见：《宁波市首批文化建设示范点巡礼》，http://www.zjwh.gov.cn/www/dtxx/zjwh/2010-04-03/87607.htm，浙江省文化厅网站，2010 年 04 月 03 日。

② 《宁波江东文化“惠民”惠万家》，http://www.ccdy.cn/xinwen/content/2011-09/26/content_991158.htm，中国文化传媒网，2011 年 09 月 26 日。

③ 参见：《开发区 109 支文体团队撑起社区大舞台》，《嘉兴日报》，2011 年 11 月 25 日。

使得社区文化活动上了一个台阶，在这方面，宁波江东区有许多范例：如基层文化工作者全碧水的小品家庭团队和聂艳群众文化工作室等，这些专业人士立足社区，带动社区居民中的文艺爱好者，把社区文化活动搞得有声有色。

全碧水夫妇原是甬剧团的著名演员，退休后，夫妻俩齐心协力搞小品创作。他们从社区里、邻里间撷取最新鲜的生活素材，自编自导了20多个小品，并带动全家人在社区、街道和全市各地义务演出，受到观众好评。这些小品植根江东本土，从身边普通人和平常事说起，反映百姓的喜怒哀乐：社里有人养鸡影响环境；冬青树上晒被子破坏绿化；楼上晾的衣服弄湿了楼下的棉被；婆媳冷战让男主人成了"夹心"……看到发生在自己身边的鸡毛蒜皮的小事被搬上舞台，不少住在附近社区的居民纷纷赶来捧场。10多年来，这些小品节目演遍了江东各街道社区，还跨区域到海曙、鄞州、北仑演出，并到省、市参加各种汇演，全碧水夫妻成了活跃在社区舞台的"草根明星"，受到广大观众的喜欢。[①]

聂艳群众文化工作室是宁波市首家以辖区基层文艺工作者名字命名的文化工作室，于2010年3月成立。它在明楼街道是一块响当当的社区文化品牌，发展至今已聚集了150多名成员，这些成员来自各个社区，有军嫂、医生、老师、下岗工人、残疾人、外来务工者等等。他们虽然身份各异，但有着共同的兴趣爱好，聂艳工作室把社区的文艺爱好者组织在一起，充分发挥文化带头人的示范作用，推进了基层群众文化发展，丰富市民群众的业余文化生活，提高群众文化活动参与面。（资料由江东文广新局提供）

浙江省各地市都涌现出一批注重文化品位的社区文化队伍。像杭州四季青街道钱杭社区的"钱塘茶诗社"、闸弄口街道京惠社区的"秋水

---

① 参见：《喜迎世博——江东全碧水家庭小品专场受热捧近千人观看》，http://news.cnnb.com.cn/system/2010/04/19/006493043.shtml，中国宁波网，2010年4月19日；《宁波史家社区有个"小品之家"一家人"说学逗唱"》http://zjnews.zjol.com.cn/05zjnews/system/2010/04/19/016531150.shtml，浙江在线，2010年4月19日（东南商报，记者：石承承）。

诗韵"诗社、余姚市阳明社区"历史文化研究小组"、嘉兴百福弄社区的"鸳鸯湖诗社"等都是颇具特色的社区文化活动队伍。这些团队积极开展的各种文化活动体现了社区文化的多样性，激发了社区居民参与文化、享受文化的热情。

二、文化活动内容和形态

社区文化活动内容涉及文艺、体育、教育、法律、风俗习惯等等，形式上可以是表演类、参与类、庆典类、咨询类、培训类多种形式齐头并进。

在浙江省各地市，社区文化活动基本上做到"大的活动月月有，小的活动周周办"。事实上，社区的文化活动已成为生活的常态：早晨在社区广场中跳跳广场舞，练练健美操，上午去社区阅览室翻阅报纸杂志，社区博物馆看看社区居民们收藏的宝贝；下午参加社区文艺协会的书法交流、摄影活动；晚上可以登录社区网络平台，或者在论坛上看贴发评论，或者观看社区志愿老师的视频，学习各方面的知识，等等。由此可见，社区文化活动已深深地融入到居民的日常生活之中，成为不可分割的组成部分。

为了让社区居民能更好地融入到社区事务当中，享受文化活动带来的精神愉悦，很多社区都会精心策划一系列贯穿全年的文化活动，像嘉兴昌盛社区的文化活动计划：迎春联谊会、闹元宵包饺子、猜灯谜等活动为节日增添了喜庆祥和的气氛；学雷锋、植树、便民服务、志愿者活动为树立社区文明风尚营造了良好的氛围；露天电影、国庆文艺汇演、端午文化活动等等让居民不出社区品尝文化大餐。又如丽水市各个社区在春节期间策划的文化活动就非常丰富：东升社区的龙灯巡回展演、永晖社区的游园活动、西银苑社区的村民灯谜会、灯塔社区的音乐沙龙、白云社区的游戏活动、府前社区的猜谜语活动、梅山社区的文艺演出、丽阳门社区的婺剧团演出、左渠门社区的送五福活动、凤凰社区的文艺演出、大水门社区的电影晚会、厦河门社区的游园活动。[①]

在城市社区中,由于居民异质性强,对文化的需求层次不一,因此文化活动的内容丰富,形式多样,才能满足居民的不同文化需要。

广场文化活动是社区文化活动的主要形式之一。群众既是广场文化活动的参与者,又是广场文化活动的组织者,既是演员,又是观众。通过参与和观看,在潜移默化之中,人们的精神文化品位得到提高。广场文化活动的种类很多,能满足社区居民的多种文化需求,像文艺晚会、戏曲表演、露天电影、文体运动、各类展览等。像杭州市的"周末越剧大舞台"、"周末广场音乐会"等特色文化广场活动,就曾分别在运河文化广场和西城广场举行。又如奉化市"大家乐"音乐广场,是颇受社区居民欢迎的民间音乐会。最初由奉化五位爱好音乐的业余文艺骨干发起,后在奉化市文化部门和锦屏街道的共同扶持下,每周六晚上举办一场群众自娱自乐的广场文艺演出,自2003年起,到2010年已连续开展活动7年,累计义演200多场,观众40余万人次。台州市也重视广场文化对群众的引领作用,在临海崇和门广场,越剧、排舞、露天电影等都是周围社区居民欢迎的文化形式。据报道,台州全市共有广场文化活动点近千个。围绕着广场文化,台州还相继举办了5届邻居节、两届读书主题月等活动,共有110多万人次参与各项活动。[②]

传统节日活动也是社区文化的主要载体之一。社区常利用春节、元宵节、清明节、端午节、中秋节、重阳节等民族传统节日,结合实际,精心策划,制定切实可行的活动方案,组织开展各种灯会、游园会、赛龙舟等社区居民喜闻乐见的节庆活动,来展现民族传统文化的感召力和吸引

---

① 参见:《浙江嘉兴:"文化进社区"注重硬件建设》,http://www.wenming.cn/whhm_pd/sqhxzzhwhjs/201103/t20110322_120315.shtml,中国文明网,2011年03月21日;《丽水市区春节期间社区文化活动丰富多彩》,http://wtgd.lishui.gov.cn/zwxx/t20050202_47519.htm,丽水文广新局网,2006年08月31日。

② 参见:《宁波市首批文化建设示范点巡礼》,http://www.zjwh.gov.cn/www/dtxx/zjwh/2010-04-03/87607.htm,浙江省文化厅网站,2010年04月03日;《台州大力建设公共文化服务体系朝着城市进发》,http://zjnews.zjol.com.cn/05zjnews/system/2011/10/21/017929712.shtml,浙江在线,2011年10月21日。

力，体现人文关怀，增添节日魅力，弘扬民族精神，形成社区传统节日活动的文化特色，为社区播种文明，收获和谐。在构建和谐社区的今天，我们应当注重发挥节日习俗的维系功能，凝聚功能，民族认同功能，并且通过节日假期，为人们提供一个相互交流的时间和空间，用优秀传统文化对人们修身立德、积极进取，扬善抑恶、提高素养，增强民族认同感和自豪感。

社区还注重举办各种形式与内容的社区文化节。

“邻居节”作为最具社区特色的文化节，在浙江省各地市受到普遍重视。像杭州市的“邻居节”，从2004年创办了国内首个邻居节，已成功举办了八届。杭州市邻居节已成为促进邻里和谐、构建“和谐杭州”的生动实践，也是群众乐于参与的精神文明建设品牌。

“社区运动会”也是很多社区常见的文化活动，有些社区一年一届或两年一届，已坚持举办了多年。像嘉兴秀洲区新城街道亚都社区从2002年开始举办社区趣味运动会，至今已成功举办了十届。每届运动会都有上千社区居民参与，而且各个年龄层次的居民都有，像2008年那届比赛中，年龄最小的是一对年仅7岁的双胞胎，而年龄最大的老人已经80多岁了。辖区各住宅小区的居民组成参赛方队，在拔河、飞镖、踢毽子、跳绳、家庭趣味赛等项目上热闹了一把。社区趣味运动会已经成为社区居民相互沟通、共筑友谊的平台，已经成为社区的传统和品牌。全民健身，其乐融融，以社区运动会为契机，亚都社区十年来在文体上取得了喜人的成绩，2004年评为全国城市体育先进社区，2007年创建国家级社区体育健身俱乐部。

此外，各个社区挖掘潜力，开展一些有特色的社区文化艺术节：书香节、楼院文化节、合唱节等，通过文化的纽带，把邻里相亲、互相友爱、健康向上的美好理念植根在人们心中，像温州鹿城区水心街道桂柑社区从2005年开始，每年定期举办“社区读书节”，吸引社区居民参与到社区文化活动中。每年的“读书节”在“世界读书日”前后启动，期间开展一系列以读书为主题的互动活动，比如推选10户学习型特色家庭，青少年现场书法展示、社区居民向社区图书室捐赠图书或家庭间交换图书等活动。这些活动激发了社区居民的学习热情，充满亲情、温情、友情的气氛也在社区洋溢。又如丽水市莲都区白云街道灯塔社区，为了丰富社区居民的业余文化生活，培养新型人际关系和邻里关系，从2003年开始已连续举办了八届“楼院文化节”。活动内容丰富，有趣味运动会，有馄饨宴，还有唱歌、舞蹈等文艺演出。所有活动的参与者都是灯塔社区的居民，以楼院为单位。“楼院文化节”充分发挥社区居民的积极性和创造性，提升了社区的文化品位。（此处资料分别由亚都社区、桂柑社区、灯塔社区提供）

以社区文化节为依托，把社区居民组织起来共享文化，共创文化，这是很多社区文化建设的一种方式。而且，很多社区文化工作者从这最贴近民众的舞台起步，走向更广阔的艺术天地，获得了更大的成绩。

三、文化活动效果

文化活动是社区文化体系中最有活力的组成部分，也最具有感染力与号召力的。社区文化活动最大地激发社区居民的文化参与热情，使得邻里关系更为紧密、和谐。

正如《舟山日报》中的一篇报道提及，舟山定海昌国街道自举办“书香节”以来，社区精神面貌发生很大变化，居民们以书会友，频密来往，人际关系相比以前融洽很多，即便发生纠纷，也能很快达成共识，相互体谅，和平解决了。以前社区里一些知识水平高的退休老人，很少参与社区活动，对社区的工作不感兴趣，与邻居也少有互动。但社区“书香节”这种活动中那股浓郁的文化气息感染了他们，他们从观望者变成了热情的参与者和组织者，利用自己的知识和专长，为活动设计服装，为居民开坛讲课，不但不收一分报酬，有时还自掏腰包为大伙办事。① 又如台州临海市古城街道南门社区通过开展丰富多彩的文明礼仪系列宣传实践活动，积极引导广大居民发现身边的礼仪，感受礼仪带给家庭、社会的和

① 参见:《“书香节”传递温情与和睦》,《舟山日报》,2006年10月15日。

谐，使邻里关系变得更加融洽，收到了良好的社会效果。该社区有90岁以上的老人45位，社区热心地为他们举办了集体祝寿活动。他们还充分发挥社区聊天站和巾帼志愿者的作用，举办各种文化活动，促进家庭和睦、邻里团结。如社区因地制宜，在古朴的永安路居民庭院，举办了一场别开生面的庭院知识竞赛，100道竞赛题以谜语的形式，被高高地悬挂在桂树、枣树上，街坊邻居踊跃竞猜，热情互动，这样的活动既陶冶了社区居民的情操，也加深了邻里间的友情。①

社区文化活动的主体是社区的居民。群众满不满意，高不高兴，有没有获得文化精神方面的满足，应该是评价社区文化活动的重要指标，只有参与度高的活动才是有意义的。所以社区在开展文化活动时应充分激发了广大群众参与文化活动的积极性，为广大群众提供了展示自我的舞台，使老百姓真正成为文化惠民工程的主角。如宁波镇海区后大街社区先后成立了近20支社区文艺队伍，全部由社区居民自行组成，其社区居民参与率高达70%，常年活跃在社区舞台，获得多项奖项。其中百人龙鼓队在全国中华鼓舞大赛中夺得全国民间文艺最高奖——“山花奖”；更鼓队在第六届中国民间艺术节上获得金奖；社区的女子麒麟舞队在全国首届麒麟舞比赛中获得银奖；社区818名社区群众共同演出的非物质文化遗产节目——《十里红妆》2012年还成功申报了上海大世界基尼斯纪录。这些文化活动是一种与生活紧密相连的文化，直接渗透在社区群众的日常生活当中，也因此得到社区群众的认可，参与度高。② 又如衢州的坊门街社区，在开展社区文化活动时强调“草根性”以增强群众的参与度。社区依托社区活动室及文化广场，建立草根文化基地，开展形式多样的草根文化活动，主要由草根舞台、草根讲堂、草根沙龙组成。一是草根文化专场。社区每月开展三至四次群众自编自演类的文化活

① 陈伟民：《温馨家园倡文化新风——台州市社区文化创建活动纪实》，《中国文化报》，2006年09月08日。

② 《镇海后大街社区城市社区重塑的鲜活样本》，http://news.sina.com.cn/c/2008-09-28/090114512614s.shtml，新浪网，2008年09月28日。

动专场，节目全部属于群众喜闻乐见的草根文艺，主持人也由社区挖掘的草根人才主持，充分展现草根人才的各方面文艺，这种展示老百姓风采的舞台受到社区居民的欢迎，无论台上台下，都是欢笑不断。二是依托社区活动室开设“草根大讲堂”。由社区的草根人才、民间手工艺人来为有兴趣学习民间手工技艺的居民进行授课培训，像刺绣、雕刻、剪纸、风筝、篆刻等，从而实现民间手工艺的传承和保护。三是开办“草根文化沙龙”。以文学沙龙和艺术沙龙为载体，为民间草根人才提供相互交流、相互学习的平台。这种强调民间性，与社区居民结合度大的“草根大舞台”不仅挖掘和培养出一大批民间文化精英，而且通过在各种形式的文化活动，让老百姓在家门前切切实实享受到丰盛的“文化大餐”。[①]

社区通过组织群众文化生活的方式，促进了社区居民之间的“关爱、互助与和谐”。社区文化所倡导的道德伦理、价值观念、精神追求等也通过这些活动对社区群众的生活方式、理想追求等产生重要影响，激发社区群众自觉追求真、善、美的生活。此外，还可以通过各种社区文化活动，将自然科学、社会科学的先进知识，健康积极的生活方式等传播给社区群众，使他们从中得到启迪、获取知识、提高素质、增强能力，提升市民的综合文明素质。

---

① 参见：《坊门街社区“挖、种、收”三管齐下打造草根文化大舞台》，http://www.qz123.com/news/html/bdxx/zh/20127/201271195227.htm，衢州信息港，2012 年 07 月 12 日。

实 践 篇

第三章　文化惠民，让基层百姓真正享有文化

在理论探索篇中，我们提到浙江省在建设社区文化时也秉承一个核心理念，便是文化惠民、文化共享。浙江省各地市政府依据本地经济发展情况，结合地域文化传统、社区文化特色进行探索与拓展，推出了一些各具特色的"文化惠民"有效举措，为基层文化注入生命力。嘉兴市推出的"文化有约"——嘉兴市公益性文化场馆免费开放深化工程，杭州下城区推出的惠民工程——"文化超市"，宁波江东区推出的"快乐365"惠民行动都是其中突出的案例。

第一节　嘉兴"文化有约"

"十一五"期间，嘉兴市一直重视公共文化设施的建设。截至2010年底，全市已建成市县两级文化馆8个，公共图书馆6个，各类博物馆(美术馆、艺术馆)27个，这些场所为嘉兴市民提供了极其丰富的文化活动资源。

嘉兴市政府还注重文化建设的公益性。嘉兴的文化场馆免费开放工作实施得较早。2000年，嘉兴市蒲华美术馆实行了展览全免费；2004年5月，嘉兴博物馆开始对全市青少年免费开放，同年10月，又实现对全市市民免费开放；2008年，嘉兴市图书馆也实现了免费开放。这一系列的举措受到市民的赞誉，市民阅读、欣赏、享受文化生活的热情高涨，场馆人流激增，公益性文化场馆的免费开放带来了良好的社会效益。

如何让嘉兴市民更好地享用"免费文化大餐"，嘉兴市文化部门更是

做足了功夫。2011 年，嘉兴市文广新局推出了“文化有约”——嘉兴市公益性文化场馆免费开放深化工程。这一工程提出了“文化休闲何处去，公益场馆零距离”的口号，积极推送各种公共文化服务，承诺让城乡居民每周免费了解一周文化信息，免费接受一次以上培训，免费欣赏一场以上演出，免费听一场以上讲座，免费看一次以上展览，进一步消除公益性文化场馆的“门槛”，让更多公共文化服务面向所有市民免费开放。为此，当地文化部门还开通了“文化有约”——嘉兴市公共文化服务开放平台，嘉兴市民可以登录这个网站，对一些免费服务项目进行预约，比如图书馆、博物馆、美术馆、文化馆提供的场地、活动、培训等。同时，嘉兴市文化部门每月印制 3000 份《公共文化服务指南》，发放到社区、酒店等公共场所，介绍全市当月重要的文化活动信息；每周发送 1 万条文化短信，告知一周文化活动信息。嘉兴市文化局局长王鸣霞表示：“这次推出的公益性文化场馆免费开放深化工程，是我们文化系统实现服务态度从被动到主动，服务内容从单调到丰富，服务范围从周边到全市的转变，从内涵上丰富和拓展城乡一体公共文化服务体系。”市文化部门希望借助“文化有约”这个平台，全面提升公共文化设施的服务内容、服务方式和服务质量，“逐渐使市民视文化为一种需要，主动亲近文化、接纳文化”。

在公益性文化场馆免费开放深化工程中，嘉兴图书馆、博物馆、美术馆和文化馆这四大文化场所根据自身特色，精心设计各种措施，为市民献上免费的“文化大餐”。

嘉兴图书馆实现了数字资源的浏览、检索和下载等功能，开通了嘉兴数字图书馆、嘉兴手机图书馆。通过“文化有约”网站，普通市民可免费预约新技术体验，掌握数字图书馆与手机图书馆的使用方法。嘉兴市政府的信息也可以通过数字图书馆方便地查询，如读者在浏览查询之后没有找到需要的文件信息，还可以提出申请，图书馆根据申请直接和市政府督察室联系，由他们和职能部门联系，15 天内答复市民。

嘉兴博物馆推出的“流动博物馆”把博物馆搬到学校、社区和农村，吸引了不少市民。2011 年 5 月 18 日是“世界博物馆日”，流动博物馆推

出主题为“博物馆与记忆”的第一期展览，嘉兴南湖高级中学是第一站。嘉兴博物馆制作了30多块展板，把历史和“文物”直接送进了校园。展板内容涵盖博物馆内“禾兴之源”和“沃土嘉禾”这两个基本陈列内容，突出展示嘉兴的历史文化。为了激发学生的兴趣，并加深他们的印象，活动还向学生发放了一份关于嘉兴历史文化的趣味题目。此外，在流动展览期间，博物馆精选了代表嘉兴史前文化的20件文物标本，包括2010年马家浜遗址出土的文物标本，在现场开展“鉴宝”活动。博物馆工作人员还特地带来各种陶片，向学生传授辨别马家浜、崧泽、良渚三个不同文化时期的陶片的方法。

嘉兴市学校、社区和村镇都可以通过“文化有约”的网站向博物馆预约流动展览。如大桥镇江南村向市博物馆预约了一次关于大桥镇历史文化的流动展览。博物馆又以展板的形式，将展览同步在网上，哪里有需要，通过网站预约，将展览送到学校、社区，实现二次展览的价值。2012年的世界博物馆日，松鹤社区的自行车队受嘉兴博物馆邀请为世界博物馆日做活动宣传。当天上午，自行车队成员参观了博物馆近日新推出的展览——“纪念沈曾植逝世九十周年”。

嘉兴博物馆策划开展的特色服务项目“零距离赏宝”也让普通市民大开眼界。2011年7月2日，第一场“市民零距离鉴宝”的赏宝沙龙在嘉兴博物馆库房举行，由博物馆的瓷器专家主持，鉴赏东汉黄绿釉四系罐、唐青黄釉斜壁碗等珍贵文物，与嘉兴的收藏爱好者共同赏宝、探讨瓷器知识。每月第二个星期六上午，博物馆固定推出赏宝沙龙，可参与人数在10至15人。除了看博物馆库藏的宝贝，也欢迎市民带着自家的宝贝来和专家们共同探讨，学习正确的收藏知识。市民也可通过“文化有约”网站向市博物馆预约，想什么时间、看什么“宝贝”，都可自由选择，博物馆的工作人员会据此安排。2011年下半年，博物馆还在嘉兴博物馆的共建单位——浙江科技工程学校旅游专业建立了志愿者队伍，这些志愿者参与博物馆的日常宣传、讲解、活动组织、策划等工作。2012年4月，博物馆又面向全体市民招募志愿者，希望更多普通市民参与到博物馆的志愿者工作中来，更大范围普及公众保护文物的意识。

嘉兴美术馆目前设立20多个培训、辅导项目，免费进入社区、学校为市民和师生提供专业文化服务；开放美术馆所有场地，免费为市民提供展览所需的场地和技术支持。

通过“文化有约”网站，市民在嘉兴美术馆可以享受嘉兴百姓艺术讲堂、美术讲堂和摄影讲堂的免费服务。每月一次的艺术讲堂还“流动”进学校、社区、乡镇，让更多的市民分享这些文化大餐；目前，嘉兴花鸟画创作工作室、嘉兴版画创作工作室、嘉兴女画家创作工作室、嘉兴人物画创作工作室、嘉兴民间美术研究工作室等都已免费开放，成为为市民服务的工作室。市民可以选择自己感兴趣的工作室参观学习，与艺术工作者面对面交流。市民除免费参观嘉兴美术馆引进的各类展览外，还可以免费预约个人才艺展览。嘉兴美术馆先后展出过新居民养猪大户的个人展，“我家住在运河边”少儿作品展览，“唔客农民格东西”姚庄农民艺术展和“支撑·信念”残疾人摄影展等，这些作品展现了嘉兴普通市民的文艺风采。

嘉兴美术馆还动员在职人员“走出美术馆”，把展览、培训办到基层。他们为嘉善姚庄镇75名农民举办为期两个月的免费绘画培训，为平湖新埭镇65名社区、村文化辅导员作群文活动策划免费讲座，为瓶山等社区的80多名书画爱好者作花鸟画、版画创作免费讲座，为平湖新仓镇文化站、格林社区、蓝天民工子弟学校等送去“流动美术展览”16次。

嘉兴市文化馆也推出了多种惠民举措：通过“文化有约”网站，可以方便地预约外借文化馆的场地。如果有市民想办个人作品展，可以上“文化有约”网站，预约“群文大展厅”的场地，这是文化馆诸多可预约场地中唯一一个可以接受个人预约的场地。当然，在展厅中进行展览的作品其艺术水准需要通过相关部门的核准；如果单位有一台演出正愁找不到演出地点，同样可以上“文化有约”网站，预约文化馆的“群文大舞台”场地。这个演出场地是预约最为火爆的一块场地，目前只接受社会团体

预约。市区一家钢琴培训学校于2011年6月12日在此进行了首场演出。

文化馆内有声乐、舞蹈、戏曲等多个专业的业务干部，目前也在“文化有约”网站上免费接受预约辅导。由于业务干部人数有限，只能针对单位、团体辅导。文化馆最有特色的活动是“走进录音棚”。馆内录音棚水准较高，前来录音的单位和个人络绎不绝。仅在2012年12月一个月里，录音师蔡近翰就承担了宣传文化教育系统联谊会参演节目、戏曲家协会的《戏曲联唱》节目、空军的年终颁奖晚会、建设银行等多家企业单位的年会节目的录音制作。[①]

经过近一年的运作，嘉兴“文化有约”这一工程受到了各方面肯定，已逐渐成为市民了解文化资讯、参与文化活动、交流文化成果的重要平台，成为全国知名的文化品牌。2012年3月9日，文化部《文化要情》介绍了嘉兴公益性文化场馆深入实施免费开放工作的情况。3月12日，文化部部长蔡武和副部长杨志今都作出批示，肯定了嘉兴的做法和经验，并请社文司结合公共文化服务体系示范区督导工作，将嘉兴实施“文化有约”项目的经验和做法，向各地予以推荐，使嘉兴的经验和做法在更大范围发挥示范作用。

据报刊统计，到2012年2月底，“文化有约”已接受城乡居民预约服务2万多人次，举办免费公益展览64场，各类讲座、培训、辅导174场，组织开展各类活动46个，演出38场，直接受益群众30余万人次。“文化有约”的网络平台也发挥了很大作用，市民可以采取电脑上网、手机上网、电话预约、现场预约等多种方式参与活动。市民不仅可以从网站上了解即时的文化活动信息，还可以进行文化项目预约申请，将展览、辅

① 参见：《文化有约：嘉兴文化场馆期待与你“零距离”》，《嘉兴日报》2011年8月5日。《嘉兴启动“文化有约”公益性文化场馆免费开放深化工程》，http://www.ccnt.gov.cn/xxfb/xwzx/dfdt/201107/t20110708_128121.html，中华人民共和国文化部网站，2011年7月8日；林理：《嘉兴美术馆大力推进免费开放：由“圈内乐”变为“百姓乐”》，《中国文化报》，2011年10月14日；蔡近瀚：《社会文化指导中心有关录音棚12月份工作》，http://www.jxsqyg.cn/Show_News.asp?id=328，嘉兴市文化馆网站，2011年12月31日。

导、培训等活动请进所在社区，方便市民近距离享受免费文化服务，文化有约的网络点击逾 21 万次。①

目前，嘉兴文化部门仍在积极地探索，让“文化有约”能更加深入到社区基层，惠及更多的市民。今年 6 月，嘉兴市政协文教卫体委员会约请了部分来自文化领域的政协委员，为“文化有约”出谋划策。比如政协委员张觉民提到，“文化有约”以在网上接受预订为主，那些不太上网的基层居民缺少了解渠道。针对这个问题，政协委员们建议“文化有约”可通过《南湖晚报》周日的“灵市面”版面让这部分市民获得文化信息。此外，政协委员李利就文艺人才指导和创作兼顾的问题给出了自己的建议；政协委员缪惠新就“文化有约”的经费来源提出了文化消费卡的建议，等等。这些都为“文化有约”惠民工程的发展提出了更多可能性。②（文化有约网站网址：http://whyy.jxcnt.com/web/index.aspx）

小链接：

“文化有约”嘉兴市公益性场馆免费开放深化工程

嘉兴市文化馆六大服务承诺

一、服务方式

全市广大市民自由报名参加免费开放的任何项目，同时接受社会团体报名预约。

二、报名办法

“文化有约”——嘉兴市公益性场馆免费开放深化工程网站预约网址：

http://zhapu.gov.cn/web/index.aspx

① 参见：《我市公共文化服务受文化部充分肯定》，http://www.jiaxing.gov.cn/art/2012/3/16/art_21_96779.html，嘉兴政府网站，2012 年 03 月 16 日。

② 参见：《嘉兴“文化有约”成全国知名品牌让更多居民享受》，http://zjnews.zjol.com.cn/05zjnews/system/2012/06/14/018578030.shtml，浙江在线，2012 年 06 月 14 日。

三、免费开放项目

1. 公共文化大舞台

地点：小剧场

时间与周期：每月一场

演出时间：晚上 19：00～21：00

2. 公共文化大展厅

地点：1F 展厅

时间与周期：每月一期

开放时间：上午 8：30～下午 17：30

3. 公共文化大教室

地点：3F 排练厅

培训内容：音乐舞蹈类、形体训练类、美容养生类

时间与周期：每周一期，晚上 19：00～21：00

4. 文化艺术沙龙（兼讲堂）

时间与周期：每周一次，晚上 19：00～21：00

地点：3F 培训室

交流内容：为社会各艺术团队或个人提供交流展示的平台，畅谈创作经验、经历、体会及人生感悟，触发创作灵感，丰富创作手段。

注：上述免费开放项目活动的具体日期请查阅“文化有约”——嘉兴市公益性场馆免费开放深化工程网站的预告。

四、服务精神

关注群众日益增长的文化艺术需求，为全社会提供优质的服务平台，为公众提供文化艺术鉴赏与公共教育的交流平台。倾情奉献，微笑服务，热心解答观众问题，全力满足观众需求。优化馆舍及周边环境，为群众提供整洁、舒适、高雅的文化活动场所。

五、强化安全

加强日常安全、保卫、物业等各项工作，制定一系列安保方案并配备安全防护设施，在人性化服务的基础上确保安全无事故。

六、违诺细则

为保证本馆服务承诺的落实与执行，特制定以下细则：

1. 热情回答广大群众的问询。

2. 耐心解答有关服务内容。

3. 对有预约需求的群众热情指导预约顺序。

4. 欢迎广大群众对我馆的工作人员进行监督，我馆将对办事效率低下、违反有关承诺规定的工作人员进行批评教育，直至追究责任。

以上承诺，嘉兴市文化馆将自觉接受群众和舆论监督，认真处理群众咨询与意见，并及时作出答复。

联系人：许大文
联系电话：82535102
嘉兴市文化馆
二〇一一年六月二十三日

（资料来源：http://www.jxsqyg.cn/gonggao.asp? ID=56，嘉兴文化馆网站）

第二节　杭州下城区“文化超市”

为了让社区居民更便利地享受公共文化服务，杭州市下城区于2008年推出了一项特别的惠民工程——“文化超市”。“文化超市”的宗旨是打造以“全民参与、全民互动、全民共享”为服务目标的系统工程，形成“政府主导力、文化创新力、市场运作力、全民参与力、资源互动力”五力合一的公共文化服务模式。这项工程借鉴超市的运作方法，整合了区、街道、社区及辖区单位的文化阵地、文化活动、文化队伍等多种文化资源，把“超市”所具备的开架货品陈列、团购、配送等功能移植到公共文化服务体系中，让社区居民像逛超市一样方便、快捷地享受区内各种公共文化服务。

下城区的“文化超市”工程中在运作载体、运作模式上有诸多创举，使得区内文化资源效益最大化，为社区居民提供了便利、贴心的服务，是“文化惠民、文化共享”理念的有力注解。

一、创新的运作载体

一份文化菜单、一个人才和节目库、一张文化服务导图、一个文化信息网络、一套电话服务系统，这就是下城区的“五个一”创新运作载体。

（一）文化菜单

包括普通菜单和专项菜单。普通菜单是每年推出的“1＋8”文化菜单，这一菜单囊括了辖区内的省、市、区、街道、社区五级公共文化服务机构年度计划内的文化服务项目。“1”指一份区的文化服务总菜单，涵盖区本级各类文化活动，“8”指八个街道和所属 71 个社区的所有文化服务项目。专项菜单则具备较强的针对性，根据群众、地域、时节等需要制订的专项文化活动菜单，包括主题菜单和季节菜单。比如 2008 年仅区级文化活动就有“楼宇运动会”、“奥运倒计时 100 天大型宣传活动”、“杭州市首届排舞大奖赛”、“下城区七一广场歌会”等大型文化活动。

（二）文化人才和节目库

在“下城区文化体育资源共建共享委员会”和“下城区文化体育建设专家咨询委员会”的基础上，整合区级、街道、社区及辖区单位内文化表演资源和人才资源，建立一个文化人才和节目库。一是打造一支高水准的区级表演团队，这一队伍将对社区文化队伍起到一定的示范效应。二是对街道、社区和辖区单位内人才资源进行梳理、分类、整合，使每个街道都能拥有几支规模化人才表演团队，几个上档次的表演节目。2008 年，下城区已有 440 多支文化体育团队，在文化超市里，这些团队被有机整合起来，储备在文化人才和节目库中，以促进单位和社区文体团队资源的互动。

自 2008 年起，下城区率先推出星级文体团队考评制度，按照节目质量、社会影响力等指标评出一到五星级团队，给予各方面扶持。目前活跃在下城区的440多支民间文体团队中，已经有210支获得星级称号，如下城区文化馆民乐队、天水街道帼立艺术团等都是五星级民间团队。

在政府的扶持之下，星级团队的创作水平明显提高、知名度也逐渐打开。区级民间文艺团队编创的《社区音乐健身操》在央视播出，编排的《梦想天堂》广场舞蹈等节目深受群众喜爱；文晖街道社工艺术团创作表演的音诗画《满江红》，注重挖掘打铁关社区的文化遗产；天水街道天水艺术团中的社工艺术团根据社区老年食堂的故事自创自演的音乐情景剧《天水映晚霞》，作为我省唯一入选节目，参加了全国"四进社区"文艺展演。七彩阳光、五彩石、葫芦丝等一批民间文艺团队，活跃在大小舞台上，有的团队已在演出市场上闯出一番天地，走向更广阔的舞台。

（三）文化服务地图

2008年6月，下城区编制完成浙江省首张《文化超市公共服务导图》，服务导图整合了区、街道、社区和辖区单位四级文化阵地，对辖区内主要公共文化设施、文化遗产及文化经营场所的分布情况在地图上进行了标识定位，同时以列表的形式公布了文化场馆、社区示范图书阅览室、东海明珠工程、文化信息共享工程、体育健身苑（点）、文保单位、故居、庙宇、教堂、电影院、文化娱乐场所、宣传媒体等文化场所的分布、简介和联系方式。公布区、街道、社区和辖区单位开展的所有文化活动的地点、时间等信息。到2009年，"下城区文化超市服务导图"又进行了更新升级。如增加了城北体育公园、下城区文化体育中心等新的文化场馆。新版的"下城区文化超市服务导图"信息更详尽，基本囊括了该区范围内所有的文保单位、故居古宅、庙宇教堂、电影院、图书馆、文化娱乐场所以及社区示范阅览室等内容。这份最新版的导图在年底发放到各个社区。有了这份地图在手，社区居民可根据地图信息随时到相应的地点参与文化活动。这份地图也是向外来游客和外来务工者宣传展示杭州下城文化的绝佳窗口。

（四）文化超市工程网

即新改版扩容的"下城区文化超市网"（http://www.wh21.cn/）。这一网络平台包括"文化超市"、"星空文化培训"、"文化创意"、"非物质

文化”、“杭儿风”、“下城华彩”等十多个栏目，具有信息发布、个性配送、情况反馈、论坛交流等功能，是对内加强沟通协调，对外加强宣传，树立形象的窗口，也是文化超市配送服务的主要通道之一。

（五）统一电话服务系统

指热线“85135018”。电话服务系统是居民群众获得超市配送服务的主要通道。区级设立专门的文化超市服务电话，即一个号，对外接受文化服务的预订、监督、投诉，对内连接各街道和社区电话网，在文化超市的服务网络中处于枢纽地位，起着总调度的作用。

二、创新的运作模式

（一）菜单式管理

将下城辖区内的省、市、区、街道、社区五级公共文化服务机构所安排文化服务项目，以菜单的方式有计划、有步骤地进行整合管理。有了这份文化菜单，下城区全年的文化活动一目了然。每年年初，这份菜单就送到居民的手中，居民们可根据菜单选择参与自己喜爱的文化活动。

（二）交互型操作

以街道为单位，整合街道、社区和辖区单位的文化服务资源，成立街道精品文化服务队，创作精品文化节目。在区文化超市工程领导小组的协调下，每个街道文化服务队进行交互轮换服务，使每个街道的居民群众既可以享受本街道文化服务，也可以享受到其他七个街道的精品文化服务，真正做到效益最大化。

（三）个性化配送

辖区单位或街道、社区等单位若有特别的文化需求，可通过文化超市的服务通道（如“下城区文化超市网”）向区文化超市工程领导小组提出申请，领导小组会根据需要安排专项文化服务到单位和社区。“下城区文化超市网”设有的文化超市专栏就是实现各层级、跨街道的沟通、交流和配送的中转枢纽。

(四)分店式运营

通过一个总店下设多个分店的模式,在区这个总店的统筹下,以街道分店为基础,做好文化资源的整合、配送和互动工作,各个社区再设立文化超市配送点,区级文化行政职能部门及文化超市领导小组是"总店"的管理营运者,"总店"对各"分店"具有协调的职能,"分店"也可根据需要向"总店"申请资源的调配。①

小链接:

下城区 2008 文化超市 1+8 服务菜单部分项目

区级

楼宇运动会:下城区 6 座亿元大楼,4 月 27 至 28 日

奥运倒计时 100 天大型宣传活动:武林广场,4 月 30 日

杭州市首届排舞大奖赛:西湖文化广场,5 月 9 日

下城区七一广场歌会:武林广场,6 月底

下城区社区文化月:武林广场、各街道社区,9 月底至 10 月底

天水街道

庆祝改革开放 30 周年大型文艺晚会:杭州剧院 11 月

青少年跳绳比赛:长江实验小学,7 月中旬

科普文艺演出:标力大厦,5 月 22 日

满族颁金节:标力大厦,12 月 16 日

武林街道

全民健身宣传月活动"奥运牵万家",5 月

---

① 参见《下城区文化超市工程》,http://www.zjhzart.com/scq/NewsListView.aspx?ParentID=579&CurrentID=827&ID=2417&RoleID=4,杭州群文网,2008 年 10 月 23 日。《下城区"文化超市"盘活公共文化资源》,http://www.zjwmw.com/07zjwm/system/2009/08/18/015756929.shtml,浙江文明网,2009 年 08 月 18 日。戴睿云、赵明《四百支队伍争做"民星"下城民间艺术团走红社区》,http://www.wenming.cn/whtzgg_pd/xydt/201012/t20101220_32985.shtml,中国文明网,2010 年 12 月 20 日。

“武林奥运情”文艺专场，8 月

外来民工才艺 PK 赛，9 月

“挑战自我”社区干部才艺大比拼，11 月

潮鸣街道

全民健身宣传月，6 月

跨年迎新晚会“好又多”，12 月

朝晖街道

朝晖地区民间艺术作品例展，全年

拉丁舞培训，4—5 月

文晖街道

文晖地区新青年歌会，5 月

“情系奥运”趣味运动会，6 月

瑜伽培训，全年

东新街道

全民健身与奥运同行文艺演出，4 月

社区体育俱乐部篮球赛，7 月

长庆街道

唱歌班：吴牙市民学校，每周二下午

健身操：第三干休所，每天早上 7 点

石桥街道

动出健康来培训：永丰社区，4 月

饮食与运动养生培训：永丰社区，8 月

拉丁舞培训：景荣社区，周三、周五

（资料来源：《杭州日报》2008 年 04 月 21 日）

70 道文化大餐，免费“尝”

吴　煌

记者近日跟着接踵而至的学员脚步，来到了杭州市文化馆。这里正

推出暑期培训，成人现代舞、幼儿钢琴与芭蕾、少儿模特、版画、气韵塑形等70多个培训班全部免费向公众开放，但见前来上课的市民络绎不绝。

在舞蹈排练厅，踩着王力宏的《改变自己》节拍，一群80后、90后在热舞中尽情挥洒汗水。来自浙江科技学院的小雁和杭州万向职业技术学院的小玲，两人暑假不愿宅在家中，报名参加了大学生现代舞培训班，她们期望通过培训班，在健身、塑身的同时，达到接触社会结交朋友的目的。尽管免费教学，但在记者眼里，台上两位老师利用韩国年轻组合2NE1《我最红》的曲子，教起学生舞步却是转身抬脚，一点不马虎。

家住朝晖新村五区5幢的王老师，是位"越剧迷"，暑假一开始，她就到越剧班报了名，走出家门几步远，就能跟着老师同学天天陶醉在丝竹之音中。在少儿毛笔书法班，几位带着孩子学习的家长，喜形于色地告诉记者，现在社会上培训班不仅收钱，还紧俏得很，文化馆里不收分文学书法，真是惠民到家了。据悉，此期文化惠民公共服务项目，本着形式新颖、内容实用、课别广泛、贴近市民喜好等要求开展，杭州文化馆共有70余个暑期培训班向公众免费开放。一个免费班，就如一道免费文化大餐，让市民和外来民工任意挑选，迄今已有近千市民参加免费"品尝"。

记者从有关部门获悉，到今年底，全国美术馆、公共图书馆、文化馆（文化站）都将向公众免费开放，而浙江的"三馆一站"已提前全部免费开放，可谓走在了全国前头，杭州文化馆此举，正是其中一个缩影。但愿我省更多的群众和外来务工人员能享用到这道免费文化大餐。

（资料来源：《钱江晚报》，2012年07月22日）

第三节　宁波江东区"快乐365"

"快乐365"，是宁波市江东区文化广电新闻出版局2012年推出的特色主题文化活动，是社区文化、企业文化、校园文化与广场文化相结合的一项文化惠民行动。"快乐365"通过六个活动板块，开展一系列传统节

日文化和现代节庆文化为主题的文化惠民活动。这六个活动板块分别为“社区电影”、“移动展厅”、“民星擂台”、“开心综艺”、“阿拉书吧”和“百姓课堂”。如今，这六个活动板块已持续进行了半年多，深受社区居民欢迎，尤其是“移动展厅”、“民星擂台”，充分调动了居民参与文化创作的积极性，反响强烈。

“移动展厅”系列活动依托街道社区的书画社、摄影社、收藏馆等文化场所，为百姓提供了一个施展才艺的舞台，并通过“文化走亲”的方式，让更多群众获得文化带来的精神享受。今年 5 月上旬，“移动展厅”首场活动在白鹤街道日月星城社区拉开帷幕，来自“日月星”书画社的老师们现场挥毫泼墨，让社区居民近距离欣赏精湛的书画技艺。

此后，票据展览、摄影展览、非物质文化体验等各具特色的“移动展厅”活动在江东的各个社区中开展，让居民们享受到丰盛的文化大餐。

在常青藤社区，可以看到全国粮票、军用粮票、地方布票、肉票、糖票、煤油票等等各种票证的复印版挂满墙面。小区里的老年居民充当讲解员，给身边的小孙子讲着票据的历史。常青藤社区的非遗体验馆陈列的“十里红妆”套件、明清时期的各种锁具和鞋拔等让孩子们大开眼界，制作精美的龙凤戏服、绣花鞋、虎头鞋、刺绣、香囊更赢得孩子们阵阵惊叹声。

安居社区的活动室里，展览着栩栩如生的工笔花鸟图，意境悠远的水墨画、飘逸洒脱的书法，这样的书画展也为社区居民提供了一个切磋技艺、相互促进、共同提高的平台。

明北社区的“墙门故事”摄影展也吸引了许多小区居民前来欣赏。摄影作品内容丰富，形式多样，集中反映了墙门邻里的共学、共乐、共帮、共助的主题。其中，《邻里聚餐，乐陶陶》作品尤其引人瞩目，画面上邻里们品着美食，脸上露出了开心的笑容，俨然一家人。而在《爱心帮扶》组照中，墙门里为突发脑溢血导致肢体障碍的徐师傅和残疾妻子的帮扶情景令人动容……这些反映邻里真情、社区和谐建设的照片，都构成了一道别致的景观。

江东区的“民星擂台”活动通过定期举办不同门类的才艺赛事，搭建百姓才艺展示平台,让居民来做参与者、表演者和鉴赏者,让一批拥有梦想并渴望创造奇迹的“草根”明星脱颖而出,真正实现了“百姓的擂台百姓做主”。因此,深受广大居民群众的喜爱和欢迎。

今年3月18日下午,“民星擂台”首场秀在世纪东方广场隆重上演,当时共有19位“民星”轮番上台打擂。这场擂台赛不限选手的年龄和表演形式。年纪最小的1号选手才5岁,年纪最大的5号选手已有80岁。这些“民间达人”都有自己的绝活。1号选手有着惊人的记忆力:你随便报出2012年的某一个节日,他张口就能说出是星期几,简直就是一本万年历。9号达人的双节棍虽然才耍了半年,但套路娴熟,花招百变,行云流水般的花式棍法,与周杰伦有得一拼。老人的才艺不输年轻人。3号达人72岁的张伟民与自己的徒弟大跳热情奔放的拉丁舞,展示自己的“年轻心态”。4号达人61岁的沈文荣表演高难度倒立玩转铁球、喝啤酒功夫,让观众看得目瞪口呆。5号达人李宏往表演抖大空竹,喜庆的服装、俏皮的表情,欢快的抖大空竹,精彩绝伦。一头乌发的他今年已经80岁,凭着这门特技还上过中央电视台,成为本场擂台赛的黑马……

江东区“民星擂台秀总决赛”现场

“世纪东方杯”民星擂台秀从5月初开始，历时3个月，历经12场初赛、3场复赛和总决赛，共计有200余节目上台演出，节目表演形式涵盖了歌舞、器乐、小品、戏曲、魔术、书法、杂技等门类。最终琵琶独奏《霸王卸甲》和二胡《驰骋草原》获得一等奖，街舞《东方 top one》、演唱《好一个杨排风》和独舞《舞动快乐》获得二等奖，跆拳道等6个节目获得了三等奖，沙质书法、空竹表演、铁球表演和面食表演获得了特殊才艺奖，区人社局选送的《风采依旧》、社会报名的诗朗诵《妈妈的爱》等15个节目获得优秀表演奖，另外区教育局等8个单位获得优秀组织奖，白鹤等4个街道获得组织奖。

江东区文化馆作为“社区电影”板块的执行部门，2012年计划向全区各街道小区送上上百场电影，让居民群众看到更多、更新的影片。虽说露天电影对很多人来说是久远的记忆，但对于新城社区居民来说，周末去小区广场看场电影仍是新鲜的事情。这个拥有5700多户居民的超大小区是由原福明乡张隘村等5个村子“撤村建居”而来。这里的居民留恋以前村子里邻里间的那份亲近，搬入小区后一度很不适应。因此，小区放场露天电影，大伙感觉就像过节一般，早早地就来广场占座位。对于节俭的老年人来说，由于票价贵，难得光顾影院，看场露天电影也是一个不错选择。何况这些电影还是最近的新片，电影品质不错，很受群众欢迎。

此外，“开心综艺”、“阿拉书吧”、“百姓课堂”等上半年的活动内容已基本排定。江东区的居民不出小区，就能享受到这些活动。每天看看书、听听课、秀秀才艺，成了居民们新的生活方式。面向基层广泛开展“快乐365”文化惠民行动，让广大群众自发参加丰富的公益性文化活动，共享文化改革发展的成果，促进了整个江东区的文化事业繁荣发展。[①]

小链接：

江东区“快乐 365”九月活动单

快乐 365·百姓课堂

培训·排舞(9 月 10/12/14/16/18/20 日 18：30，仇毕社区)

培训·排舞(9 月 3/6 日 14：00，朱雀社区)

培训·拉丁舞(9 月 3/5/7/10/12/14 日 14：00，王隘社区)

培训·声乐(9 月 4/7/11 日 14：00，泰和社区)

培训·声乐(9 月 4/11/18 日 9：00，常青藤社区)

培训·舞蹈(9 月 4/11/18 日 8：30，中兴社区)

培训·模特(9 月 4/11/18 日 10：00/24 日 9：00，中兴社区)

快乐 365·开心综艺

“迎中秋重阳·庆国庆”系列文化活动(辖区各社区)

露天电影展映(9 月 1/12 日，东海花园社区/轨道交通指挥中心)

让我们唱响同一首歌(9 月 3 日，明星娱乐 KTV)

越剧联唱(9 月 4 日起每周二上午，锦苑社区老年活动中心)

书画/戏曲培训(9 月 5/6 日，华侨城社区活动室)

道德讲堂(9 月 6/10 日，星辰四季教育中心/园丁社区综合活动室)

中医养生大讲堂(9 月 10 日，安居社区会议室)

“唱响幸福晚年”歌咏秀/“再现夕阳无限风采”模特秀(9 月 11/13

---

① 参见叶向群：《让欢笑装点生活，让艺术陶冶情操——宁波市江东区“快乐 365”文化惠民行动纪实》，《宁波日报》，2012 年 4 月 12 日；王帅锋：《江东区“世纪东方杯”民星擂台秀总决赛暨颁奖晚会隆重举行》，http://zw.nbwh.gov.cn/art/2012/8/14/art_49_31354.html，宁波文化网，2012 年 08 月 14 日；谢雯雯：《宁波市江东区做好三篇文章打造“草根”博物馆群落》，http://www.zjwh.gov.cn/dtxx/zjwh/2012-08-03/130289.htm，浙江省文化厅网，2012 年 08 月 03 日；《“快乐 365 移动展厅”轮番上演》，http://jdnews.cnnb.com.cn/system/2012/06/06/010304156.shtml，江东新闻网，2012 年 06 月 06 日。

日，中兴社区多功能中心）

健康/法律讲座（9月15/20日，东海花园社区活动室/王隘社区活动室）

走进中国石雕/双拥文化节（9月中旬，贺丞社区/海军干休所广场）

"定格幸福瞬间·展望温馨生活"文化展演（9月21日，锦苑社区法制文化广场）

"和谐邻里·品质生活"第九届社区邻里节/"幸福邻里·文化东柳"都市睦邻节（9月下旬，新时代小区/东柳街道社区文化广场）

"唱响和谐之声·舞动社区风采"文艺晚会/"欢乐明楼·百姓K歌"总决赛（徐家文化广场/嘉乐迪KTV）

社区青少年才艺大展台/亲子同唱一首歌（明园文化广场）

军民书法笔会/夏日之风纳凉晚会/电影进社区（明北社区/常青藤文化广场/孔雀社区）

快乐365·移动展厅

划船社区第七届精神文明成果展（9月中下旬，荷花庄公园）

廉政文化摄影书画展（9月中旬，庆安会馆）

快乐365·阿拉书吧

留守儿童爱图书（9月21日，丹凤社区阅览室）

新书推荐（江东区图书馆网站）

一体化公共图书馆分馆培训活动（9月中下旬，江东区图书馆）

快乐365·社区电影

时间：9月1/2/3/4/5/6/7日

地点：孔雀社区/戎家社区天官和庭/园丁社区/滨江国际/碧城社区/惊驾社区/华严社区

（资料来源：http://zw.nbwh.gov.cn/art/2012/8/31/art_29_31731.html，宁波文化网）

第四章　文化进社区，让优秀民族文化贴近群众

文化对于一个社区而言，是社区居民凝聚力和创造力的源泉。社区文化建设可以加强居民的认同感和归宿感，满足居民的多种精神需求，陶冶性情，提升人文素养。正是基于社区居民对文化的渴求，浙江省各地社区开展了各种形式的"文化进社区"活动，借由政府的力量把各种优秀的民族文化带给基层群众，丰富了社区居民的文化生活，带动了社区文化建设工作。其中，"国学文化进社区"、"非物质文化遗产进社区"、"传统戏曲进社区"等几种形式的活动在浙江省开展得比较深入、广泛，社区居民获得了很大的精神享受。

第一节　国学文化进社区

2011年，杭州市委在《关于推进学习型城市建设的若干意见》中提出"学习中华优秀传统文化"。为了弘扬优秀传统文化，加强公民思想道德建设，推进学习型城市建设，杭州市开展了"国学"进课堂、进学校、进企业、进社区等一系列教育实践活动，进一步提升杭州的城市文化软实力。这次"国学文化进社区"活动内容十分丰富，包括了向市民以及来杭游客免费赠送国学文化读本，制播国学文化音像制品，刊发国学文化篇章，举办论坛、讲座、征文比赛，在母亲节、教师节、感恩节等重大节日走进社区开展以"孝"、"尊师"、"感恩"为主题的文化活动。目前，"国学文化进社区"活动通常结合现代生活讲授国学文化要义，通过节目演艺、礼仪展示等生动活泼的方式演绎国学内涵，倡导个人通过学习国学文化来

丰富知识、陶冶情操、提高素养、规范言行,实现了个人的身心愉悦和社会关系的和谐,促进整个社会形成良好的学习风气和道德风尚,从而全面提高生活品质。①

从年初开始,以“弘扬国学文化,提升生活品质”为主题的“国学文化进社区”活动便在杭州各个城区启动,其中王马社区、东平巷社区、上羊市街社区成为首批示范社区。3 月 16 日,“国学文化进社区”活动在王马社区正式启动,由来自浙江大学的吴永明博士主讲《弟子规》。这次讲座吸引了社区各个年龄层次的居民前来听课,活动现场气氛热烈。吴老师以通俗易懂的语言,带领听课居民领略了学习之乐、与人相处之乐、为人之乐,深入浅出地诠释了儒家思想对生命、对生活的理解,引起了现场居民强烈的共鸣。②

杭州孔庙中身穿汉服诵读《弟子规》的儿童

① 参见《杭州市以学“国学”推进学习型城市建设》,http://www.zjwmw.com/07zjwm/system/2011/05/26/017551484.shtml,浙江省文明网,2011 年 05 月 26 日。

② 参见骆铃、赵海旭:《王马社区打造国学文化基地》,http://gov-hzrb.hangzhou.com.cn/system/2011/03/18/011272498.shtml,杭报在线,2011 年 03 月 18 日。

“国学文化进社区”活动在杭州多个城区都有开展，并形成了自己的特色。2011年5月，上城区推出了“学国学精粹，塑经典上城”国学系列活动。此次学习国学系列活动贯穿全年，包括国学经典耕读社、国学小达人比赛、传统佳节国学讲座等七大主题活动。其中“国学讲堂进社区”、“经典诵读读国学”作为系列活动中的重要内容，与社区联系紧密，对社区文化建设起到积极的推动作用。

“国学课堂进社区”是上城区联合区内西湖国学馆精心打造的推广国学的流动讲堂。2011年7月8日，“国学课堂进社区”正式启动，在上城区的社区学院报告厅里，西湖国学馆许涛老师的国学讲座“半部论语悟人生”作为第一课受到社区居民的欢迎，整个报告厅座无虚席，听众静心聆听国学讲座，多数居民表示收益良多。一年内，“国学课堂进社区”陆续走进全区6个街道12个社区举办国学讲座。“经典诵读读国学”活动则从5月到11月在全区各社区和32所中小学中展开，并组建“上城区国学经典耕读社”，作为推广学习国学的长效机制定期走进学校、社区开展诵读活动。[①]

上城区的各个社区也充分利用自身资源推进国学文化。9月9日，上城区的“国学日”系列活动在各个社区内开展得有声有色。

紫阳街道春江花月社区联合二弦堂“日新书会”举办的传统书画展览受到社区居民的好评。活动现场展出了中国美院张爱国老师的《四季平安》、沈浪勇老师的《草书斗方》等名师大作。另外还展出了“日新书会”成员的作品，其中一副长7米临摹的富春山居图让居民们大饱眼福。望江街道在水一方社区阳光休闲吧里，一场“经典国学”书画展和现场秀也吸引了众多社区居民，此次活动共展出60余篇书画作品，辖区居民300余人观摩。此次展出的书画作品，主要为社区书画协会的会员们及

① 参见《学国学精粹 塑经典上城》，http://edu.zjol.com.cn/05edu/system/2011/05/22/017538776.shtml，浙江在线。《上城区：国学文化进社区》，http://www.hzwmw.com/article.html? id=1248259，杭州文明在线。王潞：《我区启动“学国学精粹 塑经典上城”学习优秀传统文化系列活动之国学讲堂进社区》，《上城报》2011年7月15日。

热心居民创作。展览分为圣哲箴言、德润童心、济世慈航、锦绣华章4个部分，作品均以历代国学经典著作为书写内容，书体涉及楷书、隶书、行草书及篆书。

南星街道馒头山、白塔岭、玉皇山三个社区则组织80多名居民到南宋官窑博物馆寻访古文明的踪迹。南宋官窑博物馆的"青瓷故乡"、"御用之瓷"、"风雅之美"、"皇宫遗珠"等几个陈列室里挤满了好奇的市民。陶艺培训中心内，参加"国学日"活动的小队员们亲身体验古代陶瓷工艺的神奇魅力。随后，队员们还参观了八卦田遗址公园，了解御耕文化，体验南宋皇帝举行亲耕仪式、行籍田之礼的整个过程，揣摩体悟着国学的博大精深。

清波街道的"国学日"活动就在鼓楼小广场的清波街道文化活动中心举行。清波街道的锦霞戏剧社早有口碑，一曲曲清丽婉转的越剧名段引得众多观众纷纷拍手叫好。东坡路社区举行了一场以"乐学国学"为主题的"国学日"活动。杭州东坡地书协会的茅木会长率地书协会成员们纷纷在地上写《弟子规》、《论语》等国学经典语句，吸引路人纷纷驻足围观。老浙大社区在求是书院开展"品茶道文化传国学经典"活动，以倡导和学习优秀传统文化的智慧思想，引导和培养礼仪道德之风。浙江中医学院的老师向居民介绍中国茶道的发展历史、茶叶的甄别知识等。在现场品茶环节，老师们用自己珍藏的精美茶具为同学们表演茶道，邀请在场的居民品尝，并指导社区居民学习，一整套茶的冲泡手法，从煮茶到泡茶再到沏茶，让大家亲身体验中国茶文化的独特魅力。

2012年，下城区的"国学进社区"活动仍在进行，从7月初起至10月中旬，北京一耽学堂、西湖国学馆的老师，将在区属各个社区举办40余场国学巡回宣讲。感兴趣的青少年可以与老师一起诵读经典，品味人文，还可以学习手工制作线装书。[①]

拱墅区颇具特色的民间国学讲坛也于2011年3月开讲，此后每半

---

① 参见《聚焦国学日 带你感受国学不一样的精彩》，《上城报》，2011年09月16日。

个月举行一次，延续至年底。首次开讲是在拱宸桥街道蚕花园社区活动中心举行，由浙江大学城市学院的杨海锋老师主讲。这次“民间国学讲坛”坚持把国学讲坛办到社区里，强调民间性，与社区结合度大，所有讲师也都是拱墅区内学校的老师或是社区内的国学爱好者，他们通过通俗易懂的语言来传播国学知识，弘扬国学文化，从而达到家庭和顺、社区和美、社会和谐的目的。

拱宸桥街道的国学资源十分丰厚。像辖区内的中国京杭大运河博物馆、中国扇博物馆、中国伞博物馆、中国刀剪剑博物馆等。在桥西历史保护街区还有三大历史悠久的国医国药馆，即方回春堂、大运河名医馆和天禄堂。最为知名的方回春堂，是有300多年历史的中华老字号，2008年列入浙江省非物质文化遗产。桥西历史保护街区还留存了近现代工业遗产、仓储设施、中晚清及民国时期的城市中下层居民住宅、传统商业和传统民间祭祀、传统城市公共建筑，充分展示了近现代民族工业发展及运河边中下层劳动人民工作与生活情景。拱墅区将国学课堂与本区传统文化资源巧妙结合，推出了国学讲堂走进国家级博物馆、国家级医药馆等活动，让全区市民了解并喜欢上国学文化。①

“弘扬国学文化、提升生活品质”系列活动为杭州构建学习型城市营造了浓厚的氛围，各个驻社区单位也以此契机，利用单位文化人才、文化设施等多种资源送国学文化进社区，向居民传授国学文化知识、弘扬中华民族美德。

浙江复兴国学研究院近几年来一直致力于推动“国学文化进社区”活动。2010年10月，浙江复兴国学研究院的专家在杭州市米市巷街道锦绣社区，举办了“国学进社区公益讲座”活动，社区有近百人参加。此次讲座为适应听众的不同要求，选择了多个主题。陈梦麟院长介绍了中国学术的渊源及五千年来的演变脉络；诸修书院山长圆通讲解了“礼义

---

① 参见：《杭州拱墅区首场民间国学讲坛开讲》，http://news.hz66.com/Item.aspx?id=28785，浙江在线，2011年03月14日；《拱墅区拱宸桥街道民间国学讲坛开讲了》，http://www.zjwmw.com/07zjwm/system/2011/03/21/017380173.shtml，浙江文明网，2011年03月21日。

廉耻孝敬忠信”等传统道德思想；针对听众多数为老年人的情况，浙江复兴国学研究院养生研究所唐天华医师讲解中医养生的基础知识。最后，国学院还向社区赠送了国学丛书蒙学读本。[①]

在浙江省其他地区，这样的“国学进社区”活动也在精彩进行。2008年3月11日，温州市委老干部局、温州大学人文学院、温州诗词学会等联合举办的“国学进社区暨斯声《中国古典文学作品精讲》赠书仪式”在黄龙街道举行。现场热卖的《中国古典文学作品精讲》，是原温州大学老教师、诗人兼书画家斯声（原名蔡世新）的新著。斯声学兼文史、擅长诗词和书画艺术，虽已80高龄，仍每日伏案，笔耕不辍。社区居民对“国学进社区”活动非常欢迎，黄龙街道温化社区的潘国女表示，购书的目的是让小孩子静下心来读读古典文学，借此提高孩子的文化素质与品味。家住市区新桥头的83岁老人陈成雄是为远在美国的儿子购书，希望在国外生活的亲人能学习古典文学，情系中国优秀传统文化。更有社区居民一口气买了20套，准备和亲戚朋友一起分享中国传统文化。黄龙街道月泉社区主任欧若曼表示“国学进社区”活动为居民提供了一个增进邻里关系，提高文化素质的平台。[②]

温州的一些文化单位也利用自身资源送国学文化进社区，向居民传授国学文化知识、弘扬中华民族美德。浙江工贸学院以各类文化活动为载体，以社区文化活动中心及弟子规班为阵地，不定期开展国学进社区社区活动。

2011年4月6日，浙江工贸学院弘恩行志愿团成员与温州弟子规班学员在下吕浦开展传统文化进社区活动。学员们与社区居民一起诵读国学经典《弟子规》，并传授孝亲手语舞蹈《跪羊图》，弘扬“孝、谨、信、爱、

① 《“中国人应该懂国学”》，http://www.fxgxy.com/article/XueYuanDongTai/1999.html，浙江复兴国学研究院网站。

② 《国学进社区大家都说好》，http://zjnews.zjol.com.cn/05zjnews/system/2008/03/10/009282719.shtml，浙江在线，2008年3月10日。

浙江工贸学院学生演示孝亲手语舞蹈《跪羊图》

仁”的传统美德。[①]

其他城市的社区，也掀起了形式不一的国学热。2007 年 7 月，湖州师范学院求真学院“感悟吴越文化，弘扬国学精神”暑期社会实践队进驻吉山四社区弘扬国学精神。在吴兴文化社区广场以展板的形式介绍湖州的历史文化尤其是藏书文化，并向居民们讲解湖州历史文化。晚上又以一台丰富多彩的晚会让居民以知识竞答、游戏的互动等形式让居民们参与到对湖州历史文化知识的学习中来。衢州的坊门街社区也曾在 2012 年 8 月开展了为期 10 天的幼儿国学教育。衢州智悲爱心小组在府山街道坊门街社区开办了首期智悲德育儿童读经班，主要是通过《弟子规》等国学经典中涉及慈悲、爱心、感恩、伦理道德，忠孝廉耻等理念的部分章节，以及培养孩子爱心的各类动画片等等童蒙经典的学习，培养孩

① 参见：《助力和谐社区建设浙江工贸学院开展优秀传统文化进社区活动》，http://www.wzer.net/view.asp? sID=25313，温州教育网。

子们对父母长辈的孝心，对社会的责任心以及中华民族的道德文化。[①]

优秀的传统文化是民族永恒的精神财富。国学研究就是以中国传统文化经典为核心，以中国传统学术方法为手段，保存和传承中国传统人文精神的一种重要方式。“国学文化进社区”活动将有助于国学文化深入到基层群众，让普通市民了解中华传统文化精髓，接受人文精神熏陶，最终达到提高生活品质、构建和谐社会的目的。

第二节　非物质文化遗产进社区

非物质文化遗产是我国传统文化的重要组成部分，在民间有着顽强的生命力，同时也越来越受到国家的重视。非物质文化遗产源自民间，非物质文化遗产的保护成果也应该回归民间，服务群众。“非物质文化进社区”活动就是让居民在家门口感受和体验到国家非物质文化遗产独特的艺术魅力。

杭州市拥有包括国家级和世界级在内的众多非物质文化遗产，其中“雕版印刷术”已由杭州市申报并被列入国家级非物质文化遗产的公示名单。2010 年 9 月，杭州市第一个“非遗文化进社区”体验点落户在上城区紫阳街道。这个项目由浙江省社区研究会牵头，杭州市非物质文化遗产保护中心、中国社区建设展示中心、武强年画博物馆和杭州市紫阳街道四个单位合作推进，将武强木版年画、杭州雕版印刷术、杭派书画装裱工艺等有机结合，引入杭州社区。

在彩霞岭社区的体验点，有以“非遗文化进社区，雕版印刷 DIY”为主题的展示、讲解、手工制作等活动。社区里有大学生志愿者为市民们讲解武强木版年画的文化内蕴、杭州雕版印刷术和书画装裱的发展演变等。在初步了解武强年画、雕版彩印、书画装裱的基础上，还可以在大学

---

① 参见：《“感悟吴越文化，弘扬国学精神”进社区》，http://www.bokee.net/dailymodule/blog_view.do? id=39767，企博网，2007 年 07 月 31 日；《坊门街社区开展幼儿国学教育》，http://www.qz123.com/news/html/bdxx/zh/20128/20128139330.htm，衢州信息港，2012 年 08 月 13 日。

生志愿者指导下进行现场雕版彩印和书画装裱的现场制作，体验“雕版印刷 DIY”的乐趣。像“六子争头”的年画就引起现场很多市民尤其是小朋友的兴趣。武强木版年画文化 2006 年入选首批国家级非物质文化遗产名录，具有吉祥的寓意、生动的形象、鲜艳的色彩和浓郁的民俗风情，艺术价值、历史价值均较高。年画题材丰富，如时令节气、敬老爱老、童真童趣、婚育喜庆、爱国爱民、日常生活、读书教育等，都是老百姓喜闻乐见的题材。居民在亲手印刷或装裱年画后可题词留言，加盖印章，收藏留念。通过这种生动活泼的体验方式，非遗文化渗透到居民生活中，增强传统文化的生机和活力。

体验“雕版印刷 DIY”的乐趣

目前，浙江工商大学的大学生志愿者每周三、周六定期到紫阳街道彩霞岭社区科教中心，为社区居民进行免费的武强年画讲解和雕版彩色

套印的技术指导。[①]

浙江素有"文化之邦"的美誉,浙江各地的非物质文化遗产十分丰富。比如嘉兴地区的海宁皮影、硖石灯彩、嘉善田歌、平湖派琵琶艺术、平湖钹子书、海盐滚灯和桐乡蚕桑习俗等,都已成为国家级的宝贝。早在2006年,海宁皮影戏就被列入首批国家级非物质文化遗产名录。2011年,中国皮影戏列入联合国教科文组织"人类非物质文化遗产代表作名录"。"海宁皮影戏"是江南皮影戏的典型代表,南宋时期自北方流入后一直演绎至今,已有近千年的历史,作为"中国皮影戏"的重要组成部分,也已正式入选世遗。[②] 海宁的硖石灯彩也享誉全国。硖石灯彩主要流传于浙江省海宁市硖石镇。早在唐僖宗乾符年间(874—879)硖石灯彩即已誉满江南,南宋时被列为朝廷贡品。清代乾隆年间,硖石形成了演灯、顺灯、斗灯的盛况,下东街的塔灯、横港桥的凌云阁、横头的梅亭等灯会层出不穷。19世纪末至20世纪初,硖石民间制灯、迎灯盛行,灯彩的制作工艺和造型形态亦有较大突破,出现了龙舟、采莲船等品种。现硖石灯彩制作技艺的主要传承人为胡金龙。[③]

近年来,海宁市不断加大对非遗文化的保护力度。其中"非遗非文化进社区"、在社区开办"非物质文化遗产传习班"等活动就是对非遗文化的一种保护和传承,让非物质文化遗产真正活在民间。

2010年,海宁市把非物质文化遗产保护成果送进了社区,让广大社区居民在自己家门口就能了解海宁传统民俗文化,欣赏到生活中已不多见的传统手工技艺展示。在海洲街道白漾社区的广场上,通过图文并茂的展板,让更多社区居民了解身边的非遗及民间传统技艺。海宁皮影戏影偶制作、硖石灯彩制作、粉塑、香囊制作、微雕、中国结编织这些传统民

---

① 参见:《杭州人可以在家门口体验"非遗"了:"非遗文化进社区"活动在紫阳街道启动》,http://www.zjskw.gov.cn/Index/Catalog127/10751.aspx,浙江省社科联网,2011年11月11日。

② 参见:《海宁皮影戏入选世界非遗名录》,http://www.people.com.cn/h/2011/1206/c25408-1863101584.html,人民网,2011年12月06日。

③ 参见:《灯彩(仙居花灯、硖石灯彩、泉州花灯、东莞千角灯、湟源排灯)》,http://www.wenwuchina.com/heritage/heritageDetail.aspx?heritageID=119,中国文物网,2009年08月11日。

间手工艺项目纷纷登场，手工艺人们精湛的手艺更是吸引了社区居民目光。小朋友们好奇地围着粉塑艺人求教；老人们询问硖石灯彩的制作方法；年轻人在显微镜的帮助下，欣赏微刻玉石上的字迹。海宁皮影戏还带来了全新的表演剧目——《花果山》和《火焰山》，皮影艺人们精彩的表演更是博得了在场观众的声声喝彩。[①]

为了让更多的人加入到非遗保护的队伍中来，浙江省各地都在进行着种种探索，海宁市非物质文化遗产传习班的开办，就是对非物质文化遗产活态传承的一次新的尝试。为了更好地普及海宁皮影戏影偶和硖石灯彩的制作技艺，海宁市从2010年起开办了面向全市招生的免费非遗传习班，希望通过辅导培训，吸引、挖掘和培养一批有较强的非物质文化遗产传承能力的学徒，充实到非物质文化遗产的传承保护人才队伍中来。经过近两个月的指导培训，海宁硖石灯彩和海宁皮影戏两个传习班于8月24日圆满结业。硖石灯彩传习班的29名学员制作了玉兔灯、花篮灯、鲤鱼灯等29件令人眼花缭乱的灯彩作品；皮影戏班的24名学生也创作了24件精美的皮影影偶作品。有关专家现场评阅之后，还为17件获奖作品的作者颁了奖。

最近，“非遗”传习班走进了社区，进一步贴近市民。2011年7月16日，在南苑社区活动中心的教室里，皮影戏海宁市级代表性传承人李学林拿着毛笔，向学员展示如何进行皮影绘画；同一时间，在白漾社区的教工之家，硖石灯彩浙江省级代表性传承人宋振华指着花瓶灯，为学员讲授如何制作花灯。11月20日，在海宁永福花园社区的活动室内，琳琅满目的茶壶灯和灯彩台灯摆上了桌子，吸引了众人的目光。海宁市非物质文化遗产传习班的学生们在这里亮出了自己的作品。至此，海宁已连续举办了四期灯彩培训班，不少参加培训的学生已经掌握了灯彩制作的

① 参见：《2010年文化遗产日系列活动》，http://news.haining.gov.cn/bmdt/201006/t20100625_144965.htm，中国海宁市政府网，2010年06月25日。

要领，成为制作硖石灯彩的好手。[①]

小链接：

巧手剪纸彩云飞 传承非遗乐陶陶

2012年5月4日上午，戒坛寺巷社区三楼会议室座无虚席，一场为社区老年居民、党、团员青年专门准备的市民剪纸大课堂开课了。今天担当授课老师的，是现为中国剪纸艺委会理事、浙江省剪纸学会副会长、中国当代艺术家、中国剪纸艺术名人吴善增。

吴善增是当今浦江剪纸的代表人物，是立轴剪纸的创始人之一。因长期受戏曲文化的熏陶，他的剪纸艺术作品风格生动活泼、秀丽工整，体现了他对善、恶、忠、奸、丑的观点和释义。他的作品曾多次在全国荣获大奖，并在美国、日本、东南亚各国及港澳地区展出或被广为收藏。

从吴老师教大家"一纸三剪"：用一张红纸剪出三种不同类型的五角星开始，这次剪纸课堂的课程就注定会受到大家的欢迎和喜爱。课堂上，吴老师现场授艺，不少老年人、青年人拿着剪刀，凝神聚气，一丝不苟地学习剪纸艺术大师的样子，剪着剪着，一幅作品就呈现在眼前了……不一会儿，一幅幅的剪纸作品就被吴老师现场做成剪纸艺术个人作品墙展示出来，大家看着自己的劳动成果，每个人都非常开心。课后大家说，希望社区今后能经常举办这类贴近生活、弘扬中国传统民间艺术、陶冶情操的文体活动。（网编：陆艳）

（资料来源：http://www.wh21.cn/wenhuaguangchang/wentidetail.asp?id=11585&specid=1，杭州文化社区网）

---

① 参见陈强：《海宁会"非遗"免费传习班圆满结业》，http://zgfyw.net/news-view.asp?id=1945&type=news，中国非遗网，2010年8月25日；朱敏乾：《"非遗"传习班免费进社区》，《海宁日报》2011年7月18日；《浙江海宁：传习硖石灯彩》，http://news.folkw.com/www/fwzwhyc/113612237.html，福客网，2011年11月22日。

第三节　传统戏曲进社区

说到浙江地方戏曲时，人们很自然会想到越剧。越剧发源于浙江嵊州（原嵊县），1906年，搬上舞台，正式称为越剧。越剧以其唱腔美、形象美和细腻、委婉、抒情的风格，赢得广大观众的青睐，目前，越剧已发展成为全国第二大剧种，并从国内走向世界。社区作为文化传承的基层，也是越剧文化传承的基地。在送文化进社区的活动中，浙江省也结合本地域的传统文化，把越剧送入了社区舞台，给社区居民带来文化享受。不少社区也有越剧爱好者组织成社团，参与各种越剧演出，让越剧这种传统文化深植于基层文化当中。

一、专业越剧团走进社区

越剧是最具浙江特色的地域文化之一，有着深厚的群众基础。几乎在浙江的每个社区，都有着一群越剧迷，清晨黄昏、歌台水榭，都可以看到他们的身影。因此，浙江省各地政府推出"文化进社区"举措时，越剧便成为必选项目。浙江省各个地市的越剧团都积极响应"文化进社区"的惠民举措，推出各种"送越剧进社区活动"。

2006年是越剧100岁的生日，浙江越剧团推出了"庆越剧百年华诞，送百场越剧进社区"演出活动。演出以精品折子戏和名家名段为主，穿插百年越剧知识宣传。《九斤姑娘》、《打金枝》、《游上林》等脍炙人口的唱段、情真意切的表演，赢得了观众的如潮掌声和阵阵好评。在家门口看省级剧团的精彩演出，这让很多戏迷惊喜万分，也让更多的"门外汉"领略越剧的优美。据统计，各个社区的观众人数少则两三百，多达四五千。[①] 同年，浙江卫视"越剧百年"亲民活动——《戏迷擂台》越剧大篷

---

① 参见许群、郑旭萍：《浙江越剧团打造亲民越剧》，http://www.zj.xinhuanet.com/newscenter/2007－01/02/content_8949704.htm，新华网，2007年01月02日。

车也于 3 月 12 日首次开进社区，在下城区温馨家园社区与广大戏迷共庆越剧百年华旦。梅花奖得主谢群英、王杭娟等越剧名家，以及有着“小茅威涛”之称的浙江小百花越剧团青年演员蔡浙飞和章艺清，还有上海越剧院的优秀演员吴群、盛舒扬，为越剧迷们送上了经典的越剧唱段。浙江卫视《戏迷擂台》的年终总擂主李锡年、冯小娟也上台表演。当年 3 月，《戏迷擂台》在杭州各大社区共举行了四场戏迷擂台赛，社区居民在家门口欣赏到了高水准的越剧表演。[①]

在浙江，有多个地方越剧团也开展了“送越剧进社区”活动。2008 年，鄞州越剧团进社区巡演活动在钟公庙街道的汪董社区拉开帷幕。文化直通车搭起的大舞台，高质量的灯光音响设备，高水准的演出，让社区居民在家门口看到了精彩的戏剧演出。此后，鄞州越剧团还为钟公庙街道的桑菊社区、陈婆渡社区送去 6 台大戏，每个社区演 3 场夜场，演出剧目分别是轻喜剧《王老虎抢亲》、传统名剧《白兔记》，以及曾荣获浙江省第十届戏剧节剧目奖的新编醒世传奇越剧《富贵荣华》。[②]

在越剧之乡嵊州，越剧更是全市人民的心头之好。嵊州市为弘扬越剧文化，坚持越剧教育从娃娃抓起，培养学生热爱越剧、热爱家乡的思想情感，光大越剧事业。像罗星幼儿园、城南小学的小小越剧团在省内外甚至在全国都有一定声誉，长期聘请了市文化馆戏曲老师担任指导师，从越剧的基本功唱、念、做、打，五法和手、眼、身、法、步等方面对学生进行全面、系统、规范的训练。

短短几年，连续有好几名学生获得中国戏曲小梅花金奖，堪称奇迹。这些“小小越剧团”与社区的关系也很亲密。每当重阳节来临，罗星幼儿园、城南小学的小小越剧团的小演员们都会给社区送去脍炙人口的越剧选段及表演，一板一眼的“唱、念、做、打”常常引得观众阵阵掌声。[③]

---

① 参见吴秀笔：《越剧大篷车进社区庆越剧百年》，《钱江晚报》2006 年 03 月 13 日。

② 参见金慧君：《鄞州越剧团进社区巡演活动拉开帷幕》，http://culture.zjol.com.cn/05culture/system/2008/03/19/009321150.shtml，浙江在线，2008 年 03 月 19 日。

③ 参见曾叶英：《罗星、城南“小小越剧团”送戏进社区》，http://www.szedu.org/weboa/newshow.jsp? softid=9115，嵊州市教育网，2010 年 10 月 17 日。

"小小越剧团"在社区演出

越剧是浙江市民最喜爱的剧种，也是社区文化活动中的重头戏。逢年过节，很多社区都会在家门口搭建舞台，邀请专业的越剧团为居民表演越剧，丰富群众业余生活，也为社区戏迷提供学习交流的舞台。嘉兴市丽艳越剧团曾于2010年在金穗社区的多功能活动室举办了庆端午越剧演出活动。演员们精心排练的白蛇传选段《西湖山水》和《断桥》，贴近端午主题，非常受老年人喜爱。2011年，西湖区蒋村街道仕林社区特邀杭州越剧院于9月6日晚上为老百姓举办了一场精彩的越剧专场表演。戏迷居民不仅能和戏曲演员近距离接触，还能在这场艺术晚宴中"饱耳福"、"饱眼福"。2012年3月，建德海燕越剧团的演员们又为蒋村街道蒋村花园社区奉上了越剧专场演出，专场演出吸引了社区内外众多的越剧迷们前来观看，可容纳数百人的"文化大棚"里座无虚席。《碧玉簪》、《孟丽君》等经典剧目让越剧迷们赞不绝口。

二、社区越剧团走向大舞台

越剧在浙江省有着深厚的群众基础，社区中藏龙卧虎，不乏高水平

的越剧爱好者，因此，很多的社区里都组建了越剧团队，他们的演出不仅丰富了社区居民的生活，也很好地传承着越剧文化。

宁波江东区百丈街道华严青春越剧团是一家颇具特色的社区越剧团，剧团成员平均年龄 27 岁，是个名副其实的青春剧团。它成立于 2005 年 2 月，是宁波市唯一一家社区级青年越剧团。青春越剧团汇集了社区爱好越剧的年轻人、辖区企事业单位职工以及部分在甬高校大学生，目前共有 31 位演职人员，其中演员 21 名，琴师乐队 10 人。这些年轻人扮相俊俏，嗓音甜美，再加上文化素质较高，悟性好，稍加点拨便具有较高的表演水平。

街道、社区对青春越剧团的发展给予了极大支持，在社区文化活动中心开辟了剧团排练中心，为演员的排练提供了理想的场所，又通过外聘、邀请宁波市内著名越剧演员来指导学员，提高学员们的演艺水平。

剧团成员以“弘扬传统文化，丰富居民生活”为宗旨，热情投入越剧排练、演出，每年为社区、街道送戏达到 20 多次。剧团成立半年后就排演了大型古装越剧《五女拜寿》，在由街道举办的“庆国庆、迎重阳”晚会首次演出时，赢得满堂喝彩，让大家目睹了这支年轻业余越剧团的风采。到 2010 年年底，该剧在逸夫剧院、凤凰剧院、各地社区和下乡慰问演出 50 多场，观众达到了 2 万多人。目前，剧团已排练了经典戏《状元与乞丐》、《红丝错》、《梁祝》、折子戏《越剧联唱——流派纷呈》、《山河恋——送信》等 20 多部。同时，为了更好地宣传时政主题和国家政策，越剧团还排练了《知荣明耻》、《廉正新风尚》、《众手浇开文明花》等越剧小唱，寓教于乐，为构建和谐社区、和谐社会贡献自己的力量。

虽然是一家社区级剧团，但青春越剧团的舞台是广阔的。至今，剧团在社区、街道、区、市、省等地演出已近百场，在团省委领导视察“青春献祖国、团委主题活动”中表演了现代网络爱情故事《第一次亲密接触选段》；在第十二届团省代表大会上在省人民大会堂里表演了《戏剧联唱》；在“白玉兰杯”上海国际越剧业余艺术节上表演了《前游庵》。通过这种交流学习，学员们演艺有了很大的进步，不少演员在市里、省里乃至全国

宁波青春越剧团的表演

获得业余比赛的各项大奖。剧团也被团市委以宁波市"优秀青年文化"载体推荐给团中央,得到了团中央领导的好评。越剧团通过开展各种文化活动,将传统文化渗透到群众性文化活动中,营造了健康向上的育人氛围,丰富了居民群众的业余文化生活,促进了社区的和谐发展和精神文明建设。①

杭州钱塘社区的"傅艺剧社"也是社区级越剧团中具有一定专业水准的剧团。2009年,在社区退休老人时代红的提议下,钱塘社区组建了一支以"傅派"为主,兼容其他流派的民间越剧社。社区的越剧爱好者纷纷加入,经过一年的"扩招",傅艺剧社已成长为一个有30个团友的大社,成员中有80岁的吹笙老手,有退休的文艺骨干,有热忱的越剧爱好者,其中还不乏一些专业队员。"傅艺剧社"自成立起,就一直有固定的排练时间,并时不时为社区居民表演。大家每周吹、拉、弹、唱,为生活增添了不少欢快色彩,在社区里也拥有了一批忠实的粉丝,传统文化在新

① 参见:《江东百丈华严青春越剧团》,http://www.nbqyg.com/info.jsp? aid=6460,宁波文化馆网站,2010年12月15日。

型社区里得到了很好的传承。

傅艺剧社在胜利剧院演出

2010年8月，傅艺剧社还登上了专业舞台，在浙江历史最悠久的名剧场胜利剧院上演了越剧名段《名家名票鱼水情深》、《西湖山水还依旧》、《十八相送》等15段越剧折子戏。这是杭州首个进到大型剧场进行表演的民间戏曲团队。十几位票友戏迷的精彩演出，加上专业演员捧场，让演出群星璀璨，傅派、陆派、尹派等各派唱腔悠扬婉转，各有韵味。①

金华的越剧之友社是成立得比较早，发展得不错的社区越剧团队。是由市开发区三江街道文艺队和城西街道二七花园社区业余戏曲爱好者组成的民间社会团体，成立于2001年，目前已有会员100多人。虽然剧社成员都不是专业戏曲演员，但凭着对越剧的喜爱以及多年来的勤学苦练，他们的表演已具有专业水准。社长祝美玲、副社长吴鸣曾先后在浙江卫视的戏迷擂台赛中成为月擂主，社员们的实力也不容小觑。10年来，越剧之友社为金华城乡、社区、部队、福利院、企事业单位等演出达

① 参见倪幼杰：《杭州社区剧团走进大剧院退休老人为传承越剧献唱》，http://www.chinanews.com/cul/2010/08-16/2471050.shtml，中国新闻网，2010年08月16日。

1345场次，并多次赴上海、安徽等地与戏迷们开展戏曲节目交流演出，参加了全国、省、市、长江三角洲等地举办的越剧演唱赛和浙江电视台举办的戏曲擂台赛，获得金、银、铜各种奖项多次，获得了戏曲专家们的好评。2011年年初，越剧之友社应邀参加《百姓戏台》栏目的春节特别节目，《春香传·爱歌》选段作为越剧之友社的保留节目首先亮相。此外，《沙漠王子·算命》选段、《碧玉簪·手心手背都是肉》选段、《血染深宫·兄妹对唱》选段，都赢得了满堂彩。①

小链接：

“十佳志愿者”教社区越剧班的学员唱越剧

作者：胡巩民

“郦卿啊，人言潘安美书生，我说你郦卿胜十分；日间朝中风波起，皆因你爱卿貌哇太俊……”11月8日下午，柯城区府山街道府山社区居委会办公楼二楼的一音乐教室里，传出一段委婉细腻、柔和深沉的越剧唱腔。一位戴着眼镜、脸庞清瘦的老大妈，正一字一句地教社区越剧班的学员们唱越剧《孟丽君》选段《御苑脱险》。她，就是府山街道“十佳志愿者”、66岁的企业退休职工丰亚莉。

教室里齐刷刷地端坐着四十几位中老年学员。79岁的刘耀堂老人坐在最后一排，是该班唯一的男学员。他告诉记者，去年下半年听人说府山社区办的越剧班，有老师义务教唱，他就报名了。至今，他已学会了17首越剧唱段，第一堂课学的是《西园记》中王玉贞唱段《自从与张君见一面》。说罢，他低声吟唱起来：“自从与张君见一面，总道是萍水相逢遇知音；谁料好事偏多磨，他竟突然不别行……”

丰亚莉从小就喜欢唱越剧、沪剧和黄梅戏，每种流派唱腔都能学得

---

① 参见戴建东：《越剧之友社10岁了》，http://jhwcw.zjol.com.cn/wcnews/system/2011/06/10/013849486.shtml，婺城新闻网，2011年06月10日；《越剧之友社登上东方卫视》，金华日报，2011年01月23日。

惟妙惟肖。看越剧《红楼梦》电影时，她连续看了24场，看后，从头至尾对白包括唱腔，都能背得出来。虽说是业余演员，但丰亚莉在衢州城里的名气却挺大，以至于越剧大师王文娟来衢城演出时，专门约访她，两人一起合影留念，还点了一段《红楼梦》选段让她唱，听后高兴地对她说："侬唱得蛮好。"浙江最佳越剧青年演员钱爱玉到衢州做评委，丰亚莉和她对唱《孟丽君》选段，得到了很高的评价。

20世纪90年代丰亚莉从街道企业退休，此后，他对越剧、沪剧和黄梅戏唱腔的追求更痴迷了。她不但喜欢唱，而且还乐于自编自演节目。《七女赞衢州》，被市老龄委推荐到省里演出，还参加了市老干部团拜会等10多场演出；《社区婆婆乐悠悠》在本市演出了40多场次，至今仍是市及柯城区一些大型演唱会的保留节目。

2006年，府山社区居委会主任吴宝珠，动员她到省老年电视大学府山教学点义务教大家唱越剧，她满口应承下来。第一学期越剧班有40多人，每周上一个下午的课。为了教会学员们唱一段越剧选段，一节课下来她常常要领唱十六七次，嗓子都快冒烟了，可她从不叫苦叫累；第二年，学员队伍扩大到了70多人。如今，她教的学员达200多人，每周要教4个下午的课。她教的学员，已不仅仅局限于府山社区了，而是遍布整个市区。一传十，十传百，如今，丰亚莉所教的学员们，把所学技能运用于丰富城乡居民的文化生活，推进精神文明建设活动中。学员余月华、程良英参加了柯城区戏曲大赛，分别以一曲《金玉良缘》、《浪迹天涯》，夺得大赛的二等奖和三等奖。

丰亚莉，正用越剧唱响衢州。

（资料来源：http://www.xijucn.com/html/yueju/20101112/21034.html，中国戏剧网）

鼓词曲艺词场重现家门口 市区首个下吕浦社区开张

前天，市区首个公益曲艺词场在下吕浦社区开张，居民们在家门口就能看到温州鼓词表演了。

当日晚上6点半，下吕浦社区的中心公园里响起了开张前的鞭炮声，周边居民闻声都赶过来看热闹。而公园里，早早就坐满了老人们，他们期待着“重温”当年的现场曲艺词场。在打羽毛球的几对年轻人放下拍子找地方坐下，年轻的妈妈们抱着小婴儿在一旁等待着。舞台上，温州鼓词陈派艺术创始人陈志雄先生和他的弟子们在抓紧准备，演出即将开始了！

家住海瓯2幢的潘阿姨站在公园的一旁听得眉开眼笑，她说：“平时我没怎么下楼，今天特别热闹，隔壁邻居也都下来了。他们唱得真好，好久没见到这样的现场曲艺词唱了，感觉很好。”

7幢的王大爷说：“公园里原先有个录音机，每天都会放些鼓词的磁带，人也很多，今天有现场看，感觉不一样多了。”热闹的气氛还吸引了不少恋爱中的年轻人驻足观看。

陈派第二代继承人陈相名告诉记者，温州鼓词有唱有说，以唱为主。它用温州方言演唱，因此各地语音不同，唱腔也各有特色。在20世纪50年代到80年代间，温州曾有4个派别，分别是陈派、丁派、阮派，还有一个平阳的(未形成流派)。

陈志雄从艺62年，陈派培养出200多名弟子，现在还在唱的有100多人。“我们基本在乡下演出，城里这样的活动基本没有，首场我们分6个节目形式表演，下次准备以一人唱为主。我们还会根据居民喜欢听哪类曲艺，或是喜欢看某个人表演等进行调整。”陈相名说。

牵头和策划活动的温州市曲艺家协会副会长叶海琴说：“早在20世纪80至90年代间，市区曲艺词场还有40多家，后来逐渐消失。现在这些鼓词都被刻录到光盘或是磁带，很多下一辈对当年的曲艺文化不了解。我们重新开设词场目的是让老人怀旧，也让下一代有机会了解传统音乐。”

下吕浦社区主任吴倩倩对此利民的公益事大表支持。她说：“公益曲艺场落户我们社区的公园，主要是因为这里老人聚集，加上周边的两

个社区，人气上就很不错。平时在这里举行的活动也比较多，很适合设点。今后，陈派艺术师生将会每月不定期地举行现场曲艺的表演。”

（资料来源：李翔。http://www.cc.ccoo.cn/webdiy/646-57687-9726/newsshow.asp? id=57687&cateid=518522&nid=772384，温州社区网。）

第五章　文化志愿者春风化雨献爱心

文化志愿者队伍是社区文化建设的一支重要队伍，对弘扬社会主义核心价值体系、促进社会主义文化大繁荣大发展都有着积极作用。组建文化志愿服务队伍，推进文化志愿服务工作，将有利于凝聚社会力量，充实公共文化人才队伍。同时，文化志愿者的广泛加入、文化志愿服务活动的不断开展，能够有效弥补文化建设领域政府服务和市场服务的不足，成为社区文化队伍以及文化建设的重要补充。在浙江省，文化志愿者的身影活跃在各个社区当中，为社区文化建设贡献了一份特别的力量。

第一节　嘉兴文化志愿者工作

嘉兴市在文化志愿队伍建设方面走在全省乃至全国的前列，很多地方都有可圈可点之处。2010 年，嘉兴的文化志愿者组织作为浙江省志愿者唯一代表和全国文化志愿者唯一代表，入选中央文明委遴选出来的全国十大城市志愿者组织。

嘉兴市一直非常重视志愿者队伍建。到 2008 年，全市 74 个镇（街道）、120 个社区都建立了志愿者服务站（点）。2009 年，嘉兴市文化局本着“自愿参与、以人为本、人人能为、人人可为”的原则，招募了一批有爱心、有文艺才能的市民，成立嘉兴市文化志愿者服务队。嘉兴的文化志愿者都会进行专项注册，佩戴专门标志，接受当地志愿文化组织的任务，上岗服务。2010 年 7 月，嘉兴市成立文化志愿者服务总队，建构了规范健全的三级服务网络体系。7 月 6 日，嘉兴市 300 多名文化志愿者代表

全市2100多名文化志愿者，参加了嘉兴市文联和市文化局在嘉兴市图书馆举行的文化志愿者工作大会，嘉兴市首批文化志愿者正式“上岗”了。目前，嘉兴市级文艺家协会及市属文化系统各单位建立了8支直属专业服务队，分别为书画队、音乐队、摄影队、舞蹈队、曲艺队、诗词楹联队、戏剧队、民间文艺（收藏）队。除了市直属的8支队伍外，还有南湖区、秀洲区、嘉兴经济技术开发区、嘉兴港区以及下属5个县（市）成立的9支服务队。17支队伍合计志愿者人数达到了2163名。

（一）文化志愿者的服务内容

文化志愿者是用自己的文艺特长来服务大众，为嘉兴增添城市文化内蕴的。因此，文化志愿者的服务内容紧紧围绕这一内核展开：有专业优势的志愿者为其他文化志愿者提供文艺辅导；积极创作演出具有时代精神和贴近人民生活的文艺作品，以小品、表演唱等多种表演形式，为百姓送戏上门，开展形势和政策宣传教育；在社区、农村等地开展送书画、送春联活动；通过举办讲座、网络论坛等形式开展摄影艺术指导；通过在社区、学校举办“诗词讲堂”的形式开展中华诗词赏析、地方文化介绍活动，普及传统诗词、地方文化知识；不定期地为市民举办免费艺术品（古玩）鉴赏活动，帮助市民提高艺术品鉴赏能力，普及艺术品鉴赏、收藏和保护知识；为嘉兴市大型文化活动开展提供服务等等。这些都是文化志愿者的服务内容。

嘉兴市的各个文化志愿者服务队伍都有自身的文化特长，因而在文化服务上也充分利用自身特色。比如嘉兴市文化志愿者服务戏剧支队下基层辅导热爱越剧表演艺术的社区居民，普及越剧知识、提高他们演唱能力，增强他们的表演功底，改善他们对戏曲的欣赏能力和综合素质，提升观剧品位，发现优秀越剧表演人才和苗子。这些活动满足了人民群众精神文化需求，对繁荣嘉兴戏剧事业发展都有极大推动作用。在嘉兴市戏剧支队的精心辅导下，学员普遍对戏曲、越剧的认识达到一定程度，能够独立欣赏戏曲、越剧作品，能够演唱戏曲唱段、能够表演越剧片段、折子戏等。甚至还有一些才华出众的学员在全国、全省的戏曲比赛中屡获大奖。又如平湖市中华诗词赏析队，以诗词文化为主题，以诗教服务为载体，在社区等基层开展丰富多彩的文化志愿服务活动。

嘉兴文化志愿者积极参与各种“文化进社区”的活动，如 2008 年春节、元宵期间，市书法家协会、美术家协会多次组织文化志愿者走进社区泼墨挥毫，为居民创作对联、条幅、国画等书画作品。嘉兴市诗词楹联学会招募学会中有嘉兴文化积淀的文化志愿成员，向社区、民工子弟学校和高校推出公益性的“风雅禾城诗词讲坛”。嘉兴市音协民乐专委会曾组织文化志愿者在社区举办了一场庆祝改革开放 30 周年民乐专场音乐会，为近千名居民送去了精彩的表演。嘉兴市曲协组织姚祖诒、金生利、赵慧丽、潘国新、王建丽等文化志愿者带着小品《招演员》、《拔牙》、《卖鸡》、《此路不通》、《归家》下农村、进企业，受到了广大群众的欢迎与好评。嘉兴各地文化部门也积极组织文化志愿人员进社区、到基层、下农村，举行各式各样的演出活动。海盐县文化志愿者王健带着自己主办的《我爱我家》系列走进企业巡演 15 场。平湖市的文化志愿者张玉观、王伟良、徐鲍培等人参加演出百余场，志愿者徐鲍培为平湖电视台作节目“创作故事会”37 期。桐乡市组织文化志愿者进社区、下农户演出 120 余场。南湖区充分利用城市文化志愿者队伍丰富的优势，开展了城乡文化结对交流活动，有 503 对城乡家庭结成文化对子，并通过“五送”(送电影、送节目、送图书、送春联、送年画)把丰富的文化生活送到农户家中。

(二)文化志愿者队伍的管理机制

嘉兴市政府积极推进文化志愿者工作信息化管理。市志愿者协会开发和完善了以志愿者注册管理系统、“长城—志愿者联名卡”以及志愿者网站、论坛、QQ 群等为主要管理项目的一整套志愿者工作的信息化系统，有效地加强了对志愿者组织、志愿者队伍和志愿者活动的管理，大大提高了工作效率。志愿者注册管理系统可以按注册类型、居住地区、所属志愿者组织等对注册的志愿者进行分类管理，将每个志愿者都划分到特定的基层志愿者组织，使志愿者能真正发挥自己的特长。注册管理系统的核心部分是志愿者组织后台管理，包括“管理员”、“会员管理”、

“新闻管理”3个版块。通过这些版块，志愿者组织可以添加、审核会员，管理会员的志愿服务情况，添加服务时间。各级志愿者组织可以通过“新闻管理”版块发布信息。“长城—志愿者联名卡”是全国首创的志愿者联名信用卡，是用于志愿者管理且具有一定信用额度消费信贷功能的金融支付工具。此卡不仅具有志愿者的活动信息记录、统计、打印等各项日常管理服务功能，而且同时具有消费、存取款、转账等银行卡的基本金融功能，更可在众多的特惠商户中享受贵宾卡、打折优惠、消费积分等服务。在开展大规模志愿者活动时，还可用无线POS机输入活动的内容、时间等，通过刷卡记录服务信息，并可定期将志愿者的相关信息导入志愿者注册管理系统，实现资源共享。志愿者网站是志愿者工作对外宣传的一个窗口，可发布志愿者工作信息，介绍各地志愿服务活动开展情况，交流工作经验，传播志愿者理念及相关知识；志愿者也可通过论坛发帖和QQ群对志愿者组织提出意见、建议，发表观点、看法，增进彼此间的交流。

（三）文化志愿者的奖励考核标准。

为了鼓励文化志愿者充分发挥自身能力，积极参与文化志愿活动，嘉兴市建立了一套考核奖励标准，以此提升志愿者的工作能动性，推进志愿者进一步做好社区文化建设工作。除了每年在县（市、区）节庆活动及3月5日“浙江省志愿者日”、12月5日“国际志愿者日”等时间积极参加志愿活动外，志愿者也可自行开展一些志愿活动。志愿者无故缺席活动3次以上，或服务时间每年累计少于20小时的，将被取消志愿者注册资格。服务时间积累到一定数量，则可享受各级服务组织提供的各类优惠待遇。对业绩突出并且社会反响良好、服务年限长的志愿者将颁发“突出贡献奖”。服务时间累计达60小时的将被评为“一星文化志愿者”，依此类推，服务时间累计达500小时的将被评为“五星文化志愿者”，服务时间累计600小时以上的，将被评为“金牌文化志愿者”。①

小链接：

瑞安文化志愿者走进五镇十街

都市报讯　在瑞安，有一支文化志愿者团队让排舞、书法、国画等文化活动遍地开花。目前瑞安市已有4000多名文化志愿者，他们以志愿服务的形式开展文化活动，自去年9月以来，自发举办了31场大型文化活动，惠及群众4.5万人次。

去年7月，瑞安市出台《文化志愿者队伍建设实施办法》，依托该市直属文化系统单位、文艺协(学)会、体育专业协会等，下设舞蹈、声乐、武术等18支文化志愿者支队，以先建组织、后招募的形式，向全社会招募文艺能人。

今年3月至7月底，瑞安市开办首届文化志愿者培训班，招收文化员及文艺爱好者200多人。这些文艺骨干学成后，将成为指导老师，把所学才艺带回去，做到“老师带学生，学生变老师”，形成市、镇街、村居三级文化志愿者服务体系。队伍组建后，瑞安民间文艺人各显神通，把各具特色的文化活动撒播到该市“五镇十街”。据悉，9月初，文化志愿者培训班还将开设提高班。

(资料来源：http://www.wzrb.com.cn/article404407show.html，瓯网)

① 参见：《2163名文化志愿者昨“上岗”》，http://www.jiaxing.gov.cn/art/2010/7/6/art_21_29819.html，中国嘉兴政府门户网站，2010年07月06日；《嘉兴市着力开展文化志愿活动》，http://www.cnjxol.com/topic/volunteers/content/2008-12/15/content_925756.htm，中国文明网，2008年12月15日；《以信息化建设为抓手进一步深化志愿者工作》，http://www.zjgqt.org/Item.aspx?id=6291777，浙江共青团，2010年12月29日。

第二节　外国文化志愿者在社区

在浙江，还活跃着这样一批外国志愿者，他们与社区的文化交流丰富了社区居民的业余文化生活，为社区文化注入了一股清风，也为社区文化创新提供了多种可能性。

在这些外国志愿者当中多数是各大高校的留学生和外教。2007 年 4 月，浙江师范大学的一批来自美国、韩国、泰国的留学生和外教来到金华婺城区柳湖花园社区，参加该社区第二届"邻居节"暨中外学生走进社区文化会演的志愿者活动，为社区的居民们带来了异国风味的歌曲联唱表演。

留学生们都是第一次来到社区参加这样的活动。这次活动扩大了他们交际视野，给他们带来了许多新奇的感受，也让他感受到了中国普通居民的业余文化生活的丰富多彩。[①]

为了充分发挥校内这批特殊志愿者的作用，浙江师范大学还组织了"外教进社区"活动，由浙师大志愿者总队和杨思岭社区合作开展。

2012 年 2 月 29 日，浙江师范大学的外教 David 老师为金华市育才小学的孩子们送上了一堂精彩纷呈的英语课。课堂教学内容是"Learn the parts of your body"。David 老师用各种方式调动孩子们的学习积极性，先鼓励孩子们在白纸上画出自己的身体，然后他以 PPT 展示的图片为媒介逐个教读英文单词。为了帮助加深孩子们的记忆，他绘声绘色地讲述了自己身体各个部位所发生的有趣的故事，并要求孩子们在自己所画的身体各个部位写上相应的英文单词。David 老师用好玩的游戏让孩子充分参与学习中来。生动的语言，活泼的互动，让在场孩子与家长见识到什么是快乐的英语。

---

① 参见吴梦帆：《我校留学生走进社区 体验中国"邻居节"》，http://www.zjnu.edu.cn/news/common/article_show.aspx?article_id=9792，浙江师范大学校网，2007 年 4 月 16 日。

外教进社区 黄泽振摄

杨思岭社区每周一、三、五的下午 4 点都会组织志愿者为孩子们提供义务家教服务，"外教进社区"活动是爱心家教系列活动之一。这个新项目每隔三个星期都会举办一次，让孩子们在娱乐中学习英语，在快乐中提高英语表达能力。[①]

大学与社区展开合作，为留学生和外教志愿者开展志愿活动提供了便利。2008 年 3 月，浙江大学的美国留学生奈德和马莉莎就是通过浙江大学留学生基地，与杭州市惠民苑社区的一位青年小王结对学习外语。小王因得了骨髓增生异常综合症，被迫辍学，没能圆大学梦。但他一直很渴望学习外语。两名留学生志愿者得知这一情况，便与小王取得联系。他们定期来社区教小王英语会话，平时还通过网络与他交流。外国留学生参与志愿者活动不仅有助于浙江的志愿活动树立更好的形象

① 参见姚玉枫：《外教进社区 义务教英语——记浙江师范大学外教走进杨思岭社区》，http://zyz.zjnu.net.cn/? thread-791-1.html，浙江师范大学志愿者总队网站，2012 年，3 月 1 日；吴彰义、潘筱清：《外教进社区》，http://www.jinhua.gov.cn/art/2012/4/3/art_1295_102245.html，金华政府网站，2012 年 4 月 3 日。

和品牌，还能调动更多的人参与到志愿活动中来。另外也为社区文化交流的提供了新的范例。[①]

在杭州，还有不少外教走进社区支教，为社区的小朋友带来快乐的英语学习时光。2010 年 7 月，美国的四位教师 Jerry、Shelly、Eve 和 Chayma，趁暑期来杭州支教。他们支教的方式就是走进杭州的多个社区，与孩子们来个亲密接触。黄龙社区的小朋友是他们在杭州支教的第一批学生。外国志愿者们形式多样、互动性强的教学方式激起了小朋友对英语的兴趣，很多小朋友放下了心理包袱，享受着学习的快乐。[②]

除了支教之外，外国志愿者还积极传播西方文化，丰富社区文化内容。宁波鄞州区首南街道惠风社区在 2011 年携手外国志愿者开办交谊舞培训班。社区邀请了 2 位国际志愿者前来教学，6 月中旬，每晚 7 点在小区三号楼大堂内交际舞培训班准时开始。交际舞教学活动受到了社区居民的一致好评。除了开办交际舞培训班外，这支洋志愿者队伍还开展了各种文化活动来丰富居民业余生活，提高居民素质。像“西方礼仪”讲座、“印度文化”讲座、“快乐英语，共迎文明”的主题英语学习等等，丰富的授课方式、热情的现场互动、生动的表演内容深深地吸引了社区居民，也让居民开阔了视野、提高了素养。[③]

在宁波其他的社区中，也活跃着外国留学生志愿者的身影，他们为社区带来丰富的文化生活。像浙江万里学院“阳光 1＋1”和青年志愿者协会的志愿者中就有好几位外国志愿者。他们在海曙区白云社区以结对子、签志愿协议的形式长期为老人们服务，结对“空巢”老人，定期定点一对一地服务独居老人，为他们送来温暖、送来欢乐。外国留学生罗伯特、麦克的加入让整个志愿行动更富有国际色彩，也给老人们带来了全

---

① 参见：《志愿服务无国界 留学生参与浙江志愿者活动》，http://www.hzqb.com.cn/Culture/infoView.aspx? newsId＝1231，中新浙江网，2008 年 03 月 07 日。

② 参见屠雁飞：《不进学校进社区美国老师来杭州“耍宝”教英语》，http://zjnews.zjol.com.cn/05zjnews/system/2010/07/26/016791961.shtml，浙江在线，2010 年 7 月 26 日。

③ 参见张银飞：《鄞州区惠风社区携手洋志愿者参与文明创建》，http://www.wenming.cn/syjj/dfcz/201107/t20110705_236557.shtml，中国文明网，2011 年 07 月 05 日。

新的体验和感悟。像白云社区的夏月娣老奶奶多年独居，留学生志愿者罗伯特和麦克与她结对交流。两位留学生来自瑞典，而巧合的是夏奶奶的孙子也曾在瑞典学习过两年。这种巧合让双方有了共同的话题，增进了双方的感情。两位志愿者常来社区陪夏奶奶聊天，一聊就是几个小时。志愿者还教会夏奶奶怎样用电脑，通过电脑与家人、朋友聊天。外国留学生的加入使得中国的爱心文化增添了不少国际色彩。①

在宁波，外国志愿者还参与了形式多样的文化活动。2011 年 3 月，浙江省宁波市江北区交警大队和宁波大学外事教育处共同开展"礼让斑马线，携手迎世博"外国交通志愿者活动。这次活动有比利时、德国、美国、墨西哥、加拿大、纳米比亚、塞内加尔、俄罗斯等十余个国家 25 名外国友人参与。

外国交通志愿者在街头宣传交通文明

活动现场，外国交通志愿者积极与宁波市民互动交流，介绍自己国家的交通情况；有些外国交通志愿者与交警一起走上街头，劝导路人遵

---

① 参见：《浙江万里学院中外大学生志愿者为独居老人结对服务》，http://www.nbedu.gov.cn/zwgk/article/show_article.asp? ArticleID=39637，宁波教科网，2012 年 03 月 20 日。

守交通规则。外国交通志愿者的宣传、劝导，促进国外先进交通文明在国内的传播，也提高了宁波市民交通文明意识，让更多的市民感受到文明交通对社会进步的影响。[①]

社区文化是一种综合文化。各种文化在此杂糅与交汇，碰撞出火花。外国留学生志愿者走进社区，为基层文化带来了新的文化因子，促进了中外文化交流，社区文化更具有活力，为社区居民提供更为丰富的文化型态和文化选择。

小链接：

丽水莲都区：社区党员志愿者组建“就业帮帮团”

浙江在线10月10日讯　“多亏了‘就业帮帮团’的党员们，我虽然身患残疾，但通过这份来料加工的工作，每个月的基本生活费就不用愁了，真是帮了我的大忙啊！”丽水莲都区紫金街道大洋河社区伤残人士李大伯感激地说。

大洋河社区党总支在深入开展创新争优活动中，积极发挥“党员志愿服务”这一争创平台，充分整合社区在职党员、非公企业党员、个私老板党员等各类党员人才资源，积极组建了专门服务于社区下岗职工、妇女、残疾人、贫困人员等弱势群体就业和帮助企业做招工宣传的“就业帮帮团”，实现了争创活动和服务群众的有机结合。

“丽水翔和佳洁商贸有限公司”老板王美森是一名中共党员，在得知社区成立“就业帮帮团”后，她主动要求参与，并及时提供了日用化妆品的销售和仓库管理员岗位。

据大洋河社区党总支书记王碧华介绍：“就业帮帮团”是社区积极探索加强和创新社会管理的有益探索，社区的党员志愿者们通过认真收集核实有关企业的招聘信息，通过城乡社会协同管理创新平台向网格化管

① 参见何蒋勇、沈文剑：《浙江宁波外国交通志愿者走上街头传播交通文明》，http://www.wmgm.org/view.htm? artId=3083186083，文明公民网，2011年10月26日。

理辖区内的住户发送短信，也利用会议、宣传窗、放电影幻灯、上门宣传发动等形式把招工信息及时传递给居民。有需要就业的居民，也可以联系社区或直接到社区登记，社区则按照居民的要求帮忙联系用工单位，尽可能帮助他们找到合适的工作。

（资料来源：http://zjnews.zjol.com.cn/05zjnews/system/，浙江在线）

第三节　杭州江干区文化志愿者工作

自2010年来，为了让有文化专长的市民在社区文化建设中发挥积极作用，杭州市江干区广撒“英雄帖”，招募社区文化志愿者，建立“群众文化人才后备资源库”。这些文化志愿者活跃在江干区的各个社区中，平均每月直接、间接开展的文化志愿服务有162场次，受惠群众达9万多人次，有效发挥了基层文化志愿者在社区文化建设中的独特作用。

（一）文化志愿者来源多样化

自从江干区团区委、区志愿者工作指导中心在全区发布“社区文化志愿者英雄帖”，凡身体健康、有一定文化特长、有业余时间、热心文化传播和志愿活动的人，不论性别、学历、民族和国籍，都可以就近找社区招募点进行报名。一时之间，全城文化英雄响应者云集，凯旋街道报名现场更是人头攒动，许多市民不顾天气炎热，路途遥远，专程从九堡等地赶来报名，采荷、凯旋等街道的众多文化爱好者们也纷至沓来。当天，共有百余名市民前来招募台询问，其中30余名文化爱好者当场填写了志愿表格，表示愿意以志愿者的身份为江干的文化事业尽一份力。一些不能赶到现场的群众也纷纷通过电话、短信、网络等方式报名。根据“专长优先”与“不设门槛”相结合的招募条件，首批共有423名文化志愿者入选。志愿者有机关干部、学校师生、企事业单位在职员工、离退休干部职工；有“社区原住民”，也有“新杭州人”。其中，具有专业文化特长志愿者占

总数的78%，年龄最小的15岁、年龄最大的89岁。江干区将各社区、村招募的文化志愿者统一进行汇总后，集中安排培训，然后根据每个志愿者的文化特长，结合各社区文化品牌培育的内容，分配志愿者到相应社区开展文化指导活动，推进“一社一品”的培育和日常文化活动的开展。这批文化志愿者队伍充实了各个社区的文化服务队伍，为“一社一品”培育工作的深入提供人才基础和技术保证。

江干区文化志愿者招募现场

在文化志愿者队伍中有一批突出的草根英雄，像杭州市第二届十大平民英雄、“百草园”中医药文化带头人杨铮君，杭州市第七届十大平民英雄、“诗韵人家”诗歌文化带头人程祯鼎等，他们作为文化志愿者队伍中的“明星”，充分发挥了文化带头人“树好一个、带动一批、影响一片”的辐射作用，在“社区原住民”和“新杭州人”中营造了浓厚的文化志愿服务氛围。

同时，江干区还有意识地促成大师加盟文化志愿队伍，提升队伍品质。除了全国民乐演奏艺术水平考级委员会委员、中国民管学会葫芦丝专业委员会委员蒋先本为文化志愿者外，还先后邀请到西泠印社社委会副主任、常务副秘书长包正彦，西泠印社副社长、中国美术学院教授刘江等通过担任顾问、编外带徒、客座指导等形式，义务参与基层文化志愿活动。

（二）以"项目"促进发展

如何让文化志愿者的满腔热情落到实处，真正发挥专长，为社区居民服务？江干区提出了"以项目带队伍"的思路，让文化志愿者参与到区里开展的各个文化项目中去，充分发挥文化专长，锻炼能力，提高文化志愿者队伍的战斗力。

"哪里有文化大项目，哪里就有文化志愿者"。这几年中，江干区的文化志愿者的身影活跃在全国文明城市创建、"我们的价值观"活动、"为八残会加油助威"、休闲生活展、十大特色潜力行业培育、"一社一品"文化品牌建设、笕桥历史文化街区建设、夏衍名人名居文化品牌建设、丁桥"北游"等一系列重点文化项目中。借助这些项目提升了文化志愿者服务专业化程度，壮大了文化志愿者队伍。目前，文化志愿者服务队已从最初的一支大队伍细分为文艺表演、曲艺指导、文物鉴定、竞技教练、文化体验等10多个大门类63个专业小分队。各个小分队艺有所专，在社区文化建设中发挥着示范带头作用，在全区建立的120个"一社一品"社区文化特色品牌中，实现了文化志愿服务的"全覆盖"。如今，仅庆春广场每天至少有15支群众文化团队活动，"曲艺新天地"演出密度由"每周一场"向"每天一场"扩容，演出形式由"纯专业"向"专业＋群众"拓展。在文化志愿者带动下，广场文化由庆春广场"一核"向各街道（镇）文化广场"八心"延伸，全年共举办广场文化活动1934场次、放映电影1381场次，参与群众超过百万人次，基本实现"月月有主题、周周有活动、天天有惊喜、场场吸引人"。

（三）志愿精神激励着全区群众

江干区文化志愿队伍中涌现了一批突出的先进人物。他们中不少人十多年来一直坚守在基层文化服务上，为社区的文化发展贡献一份力量。凯旋街道75岁的程祯鼎老人退休后为社区居民义务出了589期黑

板报，直到右手颤抖不能写字为止。十年中，他牵头组建了全区第一支社区老年人歌咏队——“经典100红歌汇”、全区第一个社区草根诗社——“诗韵人家”。做过胃切除、右肾摘除、心脏手术的程祯鼎，每个星期都风雨无阻地组织活动、参加活动，有几次还累倒在活动现场。他总说：“群众需要文化、喜欢演出，我就用特长去帮助他们，他们喜欢我，我也从中得到了极大的快乐和满足。”在他的影响和带动下，社区中越来越多的退休老人加入到文化志愿者的行列，以文化一技之长服务大众、服务社会。

其他的社区也有很多这样默默奉献的文化志愿者。天杭社区有一名普通的退休老人叫倪向东，是社区民间手工艺培训班的专职教师，社区的人亲切地称他“倪老师”。自2006年10月开班以来，每周三倪老师都在社区里向大家传授民间手工艺。社区有近300余人向他拜师学艺，学习剪纸、布贴工艺、串珠和中国结等工艺课程。倪老师说：“我一直以来都非常热爱民间手工艺术，社区免费为我提供了场地，给了我一个展示自己的平台，我非常乐意与大家分享。”

文化志愿者平时在社区默默开展着文化活动，将体验艺术中的欢乐传递到更多群众中去，更重要的是，每逢传统佳节、邻里节、活动日等，文化志愿者们不辞辛劳，积极投身于艺术的传播与分享过程中。他们开办艺术展，将腿脚不便的孤寡老人带到活动室，欣赏他们的优秀作品；他们组织在家过假期的小朋友，组成了“老带小”艺术社，这些“忘年”的同学一起学习、一起分享快乐；他们参与到各类表演中去，将具有本土特色的节目展现给居民群众、外来务工人员……社区文化建设与发展少不了这种热情与激情。各个社区都努力从辖区居民的实际出发，定期提供文化志愿服务，不断提高辖区居民的文化生活水平，并着力打造文化志愿品牌，吸引更多热心公益的人们加入志愿者队伍，从身边做起、从点滴做起，使文化志愿品牌越来越响亮。

文化是社会管理的“软实力”。文化志愿者发挥“润物细无声”的作用，以文化亲和力、融合力、润滑力促进社会建设和社会管理。一方面，以文化志愿服务促进民生改善。采荷“景泰蓝工作室”、九堡“姐妹编织站”、彭埠“十字绣工坊”等文化志愿场所，不仅成为凝聚志愿者、凝聚团员青年和群众的新平台，也在引导下岗工人自食其力、创业就业方面发挥了积极作用。另一方面，以文化志愿服务促进社区和谐。创新采荷“小候鸟阳光假日学校”、“嵌入式国学讲堂”、笕桥“芳绿文化化解矛盾法”、丁桥“新老杭州人厨神大赛”、《建村志》编写组、四季青“筝箫雅韵”拆迁过渡居民葫芦丝队、彭埠“社村都有排舞队”等文化志愿活动载体，在丰富多彩的活动中引导团员青年和群众相互交流、诉说心声，相互谅解、打开心结，成功调处化解各类群众纠纷51件次，在塑造市民精神、密切党群关系、缓解社会矛盾、促进社区融合等方面发挥了“润滑剂”和“黏合剂”作用。[①]

小链接：

关于招募文化志愿者的通知

为了进一步繁荣基层文化，深化全区“一社一品”特色文化品牌培育工作，发挥有一定文化专长的市民群众在社区文化建设中的积极作用，现面向社会，招募文化志愿者。只要您有时间、有热情、有特长，我们都欢迎您的加入！

一、基本条件

1. 在江干区生活就业的有爱心、有社会责任感、有一定文化特长的居民群众、社会各界人士；

2. 年龄在18—65周岁(特殊人才可适当延长)；

3. 热心志愿服务事业，有奉献精神；

① 参见：《我区在全市首招文化志愿者》，http://www.hzjgnews.com.cn/content/2010-06/21/content_2313125.htm，江干新闻网，2010年06月21日；《江干区创新理念发挥“文化志愿者”独特作用》，http://www.hzva.org/newsinfo.asp? tbname=Sbe_News&id=499，杭州志愿服务网，2011年11月22日；《杭州市江干区闸弄口街道文化志愿者给力和谐文化建设繁荣发展》，http://www.zjgqt.org/Item.aspx? id=11940085，浙江共青团网，2011年10月25日。

4. 有从事志愿服务的时间；

5. 具有完全民事行为能力(在校学生除外)。

二、志愿服务内容

1. 为社区群众组织文化培训活动，宣传传统文化；

2. 协助组建群众文化团体，繁荣社区文化；

3. 担任群众文化竞赛评审，引导群众文化团体健康发展；

4. 传播先进的群众文化团队建设经验，深化"一社一品"培育活动。

三、招募事项

1. 招募时间:2010 年 6 月 19—30 日

2. 招募地点:各街道、镇文化站

(资料来源:江干区委宣传部(文明办)，2010 年 06 月 10 日)

第六章　特色团队深耕地域文化

社区居民总是按照一定的组织结构相互联系的，因而社区中便形成了各种表达社区居民共同需要、共同利益的社会群体和组织。社区居民的共同文化诉求汇集起来，便形成了相应的文化团队。在社区中，较高的组织化程度有助于改善社区人文环境，形成良好的社区氛围，加强社区成员的归属感和认同感。文化团队也是社区成员凝聚在一起的重要力量。

随着社区文化建设的发展，浙江省各地市都涌现出一批具有本土特色，注重文化品位、深耕地域文化的社区文化队伍。前文提及，社区文化是特定区域内的特定群体，在长期的共同生活与交往中创造形成的具有鲜明地域特色的生活方式、行为模式、价值观念的总和。社区文化受社区成员素质、地域环境特色及地区历史文化传统这三个因素的影响颇大。因此，社区中的文化队伍所倡导的文化活动往往与本地区的地域环境、历史文化传统相关。这些地域文化深深地扎根在社区当中，并经过社区文化团队的参与和改造而焕发出新的生命。

第一节　杭州钱塘茶诗社

茶为国饮，杭为茶都。2005 年，在首届茶博会的开幕式上，杭州市被授予中国茶都的称号。杭州是一座与茶结缘的城市，不仅拥有西湖龙井茶等一大批国字号的名茶，更有着深厚的茶文化底蕴，一千多年来，茶文化早已渗透到杭州市民的日常生活中。四季青街道钱塘社区成立的全国首家社区级“钱塘茶诗社”便是这种茶文化民间性的体现。据报道，

社区成立茶诗社在全国尚无先例。

“钱塘茶诗社”于2008年首届民间茶诗会上成立。民间茶诗会每年4月举办，已连续举办了多年，而且一届比一届亲民。“钱塘茶诗社”自成立后，每年都积极参与民间茶诗会活动，一直为传承茶文化作出努力。2009年，刚满“一周岁”的“钱塘茶诗社”借茶诗会举办之机向全市社区发起“茶文化进社区”大倡议，倡议各个社区能以大联诗的形式，以茶博会为契机，将“茶都杭州”丰富的茶文化向居民普及；同时，在四季青街道钱塘社区开讲《钱塘茶书场》。《钱塘茶书场》分为“本塘篇”、“国内篇”、“国际篇”三大部分，邀请民间茶事、茶俗专家、非遗专家用通俗的语言讲一讲“茶文化的故事”。在2009民间茶诗会上，《钱塘茶书场》特邀著名茶人王旭烽进行了首讲，社区居民、大学生，甚至还有几位外国留学生聆听了“茶课”。[①] 2011年的茶诗会再度在浙江省杭州市四季青街道钱塘社区内启幕。茶诗会前夕，钱塘茶诗社向外界广征茶诗、茶联，不少茶诗的爱好者闻讯作诗，从社区居民到全国各地的茶人、茶友都寄来他们的作品。其中，浙江大学城市学院“叙雅茶社”选送的作品《幽茗》(一株望南山，一叶溢春光。一采翩若舞，一炒散芬芳。一瓶素青花，一藏莫相忘。一顾倾城容，一杯浸风华)得到了大家的一致赞赏。[②]

2012年的茶诗会在江干区体育中心隆重举行。由中国国际茶文化研究会、杭州市旅游委员会主办，江干区茶文化研究会、四季青街道办事处、钱塘社区“钱塘茶诗社”承办，以“茶香千年越、佳作万年芳”为主题，围绕“展茶诗—听茶乐—吟茶曲—秀茶舞”四项活动展开。家住周边的市民百姓都被这“家门口”的风雅韵事所吸引，前来读读茶诗，赏阅国学，国内的茶友、诗友也不远千里，共赴盛会。其中不乏外国游客，也深深地陶醉在中国博大精深的茶文化之中。2012年的民间茶诗会上，最令人

---

① 参见边晓丹、符智伶：《会写茶诗、茶联吗快上杭州日报网参与》，《杭州日报》，2009年3月18日。

② 参见符智伶：《钱塘社区2011民间茶诗会悠然登场》，http://www.hzjgnews.com.cn/content/2011-04/20/content_2923992.htm，江干新闻网，2011年4月20日。

钱塘茶诗社茶道表演

激动的是还是放飞百米茶诗巨龙风筝。这个风筝是由杭州市风筝制作大师、杭州民间工艺美术大师程迪申设计制作，最大特色是龙身由100片绿色茶叶状小风筝组成，每一片茶叶状小风筝上均印有精选出的历代茶诗一首，共计印制100首历代茶诗。龙年，放飞百米巨龙风筝，赏百首历代茶诗，看着高高飞起的长龙风筝，现场一位朱姓诗友不禁感叹："再现兰亭风雅事，且留佳作万年芳。"①

小链接：

钱塘茶诗社简介

在中国国际茶文化研究会的关心下，"钱塘茶诗社"于2008年成立，中国国际茶文化研究会刘枫会长亲笔题写了"钱塘茶诗社"社名。"钱塘茶诗社"连续承办民间茶诗会，分别获得了中国（杭州）西湖国际茶文化

---

① 参见符智伶：《江干区第一届茶文化艺术节暨2012民间茶诗会隆重举行》，http://ori.hangzhou.com.cn/zznews/content/2012－04/20/content_4160707.htm，杭州网，2012年4月20日。

博览会优秀项目奖、最佳项目奖、优秀组织奖、品质特色奖等奖项。2009年民间茶诗会暨《刘枫书历代名家茶诗百首》、《历代茶诗选注》首发仪式上，原文化部王蒙部长发来了贺信。中国国际茶文化研究会于2009年3月正式下文，将中国国际茶文化研究会茶诗研究中心与“钱塘茶诗社”改组为两块牌子、一套机构，这是茶研会在全国设立的第21个分支机构，也是全国首个与基层合作推出的国字号机构，是全国唯一的茶诗研究机构。

“钱塘茶诗社”在江干区茶文化研究会等上级有关部门大力扶持下，按照“书茶诗、学茶识、听茶乐、诵茶谣”的工作思路，以多元化的表现方式积极将茶诗文化引向社区。特聘著名书法家、浙江省诗词楹联协会会长、省文化厅原厅长钱法成担任名誉会长，由著名书法家李茂荣、王冀奇、沈梁园担任副社长，并聘有多位诗书画界专家作为顾问。同时，社区设立了钱塘民乐社、傅艺越剧社来丰富茶诗的表现形式。

（http://ori.hangzhou.com.cn/zznews/content/2012-04/20/content_4160707.htm，杭州网）

第二节　嘉兴鸳鸯湖诗社

嘉兴的鸳鸯湖诗社虽说“安家”在社区，但在全国诗词界享有盛誉。它是秀水诗派和浙西词派的唯一承载体，也是嘉兴一个具有深厚文化底蕴和历史渊薮的民间诗社。诗社历史悠久，最早可追溯到汉朝时的“槜李文会”和唐代诗人刘禹锡所结“鸳鸯湖吟社”。宋代朱敦儒尝于城南放鹤洲上结社联吟，陆游、董将、祝师龙、魏宪、王昇等当时的名士诗客都曾往来酬唱，被后世称誉为“鸳鸯湖联吟社”。明代项忠于阴历六月廿四“荷诞日”发起成立了鸳鸯湖诗社的前身槜李耆英会和鸳水诗社。清朝鸳水诗社的朱彝尊创作《鸳鸯湖棹歌》百首，熔地名、人物、出产、典故于一体，描写了嘉兴地区的民俗风情，反映了明末资本主义萌芽时期嘉禾平原的社会生活，历来被认为“可补方志所未备者”，在艺术上代表了朱氏清新自然的诗歌风格。明清时期，江南文人多在荷诞之日雅集，诗人画家相邀吟唱，赏荷题诗，抒发胸怀。在诗人辈出的嘉兴，这一传统延续至今。

1986年，由庄一拂等人发起成立了鸳鸯湖诗社，其宗旨就是传承以棹歌为代表的秀水诗派。嘉兴古代诗人以嘉兴风土人情作为诗歌创作题材的，最早是宋代张尧同的《嘉禾百咏》，之后又有明代许恂如的《秀州百咏》等，至朱彝尊的《鸳鸯湖棹歌》，始蔚为大观，且流风遗韵绵延数百年不绝，在嘉兴诗坛上形成一个特殊的流派——秀水诗派。古老的诗社重焕异彩，一年后，中华诗词学会也在鸳鸯湖诗社和浙江省之江诗社等3个诗社的基础上在北京成立了。后因各种原因，诗社活动越来越少。到了新世纪，为让诗歌走进寻常百姓家，嘉兴鸳鸯湖诗社选择在社区“安家”。2008年，嘉兴南湖区建设街道百福弄社区的文化活动中心里，再次响起了《鸳鸯湖棹歌》清丽的唱和声。旨在传承棹歌和秀水诗派的嘉兴鸳鸯湖诗社在市区百福弄社区文化中心内恢复了活动，吟诗作对的民间雅集重又出现，成为嘉兴一道独特的文化风景。从这年元月起，每月都有一个下午，在百福弄社区文化中心内设有不同主题的免费诗词讲座，市民可与主讲老师和文友切磋交流。如今，赶“雅集”已成为嘉兴普通市民的文化新风尚，目前，年轻人已占鸳鸯湖诗社社员的近一半。

古老的棹歌凝聚着不同的社会群体。河北籍外来工于振兴十分爱好诗歌：“我准备定居嘉兴，通过棹歌我可以了解嘉兴文化，更好地融入当地生活。”在一家艺品厂打工的张晓云也表示在集会中可以无拘无束地交流，收获了许多快乐。据报道，经常参加雅集的外来务工人员就有50多人，有货车司机、车间工人、汽车销售员等。

这种雅集还吸引了外国友人。在电子公司任项目经理的日本人中本乙吉来嘉兴四年多，爱上了书法和棹歌。为此，他专门拜鸳鸯湖诗社社长钱筑人为师，学习诗歌和书法。他夫人中本良子受其熏陶，也对棹歌情有所钟。她把嘉兴人与棹歌联系在一起：“我觉得嘉兴人特别温柔，就像这棹歌一样。”

嘉兴书画社理事长高贤表示："鸳鸯湖诗社的核心就是传承以棹歌为代表的秀水诗派。嘉兴有很多明清两代名门望族的后人和诗画名家的再传弟子，恢复诗社也是想利用好这份宝贵的文化资源，为嘉兴创历史文化名城出一份力。"目前市区有300多名古典诗歌爱好者，诗社旨在鼓励这些爱好者创作出优秀的作品来把鸳鸯湖诗歌发扬光大。①

现在，参加雅集的诗歌爱好者不再"独乐乐"，他们热心创作街道之歌、社区之歌，使古老的棹歌成为"众乐乐"的一种文化享受。鸳鸯湖诗社还在网上"安"了家，全国各地的诗歌爱好者在网络上就可以参加虚拟的诗歌"雅集"。诗社秘书长高贤介绍说，诗社在"天涯"网上开的"浙北艺界"博客，访问量突破4万人次，网友在博客上跟帖、评论，网上雅集也挺热闹。

这种爱好诗词歌赋的文人们不定期聚集在一起唱作棹歌的活动是秀水诗派的一大传统，目前，鸳鸯湖诗社已经把这种传统向街道汇报，将申报南湖区的非物质文化遗产。②

小链接：

鸳鸯湖棹歌(选五首)

朱彝尊

一

蟹舍渔村两岸平，菱花十里棹歌声。
侬家放鹤洲前水，夜半真如塔火明。

注：据记载，宋朱希真避地嘉禾，放鹤洲其园亭遗址也。余伯贵阳守，治别业于其上。真如塔峙其西。放鹤洲：在嘉兴鸳鸯湖畔（现称西南湖），遗址在嘉兴城区南湖乡西南湖村无名圩。真如：塔名。塔址在嘉兴城区城南路真如新村东，放鹤洲西边，现为嘉兴轴承石所在。真如塔塔顶现置于嘉兴市人民公园土山上。

---

① 参见：《社区建起诗社 嘉兴普通市民每月吟诗"雅集"》，《浙江日报》，2008年4月22日。

② 参见：《鸳鸯湖诗社雅集要申报非物质文化遗产》，http://www.zjol.com.cn/05culture/system/2008/04/17/009430209.shtml，浙江在线，2008年4月17日。

二

沙头宿鹭傍船栖，柳外惊乌隔岸啼。

为爱秋来好明月，湖东不住住湖西。

注：这首诗描写的是鸳鸯湖（西南湖）的秋月。

三

春城处处起吴歌，夹岸疏帘影翠娥。

一叶舟穿妆阁底，倾脂河畔落花多。

注：倾脂河在楞严寺东，人家多跨水为阁。

四

宝带河连锦带斜，精严寺古黯金沙。

墙阴一径游人少，开遍年年梓树花。

注：宝带，锦带俱水名。宝带河：以唐朝宝华寺得名，在嘉兴子城西二百步，清初已废。精严寺：北到勤路，南抵精严寺街，东近少年路，有房舍数百间，为嘉兴近代规模最大的寺庙。精严寺多梓树。

五

西埏里接韭溪流，一篑瓶山古木秋。

惯是争枝乌未宿，夜深啼上月波楼。

注：西埏里载干宝《搜神记》，在嘉兴县治西，韭溪之水经其下。瓶山，宋时酒务。月波，秀州酒名，载张能臣《天下名酒记》，楼系令狐挺所建，宋人集题咏诗词甚多。月波楼在今嘉兴卫生学校处，早废。县治：清时嘉兴县治在今市总工会所在之处。

（资料来源：http://www.jxlib.com/renwu/zhu/baishou.htm 嘉兴市图书馆）

第三节　余姚阳明历史文化研究小组

说到余姚市的阳明社区阳明历史文化研究小组，在全国都小有名气。早在2010年9月，关于这个社区研究小组的电视纪录片在“第七届长三角社区教育发展论坛”上播出，引起了参会人员的极大关注。

余姚是“东南最名邑”，素有“文献名邦”之称。而阳明街道阳明社区这块小小的地域上就荟萃了余姚历史上众多文化名人，留下了令人羡慕的文化遗产。历史上这里人文昌盛，名人故居众多。著名思想家王阳明的诞生地“瑞云楼”，启蒙思想家黄梨洲七世孙黄武万自黄竹浦搬迁此地的“黄家墙门”、朱舜水族裔居住的太守房路清“翰林第”。余姚三阁老之一的孙文恭的故居“宰辅宅”也坐落于此。此外，明代散文大家倪宗正故居“清晖佳气楼”，管氏望族的明代广东右参政管见故居，明代史氏“翰林房”，明吏部尚书霍天官府，清代山西太原知府史梦蛟故居“太守房”，清桥梁建筑师叶樊故居“寿山堂”，民国时期社会活动家、北京大学原校长蒋梦麟故居“蒋家花园”等，都集中于此。

如此丰富灿烂的历史文化资源汇集在这0.5平方公里的小小社区里。如何发挥社区本土文化特色，利用好得天独厚的历史文化优势，就成为阳明社区的领导及居民共同思考的课题。2002年6月，一个立足本土历史文化研究的团队——阳明历史文化研究小组成立了。研究小组的宗旨是传承历史文明的脉络，弘扬先贤的文化精神，推动新时期文化建设，同时也借此提高社区居民的文化素质、促进小区的精神文明建设。最初，研究小组的15名成员都是社区里普普通通的居民，有退休教师、退休干部，也有名贤名人的后裔，如倪杏荪是明代散文大家倪宗正的15代嫡亲子孙。他们的文化水平参差不齐，有的没念多少书，年龄也偏大，但对余姚历史文化的一片热情激励着他们潜心研究。

同年，研究小组自办了名为《阳明史脉》的简报形式的内部交流刊物。研究小组副组长、《阳明史脉》执行主编胡惠瑞和研究小组成员积极开展研究活动,几年下来取得了累累硕果。如张海燕的《"黄宗羲定律"与教育怪圈》、《王阳明教育思想研究》等文章,受到了专家的好评;胡惠瑞的《武胜门路区块保护、改造与现代化建设浅见》一文,指出目前该区域存在的主要问题及区块整修的设想;沈建玲的《让老墙门的历史焕发生机》,强调加强墙门文化整理发掘的重要性,这些文章为当地政府部门的工作提供了很好的参考依据。

2008 年 8 月,研究小组对《阳明史脉》作了改版,进一步明确了刊物的定位,增设了如阳明学研究、历史名人研究、望族研究、古迹研究、民俗民风研究、文史杂谈等富有特色的栏目。由于刊物越来越精美,水准也越来越高,不仅在整个街道有了影响,还扩展到整个余姚学术界,不少学者、专家纷纷为刊物撰稿。

几年来,阳明社区历史文化研究小组的成员们致力于余姚历史文化研究,也取得了丰富成果,每年有近百篇文章在各级、各类报刊发表,不少还获得浙江省、宁波市及余姚市的奖项。仅 2009 年,入选《宁波市第三届浙东文化论坛论文集》的论文就有 8 篇,获奖 3 篇,并有 2 篇发表在浙江省儒学学会主办的学术研究刊物《儒学天地》上。研究小组成立以来,还有组员个人与有关部门合编的《认识王阳明》、《认识朱舜水》、《认识黄宗羲》、《文正公谢迁诗存》以及组员个人专著《王阳明诗歌研究》、《秘图山王氏家族研究》、《大海飘荡的日子》、《故土乡情》、《过去的时光》等 10 余部作品问世,有一些研究成果甚至填补了国内学术领域的空白。

现在,研究小组越办越红火,影响力也在慢慢扩大,参加的人也多了起来。小组人员从原来的 15 人很快增加到了 30 多人,队伍中不仅出现了年轻人的身影,还有了资深教授、学者的参与,不仅有余姚本市的,甚至有省城和京城的著名学者参加。曾任全国人大教科文卫委员会办公室主任和教科文卫委员会文化研究室主任的余姚籍文史学家史晓风先生,就是其中的一位。①

---

① 参见胡仲光:《一群研究"大人物"的小人物》,《宁波日报》,2011 年 01 月 22 日。

第四节　柯城钟楼社区残疾人艺术团

衢州市柯城区府山街道钟楼社区的残疾人艺术团是一个特殊的社区文艺队伍，全团 30 人，其中 25 人都有不同程度的身体残疾。说起这个特殊艺术团的成立，团长胡金土功不可没。胡金土曾在军队文工团工作，后在龙游溪口中学担任音乐教师。在 1979 年 3 月的一场特大台风中，胡金土受伤并“高位截瘫”，那年他才 26 岁。几十年来，胡金土一直保持着乐观的生活态度，其中音乐在他生命中扮演着不可或缺的角色，正是有音乐相伴，他克服了生活中种种困难。他的身边也有一群和他同样命运的能歌善舞的朋友们，因此，创办一个残疾人艺术团便成为他多年的梦想。他想用这种方式来实现自己的价值，鼓励残疾人，同时也鼓励健全人，勇敢地面对生活。

2007 年 1 月，胡金土受邀担任了钟楼社区残协专职委员，在社区创建一个残疾人艺术团的想法终于得以实现。胡金土自筹了 8000 多元资金，在社区、朋友等帮助下，组建了衢州市钟楼残疾人艺术团，当时团员 20 人，其中 14 人身体有不同程度的残疾。4 月 1 日，钟楼残疾人艺术团正式成立，并在社区活动室内进行了首场演出。演出活动在器乐合奏《采茶舞曲》的优美旋律中拉开序幕，随后，京剧轻唱《红灯记》选段、歌伴舞《珠穆朗玛》、口哨表演《云雀》、滑稽戏表演《哪里不平哪里有我》等 14 个节目一一登台亮相。演员们的多才多艺和精彩表演，深深地吸引了台下的观众，现场的掌声和叫好声是一波未平一波又起，整个活动室成了欢乐的海洋。在整个演出中，演员们展现了残疾人乐观向上、自强不息、奋发有为的精神风貌。

初次演出成功，引起了社会更多的关注，又有不少人前来自荐，市残联也给推荐了几个优秀的艺术家，艺术团的队伍一下子扩大到了 32 人。在这个艺术团里也不乏高水准的表演人才。聋哑人潘菁华就是其中的一名。1998 年，一个偶然的机会，她参加了著名健美教练马华在杭举办的健美操培训,从此爱上了健美操。在马华老师的推荐和帮助下,潘菁华时常到外地去观摩和比赛,表演水平大大提高。2007 年 5 月,潘菁华加入了衢州市钟楼残疾人艺术团,担任该艺术团的舞蹈队队长。她还多次赴韩国、马来西亚等地参加健美操表演,取得了很多奖项。更让人欣喜的是,2008 年,潘菁华受邀参加了北京奥运会开幕式彩排,全省只有两人入围。虽然身体残疾,但潘菁华凭着坚强的毅力实现了人生价值。

近几年来,钟楼残疾人艺术团已经从社区舞台走向了更广阔的艺术天地,他们立足衢州特色,深入到社会各个基层,像送戏下乡,进监狱演出,与消防官兵联欢,把艺术、欢乐传播到各个角落。而艺术团演员们自尊、自信、自强的奋斗精神也给观众留下了深刻印象,激励着他们对美好生活的无限向往和追求。①

第五节　后大街社区再现“十里红妆”婚嫁风俗

民俗,是在共同地域、共同历史作用下,依附于人民的生活、习惯、情感与信仰的积久成习的文化传统。民俗文化是城市文化、社区文化的重要组成部分,在和谐社区建设中具有重要意义。应通过挖掘现有民俗,社区对群众喜闻乐见的民间艺术形式进行发掘,让更多的不同层次、不同年龄、不同地域来源、不同行业(职业)的居民都能主动积极地参与文化活动,切实满足居民群众不断发展的精神文化需求,全面提高和丰富群众的文化生活质量,在解决文化形式单调现状的同时,进一步实现社区不同层面成员的融合以及社区成员对于公共事务、公共利益的关心。像宁波镇海的后大街社区成立的“十里红妆”打击乐队就是对民俗文化创造性的开发和利用。

① 参见陈璇:《胡金土和他的残疾人艺术团》,http://news.qz828.com/system/2007/05/17/010010728.shtml,衢州新闻网,2007 年 05 月 17 日;朱建平:《徐祝安潘菁华受邀参加北京奥运会开幕式彩排》,http://khnews.zjol.com.cn/khnews/system/2008/01/25/000758242.shtml,开化新闻网,2008 年 01 月 25 日。

“十里红妆”是指宁海及浙东地区特有的婚嫁民俗。明清时期，浙东宁波一带富裕人家送女儿出阁时，锣鼓唢呐震天响，陪嫁丰厚，大到床铺家具，小到针头线脑，一应俱全，送亲队伍绵延数里，故称为“十里红妆”。十里红妆主要包括婚嫁仪式中的“迎嫁妆”习俗和红妆器物的制作工艺传承两部分。为了传承创新“十里红妆”这一婚嫁习俗，宁波市镇海区后大街社区与浙江省群艺馆老师进行了多次研究，最终决定，把这些嫁妆巧妙地改成打击乐器，创作完成了规模最大的社区婚俗打击乐表演。2008 年 4 月 27 日，在镇海仁爱中学操场上，鼓乐震天，喜气洋洋，818 名居民身着艳丽的传统服装、组成各色方阵，气势磅礴地演绎出一曲长达 6 分多钟的《十里红妆》曲。在浙江省群艺馆的老师作曲和编排下，每件“嫁妆”乐器在居民的演奏中都发出不同的乐声，喜气洋洋，让众多参观者仿佛真正亲临了旧时某位富家小姐出嫁的场面。这个由社区 818 个居民组成的“十里红妆”打击乐表演成功申报了上海大世界吉尼斯纪录，成为人数最多的婚俗打击乐。

嫁妆怎么能奏出乐曲来？这还多亏了设计者们的奇思妙想。设计者们从“十里红妆”里挑选出 8 种可供改良的嫁妆，包括鹅头喜桶、大红花轿、三寸金莲绑脚台、银锁环、果盘等，结合安吉丝竹乐器制作工艺，创造出暗藏玄机的红妆乐器。鹅头喜桶被做成了封闭的容器，通过敲打它的握柄和桶面，就能发出一高一低的两种声音。三寸金莲的绑脚台顶部加上风铃，中间的木架被换成了钢管，这样一来，它也拥有了两种声音。大红花轿里放入了大鼓，抬轿的木杠、烛台柄等都有几个不同材质的打击点；银锁环用木棒打击也能发声；不同型号的钢制果盘串在一起成了乐器……就是这些微妙的改动，不需要唢呐、锣鼓助阵，“十里红妆”也能独立发声了。

“十里红妆”打击乐队共置备道具 808 件，包括 4 顶花轿、4 只压轿箱、60 个三寸金莲、60 套脸盆型皮鼓和其他乐器等。根据不同道具的发音特点，社区邀请专家作曲，配合“红妆”演奏，同时由舞蹈老师编排相关的动作和队形，并可分为多种组合自由搭配，用 818 件“红妆”变换队形，

后大街“十里红妆”打击乐队在全国民间鼓舞鼓乐大赛上表演

818 人分工合奏。

目前“十里红妆”婚俗打击乐队共有队员 818 人，全部为后大街社区普通居民。为了让“十里红妆”队员有更多的机会参与到省内外各项比赛表演，队员又分别编排了 618 人/218 人/38 人等不同人数的表演，音乐时间也从 2′14 至 7′39 不等，以适应不同舞台大小的各类演出。最精简版的“十里红妆”由 38 人组成，共有乐器 37 件。2009 年 11 月 6 日，“十里红妆”队参加了在江西婺源举行的第九届中国民间文艺“山花奖”全国民间鼓舞鼓乐大赛，代表浙江省与来自全国各地的 15 支民间文艺团队同台竞技，最终获得“山花奖”。同时这也是参赛 15 支队伍中唯一一支由居民组成的业余文艺团队。

“十里红妆”文化讲究的就是“行进”和“喜气”，在动态中表现出江浙一带的古代婚俗。现如今的“十里红妆”文化大多静态地展现在博物馆中，而如今后大街社区的“十里红妆”打击乐队，让这么多人集聚在一起表演婚俗文化，把非物质文化遗产从静态展示到活态表现，“十里红妆”

从博物馆里“走”到了居民的生活中，传统民俗得到了创新性的传承。[①]

小链接：

所谓“十里红妆”是江南一带旧时嫁女的场面。人们常用“良田千亩，十里红妆”形容嫁妆的丰厚。旧俗在婚期前一天，除了床上用品、衣裤鞋履、首饰、被褥以及女红用品等细软物件在迎亲时随花轿发送外，其余的红奁大至床铺，小至线板、纺锤，都由挑夫送往男家，由伴娘为之铺陈，俗称“铺床”。

发嫁妆时，大件家具两人抬，成套红脚桶分两头一人挑，提桶、果桶等小木器及瓷瓶、埕罐等小件东西盛放在红杠箱内两人抬。一担担、一杠杠都朱漆髹金，流光溢彩。床桌器具箱笼被褥一应俱全，日常所需无所不包。蜿蜒数里的红妆队伍经常从女家一直延伸到夫家，浩浩荡荡，仿佛是一条披着红袍的金龙，洋溢着吉祥喜庆，炫耀家产的富足，故称“十里红妆”。

（资料来源：baike. soso. com/v766027. htm，搜搜百科）

① 参见吴光裕、邵巧宏：《宁波818个居民搞了场声势浩大的“十里红妆”秀》，《都市快报》2008年4月28日；《招宝山街道后大街社区“十里红妆”婚俗打击乐队》，http://www.nbqyg.com/info.jsp? aid=6487，宁波文化馆网站，2010年12月24日。

第七章　打造良好生活空间，营造社区人文内涵

人们对社区的第一观感就是社区的生活空间。社区生活空间的内容很多，包括自然环境如社区的地理位置、规划的范围、社区的地形地貌，社区内的生态绿化；也包括人工环境，如社区的整体建筑风格，广场、公园的布局，社区居民的休闲娱乐空间，街道的景观、网络通讯平台等；甚至还包括文化“软”环境，如社区的管理组织、道德观念与风俗习惯等。社区的生活空间是居民进行日常生活、开展社会交往的重要舞台，社区建设营造一系列的文化空间，能激发社区居民对美好事物的向往和追求，促进社区居民之间良好的人际互动。在浙江省，随着经济的发展，社区愈来愈重视打造生活空间，提高社区的人文内涵，为社区居民营造良好的人文氛围，以潜移默化的方式提升社区居民的人文素养。

第一节　街区雕塑诉说本地传奇

街道是城市环境中的重要部分，不仅起着交通运输的作用，更重要的是承载着一个城市的文化内涵。随着城市内高技术设施的建造，交通车辆的增加，再加上功能主义的渗透，使得城市面貌变得越来越冷漠、生硬，城市内街道的文化景观在慢慢消失。而公共艺术可以起到丰富街道文化，美化街道环境的作用。在西方国家，街道的规划设计往往与公共艺术的结合，提倡公共艺术家在城市街道这一公共领域内开展各种艺术设计活动。公共艺术可以起到增加城市的魅力、提高城市视觉认知的作用。城市、街区的雕塑则是公共艺术中最具感染力、最受欢迎的。有些

雕塑甚至成为一个城市的精神象征，如自由女神与纽约，埃菲尔铁塔与巴黎等等。

在当今的城市公共艺术建设中，我们更强调公共艺术作品、景观设计等能深入到市民百姓的社区生活空间中去，并以自然、贴近、亲切的姿态与公众对话。发达国家的实践表明，由社区居民、艺术家共同参与社区建筑与环境的设计和美化，是社区文化建设的一种有效途径。人们通过共同协作，可以实现共同的价值和希望，培养各自的成就感和自豪感，同时让社区具备特殊的艺术魅力和文化氛围。如何把公共艺术与城市街道环境、社区生活空间有机结合，提高城市的生活品质和人文风貌，是目前公共艺术工作者的重要课题。在浙江，杭州和宁波在街区雕塑艺术方面有了一些积极探索，并取得可喜成绩。

（一）街道雕塑串起杭州历史文化碎片

杭州上城区的中山路的雕塑可以说是杭州的历史文化展示的窗口。中山路历经千年沧桑，其间散落着很多历史遗存、史实与民俗、传说与掌故等，在打造中山路公共艺术精品长廊时，中国美术学院公共艺术学院的创作团队有意识地把中山路这些历史传说、人文内涵巧妙地融入到一个个街区雕塑中来。目前，在中山路的各个巷弄口，一共有10个代表杭城历史碎片的景致——《新中国第一个居委会》、《印刷史话》、《四世同堂》、《南宋名人园》、《百工百业》、《孙中山》、《长街少年》、《十万人家》、《杭城九墙》和《西湖之水》。其中《新中国第一个居委会》摘得全国城雕最高奖——2009年度全国城市雕塑大奖。西湖大道与中山路交叉口西北侧的《四世同堂》、庆春路和中山路口的《长街少年》也都获得优秀奖。

《新中国第一个居委会》位于中山路和惠民路交叉口的东侧坊墙上，由四组南方传统砖雕而成，采用花园镂窗的传统工艺和造型格局，刻画的人物生动有个性，有别于传统风格，令人耳目一新。这组雕塑的原型就是离中山路不远的上羊市街居委会。2008年6月28日，民政部确认并宣布，成立于1949年10月23日的杭州市上城区上羊市街居委会是新中国第一个居民委员会。“新中国第一个居委会”的诞生，不仅标志着传统保甲制度的终结，也标志着基层民主自治正式走上历史舞台。整组雕塑就是选择了发生在新中国第一个居委会的四个故事:《送子参军》、《废除保甲》、《调解纠纷》、《爱国卫生》，四组雕刻像一幅幅连环画串联起来，表现了中国基层民主自治组织的兴起和发展阶段的典型场景。

坐落在上城区中山路和西湖大道交叉口处的大型雕塑《四世同堂》，也是艺术工作者积极挖掘街区本身的历史，从中找到了表现街区变迁的特别素材:一棵老树、一口老井、一堵老墙，和32人组成的“全家福”，这便是浓缩中山路百年变迁的雕塑《四世同堂》。铜像原型来自于一户“汪姓”人家，是中国美术学院公共艺术学院于2008年与《钱江晚报》联手发起寻找中山路上的“四世同堂”活动，从118户居住在中山路或曾在中山路居住过的“四世同堂”人家中遴选出来的一户典型的杭州人家。第一代老人汪冀良的夫人吴儒珍当时已是87岁高龄，她自幼生活在中山路，她的公公曾在中山路羊坝头附近开了家“元泰绸布庄”，现店铺已传给长孙，开在河坊街。汪氏家族共有32人，目前第二代中7个兄弟姐妹，其中6家还住在中山路，这一大家子正是中山路的历史变迁的最佳见证人。

中山路上的大型雕塑《四世同堂》

中山中路和庆春路交叉口的《长街七子》也有一个有趣的创意:塑造了唐宋元明清以及民国、现代的7个小孩形象,七个小孩都在玩着同一个游戏——滚铁环。这个散发浓郁生活气息的场景引发了社区居民们对童年时光的缅怀,成为社区居民驻足流连的人文场所。由于这些大型户外公共雕像背后有着城市、社区深厚的历史积淀,更能得到居民的认同与喜爱。①

(二)宁波城雕展现城市的前世今生

宁波的城雕在近10年来也取得了很大发展。根据2010年市城雕办的调查统计表明:宁波中心城区的雕塑共计235件,不包括各居住区及机关企事业单位内部的雕塑作品。这些雕塑集中于市中心的滨水地区、绿化公园、公共广场。其中海曙区52件、江东区45件、江北区31件、高新区8件、鄞州区20件、镇海区23件、北仑区55件、东钱湖1件。中心城区内近五分之一的雕塑为群雕。高度小于3米的小型雕塑113件,占雕塑总数的48%;高度3米至7米的中型雕塑93件,占总数的40%;高度7米至20米的大型雕塑26件,占总数的11%;高于20米的巨型雕塑仅为3件。

宁波市的城雕呈现出两个特色:一是小型化与亲民性。2001年,宁波启动城市雕塑建设工作,在全国城雕委的支持下征集到大量的艺术家的架上作品。这些架上作品放大后,被放置在宁波城区的街道、社区中,从而构成了宁波城市雕塑的主要面貌。这批雕塑与街道景观很好地融合在一起,成为社区文化组成的有机部分。二是城雕题材的本地化。宁波市的城雕在思想内容、艺术风格上都注重突出宁波市的历史文化特色,弘扬时代主旋律。比如市民最喜爱的十大城雕之一《梁祝》、天一阁景区中的《三缺一》、永丰公园内的《田螺姑娘》等,都是从挖掘宁波的地

---

① 参见李静:《杭州第一次以市民为原型的雕像 国庆亮相中山路》,《都市快报》,2009年8月2日;裴建林:《找人! 中山路上的"四世同堂"》,《钱江晚报》,2008年1月24日;《32口人的汪家将"立"在中山路》,《钱江晚报》,2009年4月23日;《中山路上三个雕塑获全国城市雕塑大奖优秀奖》,http://hznews.hangzhou.com.cn/chengshi/content/2010-07/13/content_3349385.htm,杭州网。

方民间故事入手,带有浓郁的地域文化特色;三江口《远行》组雕、高教园区的《院士林》、月湖景区内的全祖望像和白云庄前的黄宗羲像等,反映宁波的人文历史;宁波市体育中心的《冲刺》、天一广场的《音乐》系列组雕、北仑新区的《托起未来》等作品,凸现了当代宁波人民的生活状态、价值取向和精神追求。这些城雕注重挖掘宁波的人文底蕴和时代精神,本土名人、民间传说和历史事件都成为公共艺术的表现题材。这样的作品能很好地融入宁波市民的生活空间,引起市民的认同,陶冶市民的审美情趣,同时也提升了宁波城市的形象。

宁波市民最喜爱的城雕之一——《梁祝》

好的城市雕塑,素来被视作一座城市的"表情"和"名片",是反映城市特色和城市文化品位的重要载体。宁波把城市雕塑作为创建"名城"的切入点之一,于 2011 年编制完成的《宁波市中心城雕塑专项规划》提出,未来宁波城区将形成"两核、四带、七廊、八区、多点"的城市雕塑景观布局。该专项规划通过对宁波的历史溯源(包括城市历史沿革、历史名人)、地域特征(包括民风民俗、民间传说等)、城市文化精神(包括河姆渡文化、港口文化、浙东文化、藏书文化、"宁波帮"文化、三江文化等)的分析,提炼出了能充分体现宁波本土人文特色和独特文化魅力的五大类基

本题材，作为今后城雕景观重点反映的主题。[①]

小链接：

洁莲社区："神农百草园"种着50多味中草药

浙江在线02月05日讯　"不必说碧绿的菜畦，光滑的石井栏，高大的皂荚树……"这是鲁迅笔下的百草园，他儿时的乐园。在杭州采荷街道洁莲社区，也有一个"百草园"，小区的街坊们在这里种下了几十味中草药。这个百草园可不比鲁迅笔下的百草园差，它在社区里大受欢迎，不仅因为这里种的草药能治病，还因为百草园让人长知识。

昨天下午，洁莲社区的周鑫莲奶奶又来看她"领养"的金银花和枸杞子了。虽然这两种草药长得不算太高，但是在周奶奶的照顾下也生机勃勃的。除了金银花和枸杞子，在这块用篱笆隔出的六七十平方米的园子里，还种了几十味中药，有鱼腥草、金钱草、万年青、何首乌等50多个品种。

要说这个"百草园"的来历，还要从洁莲社区的街坊们的习惯说起。他们有在自家门前种草药的习惯，比如周鑫莲，因为老伴脑溢血瘫在床上10多年，吃中药就吃了8年，很多草药的功效周鑫莲都记了下来。前不久，她摔了一跤，手骨折了，就用接骨草用盐腌制后，敷在手上，感觉好多了。旁边的人问她："周大妈，你手怎么样了？"她马上握住那人的手，捏了几下，"你看，很有力气吧，我现在有好几斤东西可以拎嘞。"

在几户街坊的带领下，小区种草药的居民越来越多。前段时间社区就专门为大家在绿化带开辟了"百草园"集中种植。这里的每一样草药都有一个领养人，负责日常的维护和照料，直到收获。

---

① 参见：《宁波寻找标志性城雕》，《钱江晚报》，2010年12月01日；顾玮：《宁波城雕让我们行一次"集体注目礼"》，http://www.nbwb.net/detail.asp? id＝18082，宁波文化遗产保护网，2010年10月09日；《宁波城区17个地段将布置城雕添新景 今起征求意见》，《宁波晚报》，2011年07月28日。

昨天记者还在小区发现不少大妈耳朵上都贴着像油菜籽大小的颗粒。居民单玲娣说，这叫耳灸，那一颗颗小东西也是草药结的籽，叫“王不留行”。贴在耳朵上的穴位不同，治疗的毛病也不同：“位于耳朵偏上方那颗是治疗手上的关节炎，贴耳朵中间是治疗腰部毛病。贴上以后感觉挺舒服的，一些小毛病也不大生了。”

这些王不留行籽是小区大名鼎鼎的杨医师给大家免费贴的，她叫杨铮君，是位中级推拿师，诊所就在小区里。“不花钱还能保健，这个百草园真的蛮好的。”杨医师说。

“比如你牙齿痛，就弄点金银花或者夏枯草泡水喝。”社区的董利民书记说，百草园产出的中草药，是用于保健，都是属于大家的，居民要什么草药，可以问领养人拿，书记说这也是种低碳生活。

（资料来源：zjnews. zjol. cn/05zjnews/system/2010/02/05/016299858.shtml）

清波街道：请“智慧拼客”为扮美城市“拼”眼力

昨天上午，在上城区河坊街西段的车来人往中，走来一行十多人，他们专盯着街两边的店招、店牌指指点点，“这个店牌感觉太突兀了，跟周边环境有点不协调”，“那个店招的设置好像不太符合相关规定”……他们边走边热烈讨论着。仔细一问，原来他们是刚刚成立的上城区清波街道“市民观察团”成员，正在参加首次观察行动。

记者从清波街道获悉，该街道“市民观察团”于当天上午正式成立。观察团成员随后对河坊街西段商家的店招、店牌等进行了实地观察和集中讨论，提出了拆除破旧店招、统一建筑装潢风格、重置招牌位置、恢复古街韵味等诸多建设性意见，以期帮助解决河坊街西段建筑装潢风格不统一、人文特色不明显的现状。

近年来，社会上出现了拼餐、拼车、拼购的“拼客”一族，和他们不同的是，“市民观察团”拼的是“眼力”和才智。该观察团将身边的专业人士和普通市民拼聚在一起，通过对城市建设的观察交流和智慧碰撞，为优

化我们的居住环境献策献力。他们中既有来自中国美院的环境艺术专家，又有以杭州历史博物馆、西湖国学馆馆长为代表的人文学者，也有辖区工艺美术企业代表和建筑景观设计等方面的专家，更有对人居环境改造提升有切身体会的居民代表。“清波街道是‘民间庭改办’的发源地，成立这支综合性智囊团队伍，不仅是街道积极响应市委、市政府号召，培育发展社会复合主体，共同治理城市公共事务的一次有益尝试和探索，也是我们借鉴‘民间庭改办’的成功经验，进一步深化‘民主促民生’机制的创新举措。”该街道党工委书记叶素表示。

在清波街道的大力支持下，“市民观察团”还设立了秘书处，并以吴山商圈党委活动中心——吴山先锋家园作为日常联络机构。“‘市民观察团’一方面可以对城市建设、管理的某一方面进行观察，如公共配套设施完善、绿化调整、环保设施改造、庭院改善拾遗补漏等实施项目的摸底调查，也可以进一步‘深挖’辖区的地理、人文、资源优势，通过对老城区的特色文化、景观的体验与思考，为提升辖区文化品位踊跃献计献策。”秘书处负责人告诉记者，每次确定观察主题后，“市民观察团”成员将采取集中活动与个人调研的方式开展行动，每两个月举行一次集中讨论。通过反复研究、充分论证，把各自关于城市建设管理的意见、建议，通过秘书处汇总整理，以书面材料提交相关部门供其决策、参考，并定期召开反馈通报会，请相关单位就“市民观察团”意见、建议的落实情况进行说明。

（资料来源：http://www.zjol.com.cn/05gotrip/system/2010/12/04/017138872.shtml，浙江在线）

第二节　社区图书阅览室，精神养料的补给站

在社区文化场馆的建设上，浙江省比较重视社区图书馆的建设。图书馆一直被认为是最能够体现社区文化功能的场所，是为社区公民提供

精神食粮的重要保障。日本竹内教授指出,“社区就是与阅读有关的生活圈”,获取和利用信息以及知识是影响一个人成长的重要技能,而图书馆是整个社区阅读机构的重要组成部分。

社区图书阅览室成为社区文化设施中的重要组成,这也是目前我国倡导学习型社区的应有之义。浙江省积极探索公共图书馆服务体系的创新,在这一创新机制中,社区图书阅览室作为基层服务点被纳入这一体系当中,也成为社区文化创新的亮点之一。

杭州地区公共图书馆已于2004年实施了“一证通”工程。所谓“一证通”工程,即建立以杭州图书馆为中心,区、县(市)图书馆为分中心,街道、乡镇图书馆(文化站)为基层中心,社区、村图书室为基层服务点的四级图书信息网络体系。在服务网内,实行一张借书证通借通还的借阅制度,可以在一个图书馆或服务网点上借阅、归还其他任何一家图书馆或服务网点的文献资源。①

“一证通”工程的实施,使得市级图书馆与社区图书阅览室之间有了良好的书籍流通渠道,社区居民不出社区便可以借阅到市级图书馆的藏书,正如杭州图书馆馆长褚树青形容的,杭州图书馆正从“知识的殿堂”变为“市民的书屋”,全民阅读时代真正到来了。据杭州市文广新局提供的资料可以看到,随着“一证通”的推行,社区阅览室在社区文化建设当中发挥着越来越重要的作用:2005年,杭州启动百个社区图书馆工程,首期建成了30个方便市民、设施先进的社区图书馆。截至2008年,已创建图书馆“一证通”社区和基层服务点363个,建设文化信息资源共享工程点169个。到2011年底,这样的基层(街道与社区)图书馆,杭州市区共有500余家,其中275家开通了“一证通”服务。市民可通过电话向杭州市图书馆预约借书,三四天后直接到社区图书馆取书。从杭图借来的书,也可直接还到社区图书馆,大大方便了读者。

嘉兴市推行的城乡一体化的公共图书服务体系也是值得称道的举

① 叶辉:《杭州城乡图书“一证通”》,《光明日报》,2007年1月12日。

钱塘社区图书阅览室一角

措，被业界称为“嘉兴模式”。2007 年，嘉兴市图书馆将秀洲区和南湖区两所图书馆作为试点，开始探索一种总分馆模式下的新型公共图书馆服务体系：建设规划城乡一体化，管理运营城乡一体化，资源流通城乡一体化，服务享有城乡一体化。总分馆体系内的所有图书馆实现“五免费”：免费办证、免费借阅、免费查询、免费上网（局域网）、免费参加活动，最终的目的是消除图书馆服务的城乡差别，实现图书馆服务的“普遍均等，惠及全民”，让图书馆真正变成体现全体人民共享文化科技发展成果的场所。

几年下来，嘉兴市建立了以市、县两级图书馆为中心，乡镇分馆为纽带，并延伸到村（社区）图书流通站的公共图书馆服务体系。到 2010 年，全市 54 个乡镇全部建立图书分馆。村（社区）图书流通站已试点建成 15 个。这些图书流通站与嘉兴市图书馆实行了联网，村民（社区居民）可随时进行图书预约、网上续借、查询馆藏书目等，十分方便。①

① 参见李国兴：《公共图书馆的“嘉兴模式”》，浙江文化厅网站，2008 年 12 月 30 日。

宁波江东区也在积极打造“老百姓身边的图书馆”。2008年初，宁波市公共图书馆“一卡通”实施，江东区图书馆结合正在实施的“区基层文化服务年活动”，率先将“一卡通”向社区延伸。2008年8月8日，全市首家“一卡通”联网社区图书室在江东区划船社区开通并对外开放。读者只需办理一张借阅证，就可以在全市任何一家公共图书馆和联网图书室内借阅，并可在网上进行检索、阅览、咨询等服务。同年，在划船社区、日月星辰、东胜街道、徐戎社区、华光城社区、新城社区、仇毕社区、区党员活动室8家建立联网图书室，发放图书2万余册，在区内形成了图书馆的服务网络体系，充分发挥区级图书馆对社区图书室的辐射作用，扩大服务覆盖面，实现馆室图书资源的流通和共享。①

在温州，2008年9月27日，市图书馆的四个新分馆——黎明、鞋都、瓯海、灵昆同天开馆，与总馆及县前分馆形成“东西南北中”的图书馆网络，“拉近”了市民与图书馆的距离。此外，分馆除了基本藏书外，还针对周边社区人口特征形成馆藏特色，更好地服务居民。黎明分馆地处老城区，很多家长都要求多添置些少儿读物。因此，该分馆在开馆时，就特别考虑了在阅览室开辟一个亲子阅览区。县前分馆的老年读者特别多，分馆针对此种情况订阅了很多种老年人刊物。《中老年保健》、《夕阳红》《老年健康》、《老人世界》等等都是老年人的抢手货。位于中国鞋都文化广场的鞋都分馆，根据周边产业特点，特别设立了一个独具一格的鞋专业书刊阅览室，目前是全国收集国内外鞋类书刊最为齐全的阅览室之一。灵昆分馆针对当地缺少网吧的特点，特地设了电子阅览室，10台电脑方便了读者“绿色上网”。②

2012年，温州图书馆又在一些社区设置了自助借书机，更突破了传统图书馆在时间与空间的限制，为温州市打造“15分钟阅读圈”奠定了

---

① 参见江东区图书馆:《2008年工作总结》http://www.jdlib.net/index.php/2009-08-21-02-53-07/2009-09-02-05-58-41/168-200824? start=4,江东图书馆网。

② 参见朱承立:《十五分钟阅读圈，市民享受身边“大书房”》,http://wznews.66wz.com/system/2008/10/14/100837891.shtml,温州网。

基石。2月19日，第一个社区自助图书馆在同人社区试点上岗，附近市民可以随时通过转动书架，借阅心仪的书籍。设备投用当天，就有50多位市民借书尝鲜。据市图有关部门统计，仅一周的时间里，自助借书机已成功出借图书300多册次，成功还书273册次，平均每天出借50多册次。若以一人最多可同时借取5本书计算，相当于自助图书馆每天至少迎接了10位读者借阅图书；而借书机上架图书容量有240多册，这意味着每册图书在这一周内平均流通超过一次。此外，统计自助图书馆的图书流通率高于市图外借纸质图书，说明这一新生事物受到广大市民的欢迎。据报道，市图将根据借书机使用情况对设备进行完善，使之容量更大、使用更便捷，逐渐实现城市不同区域的通借通还。①

小链接：

舟山市：流通图书走进社区学校百姓家

把“农家书屋”开到渔农民家中、设立城区“家庭书屋”和校园流通图书馆，这是舟山市的一项“文化惠民”工程，越来越多的社区、学校、渔农民家中拥有了市图书馆送来的流通图书。下一步，该市还将探索建立城市街区24小时自助图书馆。

舟山市郊的部分中小学，学校的图书馆由于书目重复，再加上图书老旧过时，已很难满足学生的阅读需求。自2011年3月起，舟山市图书馆在校园设立了流通图书站，送来了首批500册图书，结果一下就被孩子们借光了，看书更方便了，而且好书新书也多了。除了在各个学校设立流通图书站外，该市图书馆还向蓝天学校、育才学校等民工子弟学校赠送了部分图书。

从2007年1月开始，舟山市图书馆建立了图书配送中心，按照一到

---

① 参见黄之宏：《社区自助图书馆受欢迎》，http://www.wzrb.com.cn/article353071show.html，瓯网，2012年02月07日。

三个月不等的周转期限，向全市各个社区流通图书。自2009年4月份起，该市就开始全面推进“农家书屋”建设工作。到2011年为止，全市已建起了45家‘农家书屋’。“农家书屋”设在渔农村老百姓的家里，图书由市、区图书馆定期进行流通更换，让渔农村老百姓不出村就能借书看书。

在城区和渔农村社区里，一个个社区流通图书站也建了起来。目前，全市已经有40个左右的社区建立了流通图书站。让图书“走出”图书馆并流通起来，就能让馆里的藏书由“死”变“活”。同时，市民也能更好地享受到文化服务，拥有一个身边的“图书馆”。

下一步，还将在全市城区街头也探索建设自助图书馆，这是一个相当于街头报亭一样的设施，市民只要用借书证刷卡，就能在街头的自助图书馆里完成借书、登记、还书等，里面的图书由市图书馆定期更换，就像在自动售货机上买可乐一样方便。

（资料来源：www. wenming. cn/syjj/dfcz/201104/t20110408. shtml，中国文明网）

金华市首家社区国学图书馆开馆

金华日报 市区首家社区国学图书馆和华藏图书馆，在城东街道旌孝街社区开馆。

图书馆内有《弟子规》、《论语》、《了凡四训》、《孝经研习报告》等各类国学图书2600多册，都是热心居民捐赠的。据社区主任唐群婷介绍，国学图书馆天天开放，方便居民阅读；每月15日开办社区国学讲堂，邀请老师给居民授课；在端午节、中秋节等传统节日，举办国学书法展、诗歌朗诵等活动。

（资料来源：http://www. nlc. gov. cn/newtsgj/yjdt/2012n/5y_6729/201205/t20120525_63217. htm，中国国家图书馆）

第三节　社区数字平台，拓展文化新空间

社区"数字化"是社区建设实现现代化的重要手段，同时也是社区打造"文化社区"的重要一环，是积极开展社区文化活动的新型平台。在一些现代气息浓厚的社区中，居民文化层次高，在参与社区文化活动、进行人际交流、分享文化资源时往往通过社区网络进行。社区教育是社区文化建设的核心。信息技术的发展及其广泛应用，也为社区教育的发展提供了许多新的可能性。浙江各社区都在倡导终身学习的理念，积极打造学习型社区，并充分利用网络平台，营造浓厚的学习氛围，有效整合社区教育资源，构建多种形式的学习、教育平台，全面提高社区成员的整体文化素质。

（一）社区教育的数字化

杭州市上城区在信息化教育的探索上一直走在全国前列。随着经济的发展，社区居民的沟通方式、生活理念、精神追求也发生了新变化，居民的学习需求也呈现多样化、个性化特点。为满足居民的学习需求，提升居民生活品质，围绕打造"具有国际水准的高品质中心城区"发展目标，上城区从2001年就开始着力打造数字化学习社区，并于2009年构建了数字化学习社区"e学网"（网址 www. hzscsj. com）。

"e学网"是一个区域公共资源共享和互动的终身学习平台。上城区通过网络平台整合了区域内的人力、物力、信息三大资源，突破了先前社区教育资源配置的"瓶颈"，使得整个辖区内的社区居民都能通过网络满足学习需求、提升生活品质。凡上城区行政所辖人群均可免费向所在社区或上城区社区学院实名申领家庭学习账户，登陆后即可每年获得365个学习币用于在线课程学习。家庭成员可根据自己的爱好去选择购买课程，学完课程之后得到学分，所得学分又可以转化为学币。在这种良性循环中，居民的学习动力得到持续的激励，最终实现人的全面发展。

目前,“e学网”建有十大学习场馆,包括《汇智文馆》、《小课电影院》、《资源共享广场》、《益智游艺厅》、《天籁艺苑》、《亲子俱乐部》、《生活博物馆》、《网上大贡院》、《公仆学坊》、《职场学堂》。这些栏目从横向与纵向体现了两个“覆盖”:一是在学习人群上覆盖儿童到老年各个年龄段;一是在内容安排上覆盖早期教育、青少年教育、职业培训、继续教育、老年教育等社区教育的各个领域,因此能满足广大社会成员对终身学习的各种需求。

“e学网”还有一个很大的创新,就是设置了在线答疑功能,使得网络学习不再是个人孤独的奋斗,老师的答疑解惑让学习更有劲头。上城区有一批志愿者负责网上指导与在线管理,使得学习者可以借助平台享受到快捷、个性化的教育服务。这支志愿者队伍人员庞大,约3000余人,都来源于上城区,主要构成人群为教师、医生、律师以及机关公务员,服务内容包括法律法规、健康教育、专业技能、科普教育、家庭生活、文体艺术等六大门类。其中教师志愿者多达2000人。根据规定,凡上城区教师须在五年内修满10个社会服务学分,并与评职评优挂钩,政策的推行保障了人力资源的充足。无论是中小学生的学习疑问,还是年轻家长的亲子教育咨询,或是其他的家庭教育问题,都可以请教这些一线的教师。

2010年4月,在中国成人教育协会教育专业委员会公布的全国首批“数字化学习先行区”和“数字化学习实验街道”名单中,杭州市上城区是浙江省唯一一个获此殊荣的城区。2011年4月,“e学网”获得“2011年度杭州品质学习区块”的殊荣。“e学网”与配套的学习卡运维还被教育部作为社区教育优秀经验面向全国推荐。①

宁波的社区教育信息化工作也走在全省前列。从2011年起,宁波

① 参见:《上城区数字化学习社区“e学网”扬帆起航》,《杭州日报》,2009年10月16日;《上城区被命名为全国数字化学习先行区》,http://hznews.hangzhou.com.cn/xinzheng/quxian/content/2010/04/12/content_3225373.htm,杭州网,2010年04月12日。

共有鄞州、北仑、江东、江北、镇海、慈溪6个区(市)被评为“全国数字化学习先行区”。各区都在着力打造自己有特色的社区教育网络平台。像江北区，早在2007年建立了江北区社区教育网(www.jbsqjy.net)，网站挂靠江北区教育网。功能定位主要是社区教育信息发布和为居民学习服务，栏目包括政策法规、社教信息、资源中心、他山之石等。2008年，区社区教育学院对社区教育网实行改版升级。2010年，在教育信息化工程催化下，全区终身学习网平台硬件基本完善，实现了教育局域网、互联网之间的跨网访问，建立起可支持10000户家庭同时在线学习的学习平台支持系统，为市民数字化学习奠定了坚实的基础。同年7月，区社区教育委员会着手实施数字化学习社区建设，选取北岸琴森和广厦两个社区作为数字化学习社区建设的试点单位。

如今，打开江北终身学习网，网站上信息中心、课程中心、个人中心、考试中心、在线学习、教务教学管理、个人学习行为统计等功能一应俱全。为满足市民的学习需求，网站后台还开发建立了数字化学习资源库，研发、存储了以三分屏和FLASH为主的时政教育、就业创业、企业管理、人文修养、家庭生活、早教课堂、养生保健、老年大学、必备技能等9大类1036课时的课程。社区居民只需登录“终身学习网”，就可在线学习上述课程，并进行在线测试。

为鼓励市民终身学习，江北区还设立了“个人学分银行”，将居民的在线学习与在线测试相结合，即通过在线学习考试获取学分，并在到达一定学分后给予相应奖励，在最大程度上激发居民的求知欲。在此基础上，出台“学分互认制度”，即与相关部门、院校合作，居民在线修满一定学分后，通过资质认定给予相应学历文凭，实现非正规教育学习成果和正规教育成果的有效衔接。同时，学分的在线积累也成为居民在线终身学习的轨迹档案。此外，江北区还以制作“终身学习网”学习手册、开办计算机网络应用培训为抓手，提高居民网络操作技能。2011年至今，印发终身学习手册40000册，对已注册人数的40%进行48课时计算机网络应用培训。据统计，截至2012年4月，江北终身学习网点击量已达到

138万余次，学员人数超过76000人。2012年，江北区还将进一步拓展课题内容，开发从婴幼儿早期教育到老年人教育、从学历教育到非学历教育、从岗位技能培训到休闲学习的全套资源库，完善资源互惠共享，满足居民需要。

到2012年，江北数字化学习社区建设已取得不少成绩:2个区一级数字化学习教室，1000多课时的数字化学习资源流媒体，1万名市民可同时在线学习，2000人同时在线视频学习，47名管理人员，近300名网络志愿者……

宁波镇海区也依托社区学院网络平台及技术支持，开发了“镇海区数字化学习中心”共享平台。该平台学习栏目设有市民学习、业务培训、学历教育、考试中心、学习论坛等栏目。可实现百万级用户注册管理、5万人在线学习、1万人在线课程学习、500人视频学习。社区居民凭“镇海区数字化学习中心市民学习卡”的用户名和密码可登录学习服务平台。

2010年7月，“镇海区数字化学习中心”正式启动。镇海区的数字化学习平台注重本土化课程资源的开发和利用，先后推出《镇海区十万市民学礼仪》、《镇海商帮文化》、《镇海院士风采》、《镇海区社区教育特色学习圈荟萃》等近200学时的本土学习资源。此外，镇海区在数字化教学队伍和学习教室的建设方面也采取了有效措施。目前，社区学院已建成1个数字化学习教室，各镇(街道)社区教育中心建成1个以上数字化学习教室，每个学习教室配备了联网计算机30多台和投影仪，用于集中辅导和学习，全区各社区(村)市民学校数字化学习教室基本普及，每个教室都配备联网计算机近十台和一套投影设备。区、镇(街道)还配备了一支信息化素养高、结构合理的社区教育数字化教学队伍，主要由社区学院、教育中心的授课教师，镇(街道)信息部门工作人员，社区青年志愿

者、图书馆管理人员等构成。[①]

（二）宁波市数字图书馆的社区推广服务

2009年3月25日，投资4000万、筹备3年的宁波市数字图书馆正式开通。

宁波市数字图书馆是国内第一个由政府主导建设的综合性数字图书馆，是由宁波大学园区图书馆、各在甬高校图书馆、宁波市图书馆、宁波市科技信息研究院及广大企业等共同参与的数字文献信息资源共建共享服务平台。它的建设被称作数字图书馆建设的“宁波模式”，不少城市有意仿效、参照建设。

宁波市数字图书馆以服务为导向把分散的资源联合起来，并以免费的方式向全社会提供服务，这种全公益性的定位在全国尚属先例。主要提供的免费服务项目有：提供各类型科技文献题录和文摘等第二次文献的免费查询服务，并可根据用户网上提交的全文请求获取全文，实现即时下载或原文传递等方式；为企业等用户查询生产、科研等所需的文献资料以及为有需要的读者向其他成员馆借阅所需的图书资源；享用国内和国际重要的文献信息联盟的服务；全市主要图书馆联合目录查询成员单位馆藏目录查询服务等。

宁波数字图书馆可供检索元数据1.47亿条，囊括416万种中外文图书、9953万篇中外文期刊、668万篇博硕士论文、1481条中外文专利、54万条中外文标准，还开通了国家科技图书文献中心（NSTL）平台，以及谷歌学术搜索等国外大型文献服务系统，而且资源还在逐年增加。另外，数字图书馆还打造了一批特色数字文献资源库项目——宁波大学的“港口物流”、浙江纺织服装职业技术学院的“纺织服装”、市科技信息研究院的“新材料”和浙江工商职业技术学院的“机电塑料模具”等，这些特

① 参见：《数字化学习社区没有围墙的学校》，http://www.nbdfzx.net/jyzc/ShowArticle.asp?ArticleID=779，宁波教育网，2007年07月03日；《镇海区五大举措形成了全国数字化学习高地》，http://www.nbedu.gov.cn/zwgk/article/show_article.asp?ArticleID=39606，宁波教科网，2012年03月15日。

色数字资源极大地满足了宁波企事业单位的需求。据报刊统计，数字图书馆开通一年多，注册用户已达50万人，网站首页点击30万人次，中心门户访问量达70万人次，下载量达300万篇，全文文献传递31万篇，服务效果显著，收到了良好的社会效益。①

为了让宁波数字图书馆更好地为宁波市民服务，2010年，宁波市政府提出实施“宁波市数字图书馆服务‘百家社区、千家企业’民生实事工程”。3月，首个社区服务点落在江东区的常青藤社区。该图书馆面积300多平方米，内有阅览座位50余个，图书近万册，并专设电子阅览室，配备电脑10余台，供社区读者上网、查阅和下载宁波市数字图书馆的数字文献资源。社区居民可免费享受办理读者卡、借阅图书、上网查阅、下载所需的数字文献资源。宁波市数字图书馆为社区读者提供参考咨询和文献原文传递等服务，并委派工作人员到社区开展数字文献资源使用培训等服务工作，提高社区居民获取数字文献资源的能力，丰富社区居民的精神生活，为社区居民学习教育和文化娱乐提供文献资源保障，受到居民欢迎。

为了加快建成宁波市数字文献信息资源共享服务体系，完成2010年市政府民生实事工程——宁波市数字图书馆服务“百家社区、千家企业”的目标任务，有21家在甬高校和图书馆位承担了宁波市数字图书馆服务推广项目，根据《宁波市数字图书馆项目建设与管理办法》(甬教高〔2007〕309号)精神，积极开展宁波市数字图书馆服务推广和培训工作。其中宁波广播电视大学承担了《宁波市数字图书馆面向群众性学习活动的数字文献信息服务推广》项目，为此，宁波广播电视大学与江东区五个街道开展共建合作，重点对江东区东柳、东胜、白鹤、明楼、福明等五个街道的近50个社区进行了服务推广，分别选择不同的社区为代表，以基础设施较好的新城市社区东柳街道华侨城社区、市中心老社区白鹤街道丹顶鹤社区、外来人口聚居的福明街道福明家园社区等五家社区为首批重

① 参见胡敏、龚一鸣：《宁波市数字图书馆正式开通》，http://news.cnnb.com.cn/system/2009/03/25/006044159.shtml，中国宁波网，2009年03月25日；

点服务推广服务社区。

在暑假期间，宁波广播电视大学积极开展"送电脑上门、送讲座上门、送指导员上门"的"三送"活动，为五个重点社区每个社区赠送一台新电脑，派专职老师义务上门为社区百姓讲课，进行数字图书馆的宣传指导，并结合暑期实践，选派百名宁波广播电视大学学生，以"宁波市数字图书馆指导员"的身份下社区，开展以宣传推广数字图书馆开展群众性学习活动为主题的暑期实践活动，从而解决广大社区群众在社区教育、文化娱乐等方面的文献信息需求，广大社区群众不出社区就可以上身边的图书馆，进一步推进社区文化建设。

截至2010年12月，21家单位共服务社区101家、企业近1300家以及机关、学校、医院等事业单位600余家。圆满完成宁波市数字图书馆服务"百家社区、千家企业"的目标任务。[①]

小链接：

数字化学习方兴未艾

慈溪是长三角城市群中迅速崛起的新兴城市之一，随着经济的快速发展，该市的社会事业也得到全面发展。目前，该市市民学校、村落文化宫等社区教育场所已经基本达到了城乡全覆盖。为满足市民多元化、个性化的学习要求，慈溪从去年10月起开通了面向广大市民的终身学习网——"99学吧"，上传了1227个视频课程，一年来访问量已突破58万人次，在"市民学分银行"注册学习的市民达12.2万人，61%的注册用户记录了自己的学习记录和学分。慈溪成为第一个"全国城乡社区数字化学习示范基地"。

杭州上城区利用居民家庭电脑87%的配置率，2006年起建立了"网络虚拟学习社区"，为开展"万户家庭网上学"提供了必要条件。居民们

---

① 《宁波市数字图书馆社区服务点成立》，http://www.nlc.gov.cn/newtsgj/yjdt/2010n/3y_2174/201003/t20100322_34018.htm，中国国家图书馆；庄癸红：《宁波市数字图书馆推广服务百名指导员进社区》，《东南商报》，2010年07月03日。

还设立了QQ群，增进了彼此的了解。社区一个叫军军的孩子，平时学习成绩不佳，自从教奶奶如何操作电脑后，他也爱上了网上学习。从此，调皮捣蛋的事做得少了，军军的成绩逐渐好起来了。

2009年，上海市开通了“上海终身学习网”，首批已整合的课件达1491门，时长约为3000小时，市民不出家门，有一台电脑，就可自主学习。为推进网上学习，杨浦区每半年举行一次网上征文活动，今年上半年，有2110位社区居民参与了征文活动，有310名学习积极分子受表彰。

南京市白下区光华路街道社区积极办好“网通家园”，服务社区居民。银龙南苑居民陈杏明爱好书法，退休后在家无所事事，掌握网络技巧后，点击“网通家园”和“社区课堂”，参加了社区组织的老年书法绘画俱乐部，还参加了社区的五老志愿者，他在寒暑假义务辅导中小学生，生活过得充实又自信。

据悉，数字社区的发展已逐渐成为促进和谐民生的细胞工程。

（资料来源：《东南商报》，2010年10月30日）

宁波海曙区西门街道龙柏社区网上廉政文化

2004年的一个星期天下午，宁波海曙公园比平日更显热闹，居民们站成一堵堵人墙正在围观一件新奇的事：一群小朋友围坐在6台电脑旁，目不转睛地盯着显示屏，一双双小手敏捷地击打着键盘，“这个贪官杀了你！”、“包青天真了不起！”小朋友情不自禁的喊声深深感染着站在他们身后的家长——这就是宁波市海曙区西门街道龙柏社区组织的“龙柏社区廉政文化电脑游戏大赛”的一个生动场景。

2004年初，龙柏社区被海曙区有关部门确定为“廉政文化”试点社区，这令社区党支部一班人既感到自豪光荣，又感到任务艰巨。如何以群众喜闻乐见的形式让廉政教育深入人心，成了党支部一班人思考的问题。经过调查，龙柏社区居民有“三高”的特点，即文化程度高、家庭经济收入高、电脑普及率高。为此社区进行了一次摸底，发现拥有电脑的家

庭竟达78%，上网率占到95%。这令支部一班人喜不自禁，他们决定在“打造数字龙柏，共筑网上家园，争创特色社区”的同时，根据青少年的认知特点，建设“网上廉政文化园”。

党支部在整合辖区资源的同时，着手开发通俗易懂、寓教于乐并具有先进文化内涵的廉政文化电脑游戏系列软件。同年5月，在充分利用网络多媒体技术的基础上，社区成功推出了第一部廉政文化电脑游戏《清官道》。该游戏是在中国传统益智游戏“华容道”基础上加以改编的，不仅故事情节生动有趣，画面音乐精彩优美，而且还在软件中增添了我国古代四位著名清官的人像和生平事迹，让青少年在游戏中更容易深入浅出地了解历史，了解清官们感天动地的事迹。由于该游戏受到广大青少年及家长的普遍欢迎，党支部又再接再厉，不断开发软件，先后推出了龙柏社区廉政文化电脑游戏系列之二《清廉灯》、系列之三《龙柏廉政知识竞技场》以及动画片《清廉龙柏园》。

为了巩固这一廉政文化阵地，进一步发挥廉政文化网站的教育作用，党支部在举办廉政文化电脑游戏大赛后，又相继推出了廉政文化FLASH动画大赛，并举办网上廉政论坛和电脑趣味智力竞赛等，在丰富社区群众精神文化生活的同时，也使他们受到了一次次廉政文化教育。目前，龙柏社区正在开发国内首部大型廉政文化网络游戏《廉政战士》。这项寓教于乐的“数字廉政文化工程”，正发挥着它在思想教育中的重要作用。

（资料来源：http://www.zjol.com.cn/05zjnews/system/2005/12/31/006426301.shtml，浙江在线）

第八章　社区艺术节,社区居民的舞台

社区艺术节是社区文化活动中的重头戏,充分体现了社区文化的群众性、共享性和民间性,因而受到各个社区的重视。社区艺术节是全社区的一个盛大节日,它为居民们提供了一个互动交流、展示自我的舞台,既能调动起居民的文化参与积极性,又能促进邻里之间的情感联系,进一步激发居民建设文明和谐社区的热情。同时,在社区艺术节上,形式多样文化节目丰富了社区居民的业余生活,促进了社区文化活动蓬勃开展,改变了社区居民的精神风貌,提高了广大居民的道德素养。

第一节　杭州邻居节

邻居节于 1999 年起源于法国,又称"欧洲邻居日",由时任巴黎 17 区议员、主管青年人和社团升华事务的阿达那斯·培利方发起,旨在鼓励大家走出家门主动认识身边的左邻右舍,通过各种互动活动建立一种信任、一种友谊,一种对共同生活环境的热爱。1999 年 5 月 30 日,首届邻居节在巴黎 17 区举办。2000 年,法国政府正式将 5 月的最后一个周二确定为邻居节庆祝日。2003 年,"邻居节"开始走向欧洲其他国家,最后成为一项国际性的社区活动。

"邻居节"作为最具社区特色的文化节,在浙江省各地市也受到普遍欢迎,各个城市、社区纷纷发起"邻居节"活动,通过各种睦邻活动营造其乐融融的社区大家庭氛围,把不同年龄、性别、职业、阶层的社区居民联系起来,形成和谐的社会群体,有力地促进了社区和谐。

杭州市是全国第一个举办"邻居节"的城市,从 2004 年迄今已成功

举办了八届。杭州湖滨街道青年路社区、朝晖街道稻香园社区是杭州市邻居节的发源地。2003年9月18日，青年路社区从一位朱阿姨端起一碗“南瓜汤”细心照顾一个素不相识的外地邻居的故事中得到启发，开展了以邻里金刀厨艺比赛、邻里盆景展、邻里欢乐夜等为内容的第一届邻居节活动。活动结束后，社区管理人员惊喜地发现一个现象：居民间的交往明显增多了，社区文化生活也变得丰富多彩了，住在社区的杭州书画名人葛德瑞也乐呵呵题下了“楼道住户墙门化，你帮我助乐融融”的诗句。①

从2003年8月在青年路社区举办社区邻居节以来，湖滨街道积极发展睦邻文化，并向全市提出举办邻居节活动的倡议，得到了杭州市很多社区的呼应。这些年来，湖滨街道的邻居节都办得有声有色，引起众多媒体关注。2004年，街道以“邻里大聚场”为主题，举办湖滨地区邻居节，各社区纷纷行动起来，形成街道一个大会场、6个社区分会场互动和谐的局面。2005年，街道又筹划了“中外邻里一家亲”的邻里交流活动，更是将活动对象扩大到了来杭居住的国外友人，36位来自英国、美国、韩国等国的友人与社区邻居一起包水饺、扭秧歌、打太极拳。在活动中，外国友人和中国邻居结下了深厚友谊。此次邻居节因此被评为“杭州市最有创意的邻居节”。2006年，街道邀请原来老邻居回到湖滨，看看湖滨的新变化，策划了“新老邻居畅谈新湖滨”活动。总之，精彩的创意和丰富的节目让每位居民都能在邻居节中收获快乐、学会分享，每年一度的邻居节因而成为湖滨地区成员翘首盼望的节日盛会。2007年，在由国家民政部和中国社会工作者协会联合举办的全国和谐邻里建设示范单位和全国好邻居表彰大会上，上城区湖滨街道又捧回了一项荣誉——全国和谐邻里建设示范街道。该街道的东平巷社区、青年路社区还被评

① 参见：《上城区湖滨街道打造“一家亲”品牌》，http://www.hzwmw.com/article.html? id=1256305，杭州文明在线，2011年11月03日。

为"全国和谐邻里建设示范社区"。[①]

稻香园社区发起的"敲门日"活动也是促成全城"邻居节"的因素之一。2004 年 8 月 22 日，一个双休日，社区里一群小学生们头戴面具，扮成可爱的小天使，敲开了邻居的家门，送上祝福的话语。虽然在敲门过程中，小孩子与陌生人的交流还很生涩，也有些开门的户主不会主动让孩子进家门，甚至有个别还拒绝与孩子交流，但无论怎么说，这天响起的敲门声给稻香园社区的居民们带来了很大的震动：原来一个敲门的动作，一句问候的话语，就能拉近邻里之间的关系，让生活变得更美好。稻香园的社区主任陈瑛介绍，敲门日的想法来源于国外的节日万圣节，小朋友敲开门之后，可以用祝福的话换来糖果等礼物，因为小朋友在与人沟通的过程中有着很多的优势。于是一个以促进邻里关系为目的的社区"敲门日"活动就这样在稻香园社区诞生，后来则成为杭州"邻居节"的一个特色项目，"以邻为友、与邻为善"的观念便随着这一声声"敲门"在杭城各个社区里传播。[②]

同年 10 月 24 日，旨在推进全市邻里之间"和睦、团结、关心、帮助"和建立现代邻里关系的杭州市"邻居节"开幕式在采荷文体中心举行，原浙江省委常委、杭州市委书记王国平向市民政局授予邻居节节旗，并宣读了"邻居公约"，还在"邻居公约"旗帜上签字，从而启动了全市居民邻里间全新关系。杭州各个社区在这一天也呈现出热烈、欢乐的"邻居节"气氛。湖滨街道的东平巷社区举办了花艺展，居民们从自己家里搬出花卉、盆景、根雕等，跟邻居们共同欣赏、相互交流。涌金门社区开展"我跟邻居学书法"活动，邻里之间相互欣赏各自的书法、绘画作品，还彼此交流、互相学习。岳王路社区居民让 6 岁以下的儿童表演节目，邻里间交流育儿经验。南肖埠社区的居民组织老人们"尝百家饭、喝百家茶"，还

---

① 参见：《魅力社区评选"社区交流"活动方案》，http://topic.rbc.cn/09zt/09mlsq/zxfb/200909/t20090917_1450278.htm，北京广播网，2009 年 09 月 29 日；《湖滨街道被评为和谐邻里建设示范街道》，《杭州日报》，2007 年 12 月 16 日。

② 参见刘焜、胡海岩：《本报记者亲历杭州稻香园社区"敲门日"》，http://qianbao.zjol.com.cn/05qianbao/system/2006/09/13/007870230.shtml，钱江晚报网络版，2006 年 09 月 13 日。

为20对老人一起庆祝金婚纪念。第一届"邻居节"让杭城很多社区成员突破了内心的隔阂，体验到邻里间互助互信的快乐，也有很多曾经闹过不愉快的邻居也借此良机敲开对方的家门，真诚道歉，最终冰释前嫌。[①]

这些年来，邻居节常办常新，每年都有一个新的主题，围绕睦邻文化开展一系列市民喜闻乐见的活动。现在，杭州邻居节的覆盖面越来越广，影响力也越来越大，已经成为弘扬传统美德、促进邻里和谐的重要载体，成为杭州市推进精神文明建设、共建共享全面小康社会和"生活品质之城"的有效抓手。

为了体现"邻居节"的社区特色，2011年第八届"邻居节"特意把活动搬到了下城区东新街道三塘苑的社区广场上进行，让居民在家门口就能参加。这一届邻居节开幕式上的所有节目也强调草根性，所有的演员都是来自各个社区的艺术团队，他们本身就是身边一个个普通的邻居。像天水街道社工艺术团的节目《马大嫂说低碳》，结合社区日常生活中的例子传达环保生活理念；天水街道金桥京剧社一曲铿锵有力的《我是中国人》，拨动了在场观众的心弦；东新街道葫芦丝艺术团一亮相，就博了个满堂彩，鲜亮的民族服装，悠扬的葫芦丝，一曲吹罢，技惊四座。

这年的"邻居节"注定特别，第一次有了"形象大使"。她就是荣获第三届全国道德模范见义勇为模范称号的"最美妈妈"吴菊萍，她勇救邻居小女孩妞妞的故事正是邻里之间互帮互助的典型例子。[②]

杭州的邻居节活动围绕"邻里和谐"主旨，每年都有活动主题，精心设计推出了"健康日"、"敲门日"、"互助日"、"欢聚日"、"百桌千人大团圆邻居宴"、认养"邻居林"、"让黄丝带飘起来"和"两岸邻里情"交流访问等一系列形式多样、内容丰富的活动，吸引了全市700多个社区的100余万市民广泛参与。邻居节让普普通通的市民有了自己的节日，成为节日

---

① 参见陈淦：《中国第一个城市"邻居节"在杭州市隆重开幕》，http://news.sina.com.cn/s/2004-10-24/11204020686s.shtml，新浪网，2004年10月24日。

② 参见：《草根达人秀HIGH翻全场 杭州迎来第八届邻居节》，http://zjnews.zjol.com.cn/05zjnews/system/2011/11/02/017962698.shtml，浙江在线，2011年11月02日。

市民代表们在邻居节开幕式上表演了
自编自演的精彩节目

的主角。邻居节的各种活动，让人们走出家门，共栽一片绿，共解一分忧，改变城市生活中邻里之间不相识、不和谐、冷漠、旁观的状况，创造了一个友爱、互助、温馨、和谐的家园，正像《邻居之歌》唱的那样，“共同编织一个幸福的家园”。

一个和谐社会，首要的是和谐邻里关系的构建。“邻居节”为邻居之间从互识、互信到互敬、互助创造了条件，它倡导的是一种邻里之间和谐相处、互敬互爱、相互关怀、相互支持的氛围，也是一种社会主义道德新风尚的具体体现。杭州市邻居节已成为促进邻里和谐、构建“和谐杭州”的生动实践，也是群众乐于参与的精神文明建设品牌。

小链接：

杭州邻居节《邻居之歌》

熟悉的人，亲切的脸，
天地情缘，
我们拥有一个美好的家园。
邻居啊邻居，
抬头相见关爱相伴，

邻居啊邻居，
风雨里一个心愿。
相邻的人，温暖的眼，
柴米油盐，
我们编织一个幸福的家园。
邻居啊邻居，
家家户户心手相牵，
邻居啊邻居，
金山银山甜蜜年年。

2010衢州邻里节倡议书

居民朋友们：

俗话说，远亲不如近邻。邻里关系融洽是和谐社会的重要标志。

随着现代生活节奏的加快，人与人之间的关系日渐生疏、淡漠，很多人叫不出对门或楼上楼下邻居的名字，住得虽近，却形同陌路。这种城市中普遍的信任缺失，不利于经济社会和谐发展。现实生活中，解决许多问题光靠亲情已经不够。一个家庭若发生急难，邻居往往是能提供最直接帮助的人。因此，我们需要构建一种邻里为基础的新型人际关系，以适应开放多元社会的生存、发展环境。

衢州日报邻里关系调查问卷结果显示，有40%的居民认为现在的邻里关系淡化，92%的居民对邻居的家庭状况不是很了解，85%的居民渴望改善邻里关系。每个人都需要被尊重、被认同和被关心，每个人都需要帮助，在能力范围内也愿意关心和帮助他人。说到底，我们都有强烈的需求，但就是缺少一个交流、沟通的借口、一个契机、一个融合的大环境。

千金易买屋，万金难买邻。为进一步弘扬中华民族邻里互助、和睦共处的传统美德，推进管理有序、文明和谐的新型社区建设，提高城市文明程度和市民文明素质，衢州日报社、中共衢州市柯城区委宣传部决定联合举办"2010衢州邻里节"活动。在此，我们向全社会发起倡议：走出家门，结识邻居，用我们阳光一样灿烂的笑容和火一样的热情来迎接我们老百姓自己的"邻里节"。

来吧，让我们用行动开启尘封的情感、释放自我，用爱心重塑温馨和睦的邻里关系。我们恳望全体市民行动起来，左邻右舍行动起来，为了建设自己的节日，为了建设自己的和谐家园，我们呼吁：更多的街道、社区、居民加入到"邻里节"活动中来，走进社区，靠近邻居，融入欢乐大家庭！

（资料来源：http://news.qz828.com/system/2010/06/10/010221765.shtml，衢州新闻网）

义乌鸡鸣山邻居节开幕

被誉为"联合国社区"的鸡鸣山社区第四届邻居节暨中外青年联谊活动周10月27日开幕了。本次鸡鸣山邻居节一个大亮点，就是成立了社区中外青年联谊服务中心，更好地加强了社区中外居民之间的文化交流，丰富居民的文化娱乐生活。

目前，鸡鸣山社区里居住着近60个国家或地区上千名境外人员。从2006年开始，境外人员融入社区工作，逐渐形成了制度化、系统化、规范化。但是由于文化背景、价值观念不同，境外人员真正融入社区并不是那么容易。此次的中外青年联谊活动周活动，就是为了给境外人员提供更宽松的生活空间，特别是给年轻人营造一个交流平台，缩小文化差异，增进中外居民间的友谊。

开幕式上，老人们表演了舞蹈和腰鼓，跳得有板有眼；金村的幼儿园小朋友们耍起了中国功夫；义乌工商学院的学生们唱着歌、跳着健美操，一股年轻快乐的气息扑鼻而来。最出彩的要数两人三足跑、趣味夹球等游戏了。在两人三足跑游戏中，外籍居民和朋友的双脚，被一根细绳牢

牢地绑在一起，他们踉踉跄跄地卖力往前冲。在一阵笑声中，他们以最快的速度冲到了终点。随着趣味夹球游戏的结束，开幕式也接近了尾声，但中外居民的欢声笑语，却萦绕在空气中久久不散。

（资料来源：http://www.onccc.com/news/detail/34535.html，中国小商品城网，2008 年 10 月 28 日）

第二节　嘉兴合唱节

嘉兴南湖区的合唱节早已是禾城的一张金灿灿的“文化名片”，合唱是嘉兴市民最喜闻乐见的集体艺术表现形式。南湖区的合唱在这个世纪初就展示出深厚的群众基础和演唱实力。2001 年，秀城合唱团（现南湖合唱团）就曾远赴法国参加纳韦尔国际合唱节，嘉兴晚霞合唱团、栅堰社区老年俱乐部合唱团等也在国内各类合唱赛事中频频获奖，并经常深入工厂、农村、学校和军营进行慰问演出。由于有着这样深厚的合唱传统，2002 年下半年，南湖区正式确定把合唱作为自己的文化品牌。

2003 年，南湖区承办了首届中国·嘉兴南湖合唱节，这是南湖区第一次承办全国性比赛，共有 1 万多人次参加活动。来自北京市海淀区教师合唱团、浙江歌舞剧院合唱团、湖北省歌舞剧院爱乐合唱团等 10 支优秀合唱团队一展歌喉，为禾城人民展现了中国合唱艺术的较高水准。南湖区的嘉兴民丰集团公司合唱团、文昌路小学合唱团、栅堰社区老年合唱团等 5 支业余团队也登台表演，同样赢得了专家、演员和观众的一致好评。合唱节期间，中国合唱指挥大师严良堃还举办了高层次的合唱指挥讲座。

此后，南湖合唱节的规模在不断壮大，影响也越来越深广。2004 年第二届合唱节有 46 支合唱队参加，2005 年第三届增加到 170 支，2006 年又发展到 220 支，2007 年举办的合唱节上竟有上千支合唱队登台，其中嘉兴市就有 200 多支队参赛。2008 年推出的合唱节活动则提倡和推广反映嘉兴地方文化的原创作品。一首本土原创歌曲《大运河组歌》在合唱节上成功首演。嘉兴市音乐家协会主席傅尔宁介绍,《大运河组歌》的最大亮点,就是把最土、最民俗的内容与交响合唱相融合。由他本人作曲、钱建隆和邹毅作词创作的《大运河组歌》,由《大运河》、《运河源》、《水乡》、《龙舟》、《菊花海》、《长虹桥》、《枕河人家》等七个部分组成。在创作中,词曲作者特意吸收了嘉善田歌、鸳鸯湖棹歌、李叔同学堂乐歌等嘉兴特有的音乐元素。另外,《大运河组歌》中还融合了平湖钹子书、海盐腔、海塘号子等多种音乐的"味道"。这些本土元素使交响合唱的《大运河组歌》既有江南水乡的婉约秀美,又不失交响合唱的华丽雄壮。

到2008年,嘉兴市拥有各类合唱团队280多支,其中仅南湖区就建有82支业余合唱队,如机关合唱团、老年人合唱团、太太合唱团、儿童合唱团、残疾人合唱团、新四军合唱团等等。这些业余团体活跃在嘉兴市区的广场、公园、校园和社区里,成为嘉兴人精神生活的新景观。现在的南湖区,大到上千人的歌会,小到几十人的街道社区歌咏活动此起彼伏,层出不穷,合唱这种艺术形式已深入到每个嘉兴市民心中,充分展示出新时代南湖人的精神风貌。为了进一步提高整体歌唱的水平,南湖区积极鼓励、组织合唱队员们参加各类合唱辅导班、讲座、培训班等,促使他们努力提高自身的专业化水平,同时,利用业余时间经常性地参加排演,使这些合唱团员们能真正代表南湖人民唱出高水平。南湖区除了组织本区的各类合唱比赛、表演外,还鼓励各合唱团对外交流,像南湖合唱团和栅堰社区老年俱乐部合唱团先后多次在全国性的群众歌咏比赛中获奖。2007年,在法国纳赛尔国际合唱节上,来自浙江嘉兴的南湖合唱团与来自俄罗斯、加拿大、菲律宾等国的合唱团同台献艺,他们演唱的民歌《茉莉花》、《大红枣儿》、《太阳出来喜洋洋》等充满中国风情,博得了在场观众经久不息的掌声。

到2011年,南湖合唱节已经迎来了第九个年头。2011年正逢建党90周年,所以合唱节紧扣"红色"主题,在全区范围内组织开展纪念建党90周年群众合唱大赛暨第九届嘉兴南湖合唱节,一方面是为了庆祝建

党 90 周年，做好嘉兴市纪念建党 90 周年“红船杯 · 红歌赛”比赛选拔工作，弘扬“红船精神”；另一方面也是为了进一步提升“歌城”品牌，丰富百姓的精神文化生活。

与往年不同的是，这年的合唱节广泛发动各镇、街道的基层合唱队伍，参赛队伍全部来自于南湖区内的合唱团，每个基层合唱团都有机会参与比赛。

第九届南湖合唱节活动现场

南湖区委常委、宣传部长赵群乐提到，“以往合唱节由于‘门槛’关系，所以不是每个本地合唱团都能登上舞台，而今年我们以群众合唱大赛的方式推出，就是希望让更多的本地合唱团登台演出。”从 5 月开始，区合唱大赛之建设街道群众合唱预赛首先开唱，接下来全区其他镇、街道的预赛也将火热开展起来，主办方在预赛基础上，从中挑选出优秀合唱团队参加区群众合唱大赛决赛，再在参加决赛的队伍中推选出若干支优秀合唱团，参加全市纪念建党 90 周年“红船杯 · 红歌赛”比赛。

据报道，“十二五”期间，南湖区将大力发展群众合唱事业，充分发挥南湖合唱基地的作用，办好每年一届的合唱节，不断完善“歌城”的机制体制建设，加强合唱培训，铸造精品团队，全面提升“歌城”品牌影响力。

同时，把群众合唱事业的工作重心向基层下沉，从区层面举办深入到镇（街道），再到村（社区）、学校、企事业单位，推动全区群众合唱事业的全面发展、全面提高和全面普及。“十二五”期间，南湖区将把群众合唱事业深入基层，向村（社区）、学校、企事业单位普及合唱文化，推动全区群众合唱事业的全面发展、全面提高、全面普及。

通过连年成功举办的合唱节，嘉兴市不仅扩大了影响，提高了知名度，而且也使南湖区的合唱艺术水平有了一个较大的提高，为把合唱培育成南湖区的文化品牌打下了良好的基础。合唱已逐步成为南湖区一张亮丽的文化品牌。①

第三节　绍兴读书节

“世界读书日”最初的创意来自于国际出版商协会。1995 年 11 月 15 日，联合国教科文组织作出决议，将每年的 4 月 23 日定为“世界图书和版权日”（World Book and Copyright Day，也译为“世界读书日”、“世界书香日”），这一天各地的书店都悬挂出醒目的庆祝标志——一本打开的书，中间是一颗心。巧合的是，4 月 23 日也是著名作家塞万提斯（西班牙）、莎士比亚（英国）、维加（西班牙）3 位著名文学大师的辞世纪念日。

“世界读书日”的目的是鼓励人们尤其是年轻人发现读书的乐趣，并以此对那些推动人类社会和文化进步的人们所作出的伟大贡献表示感谢和尊重。

虽然这个节日的历史还不长，然而它已在世界上受到广泛的欢迎和

① 参见：《合唱让生活充满阳光》，《浙江日报》，2007 年 10 月 23 日；刘慧：《交响合唱〈大运河组歌〉歌城嘉兴有了自己的歌》，《浙江日报》，2007 年 12 月 17 日；《280 多支业余合唱团让我们的生活歌声飞扬》，http://nhnews.zjol.com.cn/nhnews/system/2008/07/18/010558710.shtml，南湖新闻网，2008 年 7 月 18 日；《近 150 支本地合唱团将闪亮登场 第九届嘉兴・中国合唱节正式启动》，http://nhnews.zjol.com.cn/nhnews/system/2011/05/11/013720481.shtml，南湖新闻网，2011 年 5 月 11 日。

响应:丹麦的哥本哈根举行朗读马拉松比赛;加拿大的多伦多举办加拿大读书节活动;1996年开始,美国将每年四月定为“全国诗月”;英国政府接受了“世界图书日”的倡议,另选定了庆祝日期……

在中国,党的十六大第一次把“形成全民学习、终身学习的学习型社会,促进人的全面发展”作为全面建设小康社会的奋斗目标之一。社区是服务居民的基层党组织。因此,加快构建终身学习的社会化平台,是建设学习型社会对社区工作的新要求,也是社区工作的重要内容。最近几年,以社区为服务对象的读书节也在全国各地应运而生。社区读书节是指以社区居民为主要受众群体,以社区为活动平台,通过整合出版社、图书卖场、社区服务机构的资源,形成一个文化交流平台,为社区居民提供更丰富的精神文化产品,丰富大家的精神文化生活。

浙江省各个地市都有自己的读书节,其中绍兴市越城区的读书节启动较早,已形成了一定的文化品牌效应。2004年,绍兴市第一届“全民读书月”正式启动,为了配合“全民读书月”,2005年绍兴越城区也精心策划了读书节,自此,这两个活动一起成为促进全民读书、提高市民文化素质的一个有效载体,成为绍兴市一张闪亮的文化名片。到2012年,绍兴越城区已成功举办了九届全民读书月和八届读书节。每一届读书节都围绕“读书”推出不同主题,营造全民读书氛围,推进学习型城市建设。像今年的读书节主题是“读好书、做好人、创好业”。在为期3个月的读书月活动中,机关、企业、学校、家庭、社区和农村都分别围绕这一主题开展读书活动。机关开展“读书明理、引领新风”读书活动,机关干部们在开展“我们的价值观”讨论的同时,还将阅读一批关于社会主义核心价值体系的书目。绍兴的企业也将开展“读书助创业、求知促创新”读书活动,通过举办“知识阳光”网上读书、“我的职业精神”读书心得演讲比赛等活动,鼓励广大职工多读书、读好书。在学校、社区、家庭和农村,诗歌大赛、图书漂流、读书沙龙、农民技能比武等活动也都一一展开。

每到读书节,越城区的各个社区也会结合社区实际,推出有特色的读书活动。2008年,南门社区推出了“我最喜爱的道德格言”硬笔书法展、"争做文明人"读书沙龙、"学习在社区"亲子阅读等三项活动，此次活动以"书香新越城，文明新生活"为主题，让广大居民朋友在活动中陶冶情操，净化心灵，丰富精神文化生活，进一步激发创建全国文明城的热情。和畅堂社区则举行了"我学习我快乐读书沙龙"。和畅堂社区拿来最新的党员读本和科普报纸，供社区居民阅读。同时，为了提高大家对社区读书活动的认识，社区干部还将一些书本、报纸免费发放给社区居民，加深了社区居民对社区读书沙龙的了解，并采取一些积极措施，将居民们吸引到社区阅览室中来。社区表示今后要多举办主题鲜明、形式丰富的读书活动，创建以读书活动为主要载体的学习型社区。辕门社区于9月11日下午，举行了"越城区第四届读书节暨辕门社区爱读书·讲文明演讲比赛"。比赛邀请了辕门社区众多喜好读书的居民以及各位社区楼长参加，其中楼国昌、戴延生、祝金芳等三位退休教师结合自身情况，贴近实际，贴近生活，从读书和文明出发，热情洋溢地发表了他们各自的演讲，赢得了台下参与居民的阵阵掌声。演讲活动贴近群众，寓教于乐，受到社区居民的欢迎，着力营造了"爱读书、读好书、讲文明"的浓厚气氛，使活动取得了很好的效果。2009年，在第五届越城读书节举办之际，辕门社区又在社区活动室开展了一场"辕门社区读书节"暨"读好书·送好书"活动，社区主任周祖华向在座的42位党员、居民小组长讲解了第五届越城读书节的活动内容及重要意义，并现场向各位党员、小组长发放了120余册好书，这次活动得到了参与党员、居民的欢迎，同时也为进一步深化社区教育，扎实推进学习型城区建设奠定了一定的基础。①

① 参见汤帆文、王索妮：《绍兴市第九届"全民读书月"昨天上午开幕》，http://news.zgkqw.com/news/system/2012/04/22/010184065.shtml，中国柯桥网，2012年04月22日；《城南南门社区读书节活动丰富多彩》，http://ems.zjol.com.cn/07sxtk/system/2008/09/09/010650887.shtml，2008年09月09日；《和畅堂社区举办社区读书沙龙活动》http://ems.zjol.com.cn/07sxtk/system/2008/09/17/010663377.shtml，绍兴特快，2008年09月17日。

小链接：

书香节吸引500余名居民

锣鼓喧天，书墨飘香。今天上午，在定海海山公园，昌国街道2007书香节隆重开幕。500余名社区居民参加了自己的节日。

本届书香节在去年的基础上有了新突破，内容更加丰富。在未来的5个月里，将举办"书墨飘香"、"尽显风采"、"书香伴童心"和"知书达礼"系列活动，还将组织开展"一社区一主题"素质提升工程、"一社区一亮点"文化亮点工程、"一社区一品牌"文明创建工程、"一社区一特色"未成年人思想道德建设阳光精品工程建设评选活动。

一个由昌国街道社区书画、摄影爱好者创办的以书画艺术、摄影作品交流为主的老年人社区组织——"夕阳红"书画社，上午也宣告成立。在昌国街道，有许多老人独钟书法、绘画，如留方社区的离休干部杨永其书法多次在全国和省级比赛中获奖，作品还载入《中国当代书法家、美术家世纪之交精品大典》等，他老伴朱梅君爱好绘画，作品入选全国、省、市各种书画展70余次，曾获金、银、铜各等级奖30余次，另有10余幅作品送往新加坡等东南亚国家展出，受到国外友人的赞赏和收藏。"夕阳红"书画社，设在留方社区100多平方米的房子里，专门配备了所需的桌、椅和书画工具。书画社社长朱梅君兴奋地说："书画社将为广大老年人提供一个学习发挥的清雅宁静的创作交流环境，营造社区老年人高雅的文化氛围。"

去年，昌国街道举办了首届"书香节"系列活动，共组织了各类大小活动50余项，参与人数达12000多人次，成为去年昌国街道极有影响力的文化活动。"举办书香节，成立社区书画社，对于活跃群众文化生活、筑牢社区文化根底、提升社区文化品位和提高市民文明程度和文化素质，有着很积极的影响。"定海区副区长刘晓国说。

（资料来源：http://www.zhoushan.cn/hywh/whxw/200705/t20070518_272591.htm，舟山网）

第四节　温州邻里文化节

2011年9月10日，在温州市文明办和温州商报的共同倡导下，首届温州社区邻里文化节启动了。此届邻里文化节立足社区，强调本土性、民间性，从2011年9月至2012年12月，逢每周六或周日（雨天顺延）在各地有条件的社区居民休闲广场开展一系列活动，希望借此掀起一场“邻居风暴”，拉近邻里距离，建立起“近邻”的情感纽带。

邻里文化节有五个常设活动板块，都与居民的日常生活有关：厨艺大比拼、社区特色文艺表演、社区达人秀、文明知识抢答和便民服务大市场。娱乐项目涵盖了居民的吃喝玩乐，服务项目网罗了居民生活所涉的多领域各行业。当日，社区邻里文化节的第一站就在市区同人花园西大门广场拉开了大幕。数百名小区居民围坐在一起观赏邻居们自编自演的精彩节目。舞台上，歌曲、肚皮舞、茶艺表演等10余个由社区居民自编自演的精彩节目，赢得了观众阵阵叫好声。舞台下，特色服务项目也很受欢迎，黎明街道社区卫生服务站就把义诊台搬到了现场，免费为社区居民检查血压血糖等，而一旁的法律咨询台、市公安局交通治安分局咨询台也正为居民服务。9月17日上午，“社区邻里文化节”第二站走进下吕浦清风社区。“邻里文化节”特色招牌活动鱼丸汤比赛首次亮相，引来不少居民的观摩学习。鱼丸汤是温州市本土有名的小吃，几乎家家户户的主妇都会做，个个都能够评说个一二。十名社区参赛者在众人瞩目下揉鱼面、配汤料、摘鱼丸……有条不紊地进行着鱼丸汤制作的每一道程序，一个个手法娴熟。不一会儿工夫，十碗香味扑鼻的鱼丸汤便摆在了评委们的面前。另一边，现场的社区居民也竞相品尝，相互比较，其乐融融。不少人在品尝后还凑到选手跟前讨教鱼丸汤制作的秘方。

转眼，“社区邻里文化节”已成功走进了十个社区。2012年的新春第一站来到了上新田社区。这一站的亮点是文艺表演精彩纷呈。社区里多才多艺的居民不少，且水准都相当高。8组团朱云秋和她的文化宫

鱼丸汤大赛现场

越剧培训班同学演出了越剧《刘毅传书·湖滨惜别》唱段。有着7年多表演经验的朱云秋唱念做打都十分专业。6组团黄宗雯演唱的歌曲《万物生》是一首用梵文唱的富有西藏色彩的佛经。奶奶级人物连正春穿戴正宗的藏族服装,为大家献上了"纯正"的藏族舞蹈《高原红》。朱云武的葫芦丝演奏也获得观众的热烈掌声。

在表演期间,还穿插了为获得2011度鹿城区"绿色家庭"光荣称号的10户家庭颁奖的仪式。其中家住6组团7幢2504室的马阿姨有许多环保心得与大家分享:马阿姨家住的是顶楼,楼顶阳台上的大水管闸门经常漏水,马阿姨每天拿了两个小水桶盛水,用盛满的水浇阳台上的花,并且把家里养的芦荟、吊兰等植物送到小区阅览室、电脑班,让它们帮着净化空气。马阿姨还是节能节电的高手,像家里的电灯全换成节能灯,巧用"峰电谷"使用洗衣机,每天起来第一件事情就是开门去关走廊灯等等。

特色鱼丸汤大赛也有了新意。不同于往常都是大妈级选手,这次还有几位年轻的职业女性前来参赛。最后大赛冠军由5号选手潘雪莲获得，潘阿姨是社区的舞林高手，没想还有一手好厨艺。她刚在台上表演完舞蹈《阳光下的哈达》，下来便洗手做汤羹，调佐料、摘鱼丸等动作一气呵成，很快就端出一碗碗喷香的鱼丸汤。在场的其他选手和居民都为其喝彩叫好。

2012年8月7日晚上，商报邻里文化节第二十八站走进五马街道谢池社区。这次，社区的小朋友成了舞台的主力。9岁的小朋友郑国骏是少艺校歌唱专业的学生，一上台先摆出歌星的阵势，金闪闪的背心，配着镶着小闪钻的白马甲，不管从哪个角度看都是一个光彩夺目的小明星。参加过《成长快乐》拍摄的谢小帅才6岁，跳起舞来酷酷的，让现场观看的人都不禁跟着high起来。

温州商报义工团的义卖活动是这次邻里文化节的另一大亮点。这次义卖活动的所有商品都是温州正德笔业集团免费提供的，包括雨伞、彩色笔、橡皮、环保购物袋等。此次小商品义卖活动所得款项都将用于资助环卫工人子女就学。来自社会各界的义工们在现场激情叫卖，博得许多爱心人士和学生家长的支持。①

温州社区邻里文化节还在进行当中，目前已走进了三十多家社区。围绕五大活动板块，每个社区都根据自身情况办出了特色，形成了亮点，受到社区居民的好评。社区特色节目表演、文明知识抢答、便民实用服务等活动充分满足居民在文化、教育、健康等方面的各种需求，促进了邻里和谐共处，提升了社区居民生活品质。

小链接：

2011年"欢乐莲城"社区文化艺术节开幕

4月20日晚上，2011"欢乐莲城"第四届社区文化艺术节暨第二届

---

① 参见：《温州市首届社区邻里文化节开幕 丰富社区群众文化生活》，http://www.zjwmw.com/07zjwm/system/2011/09/14/017843439.shtml，浙江文明网，2011年09月14日；黄宇翔：《社区邻里文化节昨天走进清风社区》，《温州商报》2011年09月18日；李翔：《社区邻里文化节进上新田社区》，http://www.wzwmw.com/pages/pages/63/201202/28-25456.html，温州文明网，2012年02月28日；李翔：《文化节热力十足义工团给力义卖》，《温州商报》2012年08月14日。

社区运动会在市区纳爱斯广场开幕。

优美多姿的扇舞，节奏欢快的“恰恰”，古色古香的八仙闹花灯，来自莲都区多个社区和单位的300多名演员联袂为市民献上了一份视觉和听觉上的饕餮盛宴。

据了解，近年来莲都区成功打造了“欢乐莲城”莲都区乡村、社区文化艺术节这个群众文化活动品牌，目前已经连续六年举办“欢乐莲城”社区文化艺术节、乡村文化艺术节等系列活动，形成了“全民参与，人人享受”的良好氛围，深受广大群众的喜爱。今年的活动在丰富市民业余生活的同时，也为建党90周年献上了一份贺礼。

（资料来源：www. liandu. gov. cn/zhxx/mt/t20110421_742276. htm，莲都区门户网站）

第九章　青少年，社区文化的传承者

社区是青少年聚居和成长的地方。青少年除了在学校读书和在家庭活动之外，大部分课余时间和节假日，基本上都在社区活动。通过社区教育，教育好下一代，是我们的一项重要而长期的政治任务。为此，浙江省各地社区都在积极探索社区青少年教育的内容、形式和方法，加大社区青少年教育的硬件建设，包括教育基地、图书馆、文体室、电脑网络、法律、心理咨询服务中心的建设，努力营造有利于青少年健康成长的社区环境，切实将社区青少年教育工作抓实、抓出成效。

第一节　各具特色的青少年活动场所

组织好青少年在社区的教育和文体娱乐活动，避免不良社会风气的影响，使他们健康成长，这是继学校教育、家庭教育之外的重要一环，是青少年素质教育的重要组成部分。浙江省各地在社区青少年活动场所的建设方面有不少实践性的探索，其中"青少年空间"和"阳光天地"青少年俱乐部等特色青少年活动场所作为辖区未成年人思想道德建设阵地，在所有校外教育和文化活动阵地中起到引领作用，具有很强的典范性。

（一）"青少年空间"

"青少年空间"计划是在共青团中央和地方政府的支持下，由中国青少年宫协会和香港青年协会合作开展，通过引进香港社区青少年服务方面的先进理念、标准、核心项目和经验，结合国内各地青少年活动场所建设的有益经验和实际需求，在社区内设立青少年综合服务场所——"青

少年空间”。目前，浙江省和湖北省的有关城市被确定为首批试点地区。

不同于以往青少年宫更偏重“教育”功能，“青少年空间”的核心理念是“服务”。它一般设在人口密集的社区内，面积约在300至1000平方米，覆盖5至10万人，为广大青少年及其家长提供游戏娱乐、兴趣学习、拓展训练、社区参与、自在空间、网络互动、成长辅导、家长援助8个方面的服务，鼓励青少年自主参与、自主选择、自我设计、自我实践。在浙江省，目前已有4家“青少年空间”入驻社区，分别为杭州的长庆街道和文晖街道，海宁市硖石街道。

“长庆青少年空间”建于2007年10月，2008年7月对外开放，现有面积1400平方米，8名专职管理员，3支志愿者服务团队。“空间”有项目介绍、学习培训、功能拓展、活动实践、心理辅导五大功能，设有亲子空间、知识空间、舞动空间、拓展空间、创意空间、数码空间、厨艺空间、梦想空间等八个活动空间。近几年来，在这个“空间”已先后组织各类活动100余场，参与活动的青少年达3万余人次。同时，还与浙工大、杭师大等3所高校，13所大中小学校和幼儿园签订了共建共享教育资源的合作协议。2009年被评为“浙江省社区教育优秀实验项目”。[①]

海宁市硖石街道青少年空间是全国首批六个试点项目之一，也是目前全国唯一一个位于县级街道的青少年空间。这个青少年空间位于风和丽苑社区，共有1112平方米的建筑面积。风和丽苑是海宁最大的一个经济适用房小区，社区内共有少年儿童700多人，青少年空间给小区的孩子提供了良好的成长环境。

“空间”于2008年8月正式启用，目前拥有亲子、知心、创意、信息、知识、体艺、拓展、厨艺等8大空间项目，可以供200人同时使用。在这个青少年空间里，有许多东西是孩子们没办法在少年宫体会到的，比如说厨艺，就是孩子特别感兴趣的项目，参与的小朋友很多，有一次志愿者教大家做一个水果沙拉，几十个孩子都围在灶台前抢着学。硖石街道的

① 参见：《校外教育实践服务的空间 社区未成年人成长的乐园》，http://www.hzwmw.com/article.html? id=1157845，杭州文明在线，2010年06月10日。

亲子空间也是别具特色的，里面有100多种玩具供孩子玩耍，在这里，孩子们既可以享受与父母的亲密时光，还学会了与小伙伴分享。除了专职的社工外，空间里常常有一些志愿者来义务教孩子们画画、舞蹈、剪纸、做十字绣等等。

硖石街道的青少年空间强调“游戏”而不是“培训”，因此，对于学些什么、上多少时间的课、来不来空间等问题都没有硬性要求，这些全由孩子们自己来决定。这个空间还解决了孩子放学后家长没有下班无人看管的监管问题。空间的社工和志愿者都非常尽职负责，社区内中小学生放学后都愿意到空间来玩耍，在这里接受新事物、新知识，还可以认识新朋友。[①]

文晖街道青少年空间位于三里家园社区服务中心二楼，于2009年7月31日正式启用。是由中国青少年宫协会与香港青年协会合作推出的“青少年空间”在浙江省的第三个试点单位。空间内的活动面积有640多平方米，开设有舞动空间、信息空间、交流空间、创意空间等八个空间活动室，并结合周边青少年的需求开设了暑期托管班、英语培训班、少儿舞蹈班、瑜伽班、书画班等培训活动项目。和硖石街道青少年空间一样，这个空间于每周一至周四下午的16：30—18：30面向小学生推出“快乐四点半”托管辅导服务，让孩子们在走出校门后直接来到空间，在这里做作业、玩游戏、学技能，解决了家长们的后顾之忧。

2010年7月，杭州市下城区成立了第三个“青少年空间”：朝晖街道“青少年空间”。并且，朝晖青少年空间还与已经成立的长庆青少年空间、文晖青少年空间举行了结盟仪式。朝晖青少年空间主要为社区内3～25周岁的青少年和在校学生服务，以公益性、“零距离式”服务为特

---

① 参见印福良、陈强：《海宁“青少年空间”昨日启用》，《南湖晚报》，2008年08月24日；《海宁市硖石街道青少年空间》，http://hnnews.zjol.com.cn/hnnews/system/2010/08/05/012465419.shtml，海宁新闻网，2010年08月05日。

色，为青少年锻炼能力、探索未来提供实践平台。[①]

（二）“阳光天地”社区青少年俱乐部

2009年，杭州青少年中心在团市委的领导下，积极发挥自身优势，充分整合各类资源，开展了社区青少年俱乐部建设的试点工作，分别在城市老小区（北落马营社区）、新建大型小区（亲亲家园社区）和农转居（珊瑚沙社区）三种不同形态的社区进行了试点探索，建立了三个以“阳光天地”为统一品牌的社区青少年俱乐部，形成了一套有效的建设机制。

“阳光天地”社区青少年俱乐部在组织建构和活动开展方面有很大的特色。

组织建构上从三方面入手：

1. 明确社区是俱乐部建设和管理的主体，负责日常基本运行经费，并落实专兼职人员负责管理青少年工作。杭州青少年活动中心作为业务指导单位在场地建设、组织建设和活动开展等方面提出要求并给予指导；对俱乐部各类专兼职管理人员进行业务培训并聘请为辅导员；为各试点提供专业技术人员和志愿者队伍到现场组织开展活动。

2. 建立社区校外少先队组织。以往的社区青少年活动往往处于松散无核心的状态，孩子们之间缺乏一种良好互动的关系。社区即使有活动场所也难以发挥作用，不能吸引青少年前来活动。因而在建立俱乐部的同时，按照少先队章程的规定，同步在社区建立了校外少先队组织。实践中，分别以社区、小区和楼道为单位建立相对应的大中小队，并通过竞选、组阁等民主的方式产生各级队长，队干部们则用中心特别设计的“社区少先队敲门计划”去积极主动地认识自己的队员，在社区内建立起稳定而亲密的伙伴关系。由于社区少先队不受学校、班级、年龄和学业成绩等限制，且自主性更强，活动内容与形式也与学校不同，所以少先队

① 参见：《文晖街道青少年空间正式启用》，http://app.hzxc.gov.cn/mh_template/content_template/article_display.jsp?article_id=20090803000113，杭州下城区门户网站，2009年07月09日；任语瞳：《下城区启动第三个“青少年空间”》，http://edu.zjol.com.cn/05edu/system/2010/07/09/016749291.shtml，浙江在线，2010年07月09日。

员们参加的热情很高。各社区少先队组织均归到杭州市校外少先队总部(设在杭州青少年活动中心)进行组织管理,并由市校外少先队总部培训和聘请社区干部为少先队辅导员(一般由社区文教委员担任),指导队员们开展活动。

3. 建立青少年服务分支机构。我们在试点俱乐部挂牌成立了"哥哥姐姐"志愿者社区服务站、"12355"青少年服务平台社区服务点等组织;社区也可以组织学生到活动中心所属的场所开展活动,中心给予免费或优惠;活动中心专门成立事务部,负责联系、发展和处理社区青少年事务,主动将社区活动纳入中心管理指导范围内。

为了让青少年在实践体验中不断追求成长的真知,中心利用专业人才队伍的优势,设计丰富多彩的活动,指导及帮助俱乐部辅导员开展一系列的活动。现已比较成熟的社区活动项目有:社区"Do 都城",我是小社工,图书漂流站,社区假日营,趣味小赛场,个性小社团等。其中社区"Do 都城"是一种很好的实践体验教育,受到社区青少年的普遍欢迎。到 2010 年 4 月,活动中心已先后共组织了 42 家单位、设计了 30 种职业、280 个岗位,并对工作人员进行培训、颁发项目业余辅导员证书。计划启动至今,有 412 名社区青少年穿上了"DO 都城"各式职业装,兴趣盎然地到各单位参加"工作",营业员、清洁工、保安、护士、摄影师、洗车工……,他们上岗前由商店的职工(辅导员)进行培训,然后开展几小时的工作体验,再根据工作表现由辅导员考核评价,并能获得相应的"Do 币"作为报酬(可在俱乐部"购买"文具等物品)。社区"Do 都城"已成为青少年参与社会大课堂的新型平台,也是社区活动最精彩的项目。随着新一批俱乐部的成立,杭城还将新设百个社区"Do 都城"体验点。

俱乐部活动以"自主参与"为重。青少年是俱乐部的主人,从活动内容的设计到具体的组织管理,他们都以小队为单位积极参与讨论、集体出谋划策。他们把自己的假期安排得丰富多彩。更值得一提的是:社区少先队小队长、图书漂流站站长、社团团长、假日营营长、社区小社工……他们都是民主选举出来的俱乐部"大人物",他们不一定学习成绩优

异，但他们个个都是热心为大家服务的好孩子，是受欢迎的好伙伴。

社区青少年俱乐部建设试点工作自开展以来，受到社会各界的关注与支持，也得到了省市各级领导的重视与指导。市委叶明副书记对此项工作作了重要批示："此项工作抓得很好，很有意义，很有成效，值得认真总结推广。望把此项工作纳入未成年人思想道德建设总体部署，深入扎实推进，努力打造社区未成年人思想道德建设的杭州模式"。到2011年7月，杭州市已有了60家"阳光天地"社区青少年俱乐部。[①]

小链接：

关于开展2012下城区青少年空间雏鹰争章活动的通知

各小学：

"雏鹰争章"活动作为《中国少年雏鹰行动》的重要载体，日益受到学校和社会的广泛关注。为配合争章活动的开展，下城区青少年空间在寒假为孩子们提供了更多的争章机会，开设了学校里缺乏的争章课程，让争章内容从校内拓展到校外，不再单一不变，大大满足了孩子对各种奖章的需要。下城区青少年空间指导中心联合长庆青少年空间、文晖青少年空间和朝晖青少年空间将在2012年推出不同的争章项目，供孩子们前来争章。2月份，三个空间分别推出巧手章、制作章和篮球章等争章项目。

具体要求如下：

巧手艺术章

一、参加对象：全区小学四年级以上学生，由学生自愿报名。

二、人数要求：30人（额满为止）。

三、报名方式

报名地点：长庆街道十五家园10幢

① 参见《杭州市"阳光天地"社区青少年俱乐部建设机制探究》，杭州市青少年活动中心提供。

电话：0571—87232240，87232241

联系人：陈老师，柳老师

四、活动时间、地点：

2月4日(暂定)，长庆街道十五家园10幢。

五、活动安排

1. 了解宫灯的由来和寓意。

2. 学习如何制作宫灯。

3. 自己动手制作完成一只小宫灯。

六、获章标准

1. 基本了解宫灯的历史。

2. 学会宫灯的制作方法。

3. 自己独立完成一只宫灯。

七、要求

1. 队员自己准备12个大小一样的长方形纸质薄红包袋。

2. 其他材料费5元/位。

制作章

一、参加对象：全区小学三年级以上学生，由学生自愿报名。

二、人数要求：30人(额满为止)。

三、报名方式

地址：文晖街道青少年空间(三里家园社区二楼)

电话：87247081

联系人：龚老师，何老师

四、活动时间、地点

2月3日(暂定)，文晖街道青少年空间。

五、活动安排

内容：自制灯笼，环保、低碳，带寒假活动本，可以现场制作半成品，也可以带成品，围绕“龙跃新年、中华腾飞”的主题。

注意：灯笼工具小朋友自带。

六、获章标准

1. 在规定的时间内制作完成灯笼。

2. 评定一、二、三等奖。

篮球章

一、参加对象：全区小学四年级以上学生，由学生自愿报名。

二、人数要求：30人（额满为止）。

三、报名方式

地址：下城区朝晖青少年空间208办公室

电话：81390057

联系人：孙老师

四、活动时间、地点

2月5日（暂定），下城区青少年活动中心。

五、活动安排

1. 了解篮球章的获章规则。

2. 组织学生认真训练。

3. 分组进行投篮比赛。

六、获章标准

1. 学生在增强体质之余，能充分体现团结合作的精神。

2. 在规定时间内，本组学生投进篮球总数超过若干个。

3. 在比赛中注重团队意识，积极勇敢，克服冬天的寒冷，发挥自己的能力。

下城区青少年空间指导中心

2011年12月

（资料来源：http://www.hxcsq.com/Article_Show.asp?ArticleID=6258，杭州市长寿桥小学网站）

第二节　温州春秋社区的青少年教育实践

近年来，为了全面提高社区未成年人的思想道德素质，温州鹿城区南汇街道春秋社区在构建青少年教育阵地、加强社区青少年团队建设、组织青少年文体活动等方面做出了很大努力，有很多方面值得借鉴。

2001年在开展文明社区创建工作后，春秋社区经过排摸调查发现社区有家庭2689户，仅青少年就有1117名。因此，春秋社区便把开展青少年活动作为创建文明社区的一个切入口。如何开展有益身心发展的社区活动，抓好青少年的社区校外教育，为青少年提供良好的社区成长环境，便成为春秋社区一个重要研究课题。

抓好阵地建设是开展未成年人教育工作的依托，是进一步实施各项工作的基础。春秋社区的青少年文化教育活动基地、图书自助银行、未成年人科普教育基地等场所，为社区开展未成年人学习实践体验教育活动提供了有力的保障。

为了给社区青少年营造一个良好的学习、娱乐和生活的环境，从2002年起，社区利用地下室建成了1460平方米的“春秋社区青少年文化教育活动基地”，基地内设置设立了多功能厅、图书室、活动室，以及美术、音乐、英语等各类辅导教学场所。社区的青少年们在寒暑期、周末或课后都可以到这个活动中心来，打乒乓球、借阅图书、参加课后辅导和各类技能学习与培训。由于社区中的大多数家庭为双职工且有15岁以下的孩子，课后孩子照顾成为家长的难题，社区为此在青少年教育活动中心增设校后托管，如今也慢慢形成固定的社区辅导课后教育模式：3位熟悉教材的社区专职教师，负责低年级学生接送和分科功课辅导；2位下岗职工在社区就业，负责孩子点心、晚餐以及其他后勤工作；合理安排学生课后作息时间，在放学后五六个小时里除了辅导功课，还安排绘画、棋类以及体育活动；每周固定开展舞蹈、书法等素质教育兴趣辅导班。社区的中小学生都觉得社区学习的氛围很好，在这里找到了大集体的温

暖。越来越多的青少年加入这个大家庭,现在托管从原先的7个人发展到现在40多人的规模。

“社区图书自助银行”创办于2005年,是温州首家也是唯一一家“社区图书自助银行”。银行的书籍主要来自社区居民的捐赠、企业和个人赠送及社区购置,其中近四成是由社区居民捐赠。社区居民只要向图书自助银行捐存一本图书,就可以在图书自助银行免费阅览和借阅任何图书。图书银行现有儿童文学、科普知识、文艺小说等各类藏书3000多册,VCD学习光盘500多张。银行“柜员”由社区里9名中学生担任,他们在双休日为前去办理存取图书业务的社区居民提供服务。此外,每周二、四下午,“图书自助银行”也将对外开放。到2012年2月,“银行”累计阅读人数达到12500人次,无偿“贷书”达1600人次。图书自助银行的开设为社区带来了良好的学习氛围,青少年阅读、写作的兴趣更高,如社区冬宁6组团青少年林竹林同学在2010年全国青少年征文比赛中获得一等奖,这几年来还有不少学生获得省、市、区级别奖项。

2008年4月,社区又在公园一角开辟了社区未成年人科普教育基地,为社区开展科普教育提供了场所。到2013年,社区共组织开展社区教育系列活动400余次,举办知识讲座230余场,技能培训150多期,累计培训人员达4万人次,晚会演出21场,参观活动15600人,先后接待了各地参观者270多批次。并通过与大中专院校、中小学和幼儿园、教育行政部门等合作,达成资源共享协议,使其建筑、场地、设备、师资等物力、人力资源等得到最大限度的利用。未成年人科普教育基地的建立,为社区青少年学习科学、了解科学、掌握科学、运用科学、创新科学发挥了显著的作用。

春秋社区还充分发挥各种社会力量加强未成年人思想道德建设。为加强社区团组织和少先队建设,切实发挥共青团和少先队组织在社区未成年人思想道德建设中的引领作用,春秋社区成立春秋社区少工委大队部,社区党支书胡美珠担任组长,赵志尚等6位热心少先队工作、有责任心、有能力、有经验的人士担任志愿辅导员,少先队小干部实行民主选举,定期轮流任职。健全的共青团和少先队组织,为提升社区未成年人的综合素质发挥了积极的促进作用。

社区还借助青年志愿者的力量帮助开展各项有利于青少年成长的活动。社区与温州各大院校已形成长期合作关系,每年都有高校大学生来社区参与社会实践,为社区青少年提供各类文化功课的辅导,丰富他们的暑期生活。到目前为止,来社区举办活动的高校大学生实践队就有温州科技学院"绿满温州"暑期社会实践队、温州职业技术学院红锐社区服务队、温州大学"优碳"暑期社会实践队等,他们为社区青少年带来了"巧手小花匠"、绿色植物义诊、体检进社区等等活动,深受学生喜爱。

春秋社区还是温州首个建立了依托老干部、老党员、老军人、老教师和老模范为主体的"五老护苗"队伍的社区,并由此启动了春秋社区首创的"承上启下"工程,充分发挥老年人的"余热",通过辅导报告、爱心资助、真诚帮教等各种方式,关爱、呵护、培育着未成年人,帮助孩子们修德增智,健康成长,快乐生活。

春秋社区根据辖区青少年人数多的实际,从 2002 年便开始搭建各类活动载体。比如利用社区的青少年人才优势成立了《社区青少年》编辑部,聘请了"全国青少年征文比赛获得一等奖"的社区居民——林竹林担任编辑部的主编。在她的带领下,社区青少年一同采编、组稿、发稿、出刊,不定期编发《社区青少年报》,刊载社区青少年自己的文学作品,不仅提高了写作水平,还陶冶了情操。这份报纸也成为社区青少年喜爱的读物。

心灵驿站是春秋社区在青少年教育体系中的重要载体。2008 年,社区一名读五年级的小学生,因父母离异、生活中无爱导致轻生念头,并写下了"遗书"。社区干部获悉后立即联系温州大学心理专业的学生志愿者,及时上门进行心理辅导。经过 1 个多月的辅导和沟通,不仅挽救了一个小生命,而且挽救了一个破碎的家庭。从那以后,社区成立青少年"心灵驿站"。心灵驿站定期、不定期地对社区学生进行心理健康的教育与咨询,帮助学生以积极、乐观的心态面对学习和生活。

2009年8月15日，社区邀请温州市五老护苗法律指导组、鹿城区司法局共同举办了春秋社区“模拟法庭”开庭活动，并以此为契机，成立了社区青少年“模拟法庭”。第一次活动选择了一青少年沉迷网络游戏而引发抢劫的案例，所有参与表演人员都是由温州十六中学的学生组成，来自社区的60多名学生作为“旁听”观看了活动的整个过程。表演者凭借扎实的理论知识和严肃认真的表演，真实客观地再现了法庭审理场景，博得了台下观众一致好评。演出结束后，护苗组的指导员对此次活动进行了总结性发言，并由此引导青少年们学习法律知识。此后每年的暑期，春秋社区都会举办此类活动，让辖区青少年们在活动中学法、懂法、守法，依法保护自己的合法权益。

社区还每年进行青少年文明礼仪知识竞赛，通过知识抢答的比赛形式，让更多青少年掌握礼仪知识，践行礼仪规范，提升文明素质，从我做起，从现在做起，从小处做起，形成人人学礼仪知识、个个树文明形象的良好社会风尚，为创建全国文明城市做出应有的贡献。

春秋社区“模拟法庭”开庭活动

除了这些常规性活动外，春秋社区充分利用寒暑假、传统节日和双休日等课余时间，有效发挥社区、农村各类活动场所和人文资源的作用，组织开展了社区户外趣味运动会、农耕文化体验、非遗民俗文化进社区、军营生活体验等各类道德实践、社会体验活动。

通过完善的教育阵地、紧密的团队建设和特色活动载体，春秋社区在未成年人思想道德实践教育上已建设起一个完整青少年教育体系，让这些“小小社区人”很好地融入社区，并学会了独立与合作。[①]

小链接：

衢州市天皇巷社区举办“青少年才艺”展示

为激发青少年热爱才艺的积极性与创造性，8 月 24 日上午，衢州市天皇巷社区在社区文体活动中心举办了“我形我秀”青少年才艺展示。

本次才艺展示学生参与面广，本社区 62 名青少年和 30 余名家长参加，充分体现了青少年教育的群众性和普及性。

文艺节目形式多样，内容丰富，有拉丁舞、手风琴、口琴、独唱、虎跳、跆拳道表演、诗歌朗诵，现场还展示了 20 多幅青少年自己暑假作的书画作品。学生们用音乐、舞蹈、表演、绘画和书法等形式来热情讴歌党和祖国，尽情赞美新生活，展示出当代青少年学生热爱祖国、热爱集体的良好思想素质和朝气蓬勃的精神面貌，也充分展示了当前学生的综合素质和艺术教育的丰硕成果。

本次活动评选出艺术表演类节目奖，书法绘画类奖，诗歌朗诵奖。

据了解，本社区开展了很多的活动，如迎世博知识竞答、回收旧电池、做小小普查员、发送一封信、跳绳比赛和才艺展示等青少年暑期活

---

① 参见：《鹿城春秋社区获“全国未成年人思想道德建设工作先进单位”称号》，http://www.wzwmw.com/pages/18/201202/14-25128.html，温州文明网，2012 年 02 月 14 日；《春秋社区未成年人思想道德建设获殊荣》，http://www.66lc.com/system/2012/02/21/010958705.shtml，鹿城新闻网，2012 年 02 月 21 日。

动，家长积极性很高，每次活动都带孩子参与，社区还结合青少年社会实践给每个参与学生写上真实的活动评语，活动使家长高兴，学生开心。

（资料来源：www.zjwmw.com/07zjwmm/system/2010/08/26/016878721.shtml，浙江文明网）

丽水市开始打造"青春家园"文明社区

近日，共青团丽水市委在莲都区白云社区召开"青春家园"文明社区创建座谈会，拉开这一社区团工作创新之举的序幕。据了解，今年，丽水市九县（市、区）将各选取 1 个社区开展"青春家园"文明社区创建活动，最终营造出"生态环境优美、风尚文明健康、创业激情飞扬、邻里友爱和谐"的社区氛围。

创建内容分为四大行动十二个方面。其中，有健全社区团工作网络、配齐配强社区专兼职团干部、构建完善社区团工作机制的青春固本行动；有加强社区青少年思想引领、发展社区青少年文化、树立社区先进文明典型的青春领航行动；有助跑农民工子女成长、助推社区青年联谊、助跑社区青年立业的青春助跑行动；有努力延伸"12355"青少年热线服务、积极开展社区青少年自护教育、大力推进社区志愿者服务的青春和谐行动。

创建活动将通过理顺组织体制、完善工作机制、优化干部队伍、强化工作职能、拓展工作领域、整合有效资源等措施，促进区域内团组织资源共享、优势互补和共同发展，构建"组织健全、活动丰富、制度完善、团味浓厚"的社区团工作格局。

创建活动将贯穿全年，2 至 3 月为研究部署阶段，4 月进入实施推进阶段，直至 10 月份，年底经过总结验收后，明年全年将在总结今年试点工作的基础上全面推开。

（资料来源：《丽水日报》，2012 年 02 月 20 日）

第三节 宁波月湖街道社区青少年文化活动

宁波海曙区月湖街道通过与社区内学校、共建单位合作，开展丰富多彩的文化活动，加强未成年人的思想道德建设，大力促进青少年的全面发展和健康成长。

月湖街道一向重视文化阵地的建设，早在2006年年初，就在风景秀丽的月坛公园辟出了一块场地，专门提供给青少年开展活动，这就是"宁波市社区青少年天天月湖文化广场"。自年初成立以来，"天天"广场坚持每月举行一场高水准的青少年文艺演出，先后推出了"社区青少年歌曲大赛"、"社区青少年文艺汇演"、"社区青少年广场音乐会"等形式多样的文化活动，半年下来，已有近6000名社区青少年和群众参加了活动。①

月湖街道还充分利用辖区内的文化资源，为青少年提供素质教育。月湖历来就是文人墨客荟萃之地，月湖周边的每一块石头都能说得上一段故事。早在宋代，王安石就在月湖的竹洲设馆办学，宁波"耕读传家、商儒并生"的传统，本土的"四明学派"也得以形成，并孕育出王应麟、陆瑜、范钦、万斯同、全祖望、徐时栋等一大批学者志士。月湖堪称宁波文化的摇篮，蕴含着深厚的文化底蕴，以"一校（镇明中心小学）、两街（县学街、念书巷）"、"一人（全祖望）、一第（登科第）、一楼（烟屿楼）"等享誉至今。因此，月湖街道利用辖区地域特色，于2004年7月组建了月湖少儿民间艺术采集队、文化导游服务队、环保小卫士等少儿队伍。这些年来，这些少儿队伍积极参与到整理月湖传说故事，寻找老墙门足迹，讲述老墙门故事，保护月湖生态环境等社区活动当中。在读书月活动中，社区举办了许多与月湖关的活动："知我月湖、爱我月湖"家庭知识竞赛、"我为月湖写对联"知识讲座、"月湖民间传统灯艺制作"培训以及"我"眼中

---

① 参见杨勇：《社区青少年：文化活动样样红》，http://www.cnnb.com.cn/gb/node2/node1656/node1662/userobject7ai136351.html，中国宁波网，2006年03月22日。

的月湖名人演讲比赛、“我听说过的月湖传说”故事比赛等。活动中社区的青少年们设计制作了画有月湖风光的民间工艺灯，把搜集的月湖民间故事编成器乐诗《月湖情韵》，来歌颂月湖、赞美月湖。

社区还开展了“我为月湖添份绿”植树活动和“为鱼儿找家园”等一系列围绕月湖的环保活动；在月湖景区——月园举办“心手相连、共建生态家园”环保志愿者行动和“爱我家园、保护母亲河”环保活动中，“月湖环保小卫士”在月湖为数百条小鱼苗放生；偃月街小学的少先队员们在自己的节日里，设计制作了印有月湖风光的手帕，呼唤小朋友为了宁波的整洁、美丽“重新拾起手帕”共同来关心月湖建设。①

街道辖区的共建单位的资源也很丰富。像天一阁、银台第和大方岳第这些月湖周边的文化单位也为社区青少年精心安排了融思想性、科学性、趣味性于一体的文体娱乐活动。2012 年 7 月，天一阁博物馆和月湖街道联合主办了“和谐快乐共成长”为主题的暑期读书月活动。其中“天一阁定向寻宝”活动吸引了很多社区青少年参加。孩子们分成八组进行天一定向活动，参赛选手根据线路图指示进行定向比赛，每组选手在目标点完成比赛项目后，会获得完成标识，全部目标点比赛项目完成后，时间最少的队伍获得优胜。在目标点的活动有天一阁知识问答、天一阁拼图、七巧板和诗词接龙。定向活动让孩子们增强了团队合作能力，小朋友在娱乐的同时，也增强了动手能力，增长了知识，了解了宁波的历史文化。为培养青少年的兴趣爱好，街道还与天一阁博物馆联合举办了暑期公益培训班，内容包括声乐、航模、智慧树故事、小导游、创意小巧手等各类培训课程，在丰富青少年暑期生活的同时，大力宣传月湖悠久的历史文化，让孩子们做好“小小主人翁”。②

月湖街道的暑期青少年活动也开展得有声有色。每年街道都会专门召开工作会议，研究青少年暑期活动，设计“暑期未成年人系列教育”

---

① 参见陆雅君：《做好做足月湖历史文化文章》，宁波成人教育信息网，2008 年 06 月 18 日。

② 参见《天一阁博物馆联合月湖街道举办暑期读书月开幕式暨天一寻宝活动》，http://www.zjww.gov.cn/news/2012-07-04/570118038.shtml，浙江省文物局网，2012 年 07 月 04 日。

活动方案，使得暑期青少年活动既丰富多样，又重点突出，起到促进青少年健康成长、全面发展的教育作用。如2006年以“小手牵大手，共创学习型家庭”等四大系列主题活动为主线，突出“学习、明理、爱国”的教育重点，坚持贴近生活、贴近实际、贴近未成年人，讲求趣味性、生活性和实践性。2007年则围绕“廉政教育、墙门文化、共建资源”三个方面展开，一是把暑期活动与廉政教育相结合，通过“清廉风”演讲比赛、廉政小故事比赛，“读书思廉”、廉政书画展等系列活动，培养青少年建立起诚实守信的道德观，宣扬清正廉洁的从政观。二是以月湖老墙门文化为载体，开展“老墙门里老游戏”、“寻找老墙门足迹”等特色活动，传承宁波非物质文化遗产。同时还邀请新小市民一起参与，手牵手，共建和谐老墙门。三是充分利用辖区共建单位资源，借用学校场地、设施和教师资源开展各类暑期活动，邀请辖区医院开展青少年视力保健知识讲座，携手浙江大学宁波理工学院等高校开展暑期英语ABC、“海上丝绸之路”申遗签名活动。2008年暑假期间组织开展了各类体育竞赛，营造浓郁、和谐的迎奥运氛围，如街道主办的“小球促和谐与奥运同行——月湖街道青少年乒乓球友谊赛”在梅园社区进行。2011年，暑期活动突出“童心向党、争创文明、健康成长”教育重点，教育辖区小朋友廉政要从每个家庭做起，树立正确的思想观念，自觉抵制不良的腐败现象，做廉政建设的宣传员、监督员。月湖街道分别开展了“童心向党”革命故事会和红歌会活动、廉政创意绘画等，孩子们以自己的视角表达对廉政的认识，使廉政之风吹进家庭，形成家庭和谐廉政文化，筑牢廉洁从政的法制根基。

小链接：

2006年月湖街道暑期“未成年人系列教育”活动方案

一、指导思想

以党的十六大精神、“三个代表”重要思想和胡锦涛总书记关于“八荣八耻”的重要讲话为指导，结合街道创建学习型城区工作实际，遵循未

“小球促和谐与奥运同行——月湖街道青少年乒乓球友谊赛”

成年人思想道德建设的规律，突出“学习、明理、爱国”教育重点，通过“小手牵大手，共创学习型家庭”等四大系列活动，促进青少年全面发展，健康成长。

二、操作原则

坚持全体参与、以人为本、资源共享、小型分散、形式多样，坚持贴近生活、贴近实际、贴近未成年人原则，依托社区、条块结合、精心组织、三级联动的原则。

三、活动时间

7月5日—8月22日（学生持社区活动卡于7月5日到各社区报到）。

四、活动内容安排

今年的暑期活动以四大系列主题活动为主线，突出“学习、明理、爱国”教育重点，精心策划，创新载体，扎实有效地开展四大系列活动。

（一）“小手牵大手，共创学习型家庭”主题系列活动

1. 发挥家庭在未成年人教育、未成年人成长中的作用，以“弘扬优秀传统文化”，开展十字绣、陶艺等民间手工制作，使学生在动手学、做的过程中接受优秀文化的熏陶，达到育人的目的。

2. 科学育儿系列知识讲座 。

3. 未成年人心理健康教育讲座、咨询活动。

4. 家庭知识竞赛。

5. 好书推荐。

6. “小手牵大手”家庭趣味运动会。

（二）爱国主义教育系列活动——纪念中国共产党建党85周年和红军长征胜利70周年

1. “长征精神永放光芒”老少歌咏会。

2. “知党、爱党、跟党走”征文比赛。

3. 爱国主义教育讲座、版面展。

（三）“与祖国共奋进，与月湖同成长”暑期青少年主题教育活动

1. “知荣明耻”手机短信创作大赛。

2. 大中专学生进社区社会实践活动。

3. 青少年绿色之旅。

4. 暑期“青少年社区文明礼仪行”活动。

5. 全民健身迎奥运主题系列活动

(1)全民健身迎奥运广场文体展示；

(2)奥运知识问答，全民健身问卷调查；

(3)全民健身迎奥运“栽种奥运吉祥树”；

(4)“迎北京奥运，畅想2008”主题绘画；

(5)全民健身家庭趣味运动会。

（四）评选表彰系列

1. 选先进集体和先进个人：先进社区、先进工作者、优秀志愿者、暑期大中专学生社会实践先进个人。

2. 暑期活动总结表彰会。

五、暑期未成年人系列教育活动时间安排

详见：月湖街道2006年暑期未成年人系列教育活动计划安排表

各社区可根据以上四大系列主题活动为主线，突出“学习、明理、爱国”的教育重点，坚持“全体参与、资源共享、小型分散、形式多样”，贴近实际、贴近生活、贴近未成年人的原则，全面部署暑期活动的工作。根据辖区居民的特点，联系实际，在原有的基础上充分发挥和展示，同时注意新闻媒体的报道宣传，与创建学习型社区结合起来，制定适合本社区的暑期未成年人系列教育活动计划，有计划、有步骤地开展丰富多彩的活动，提升社区文明程度，推动学习型社区的创建。

月湖街道办事处

2006年6月

（资料来源：月湖街道办事处）

第十章　社区睦邻文化，和谐你我他

俗话说，远亲不如近邻。拥有良好的邻里关系，也是和谐生活的必要条件之一。当前，我国正处于社会转型期，住房的商品化、就业的市场化、经济社会服务的方便快捷、个人生活的私密化等都在改变着邻里关系。在这样一种新的形势下，如何顺应社会转型的潮流，建构新型的邻里关系，发展睦邻文化，推进社会和谐成为社区工作的重点。当代社区睦邻文化的建设，就是要在传统的出入相友、守望相助的睦邻关系的基础上建立互信、互助又不互扰的新型邻里关系，这种关系在现代社区中不仅包含自然人与自然人之间的睦邻关系，还包括自然人与法人、法人与法人之间的睦邻关系；不仅需要发展熟人基础上的邻里互助，更需要倡导陌生人之间的"邻里自觉"。

近几年，浙江省在社区睦邻文化建设上也进行了多方面探索，在形式、内容和手段方面都有诸多创新，如建设邻里互助平台、发扬墙门文化、举办联谊活动、开设聊天热线等，积极推进睦邻文化的建设。

第一节　墙门文化传递邻里深情

宁波的"老墙门"，同北京的四合院、上海的弄堂一样，曾经是这个城市的居民最普遍的居住方式。"老墙门"时代，邻里间你借我一点葱、我还你一点姜，关系紧密，相处和谐。如今，城市居民住进了公寓楼，关起门来烧菜时，却难以启齿去向邻居要点葱姜。在"老墙门"生活已成记忆的今天，如何让昔日"老墙门"里互帮互助、互敬互爱的温馨氛围重新出现？宁波很多社区挖掘和利用墙门文化的精神、内涵，把墙门文化带进

新型住宅区，使居民们重新找回了“老墙门”生活的那份乐趣，促进邻里关系的和谐发展。

宁波市江东区的划船社区是建成于20世纪80年代的老社区。整个社区有楼群104幢，墙门275个，每个墙门有10来户人家。在划船社区里，最让人印象深刻的是社区的每个墙门都有自己的名字：思源楼、和馨楼、利群楼、洁雅楼等等，同时每个楼名下还有相应的诗句反映本楼居民的特色，如“思源楼”是：“改革开放享硕果，仍有弱势遇坎坷，饮水思源尽绵力，慈善一日善款多”。从诗句里就可以看出思源楼以慈善助人为特色，每次“一日捐”，该楼道都是全社区第一的名次。而外来人口众多的“和馨楼”里则是：“和馨共处显温馨，新老居民一家人，不同地域同打拼，建设宁波求双赢”。这首诗充分表达了新宁波人融入本地生活的积极态度。

早在20世纪90年代，划船社区就致力于开展创建文明家庭、文明墙门的活动。1997年除夕，35号墙门在楼长刘敏仙的发动下，把所在的墙门命名为“同心楼”，并且把楼道装扮一新，来一个“墙门年夜饭”。东家炒两个菜，西家端两盆点心，大伙聚在一起吃了一顿团圆饭。消息传开，另一个墙门在严晓真的倡导下也打出了“齐心楼”的牌子。从1997年开始，这两个楼的24户居民每年都要欢聚一堂，每家自带两个拿手菜在一起吃年夜饭，如今已经坚持了整整12个年头。在这两个楼里，有老人生日到了，邻居给他买来蛋糕做寿；有谁生病了，邻居轮流到医院看望；老人与儿辈们起了争执，邻居出面做“和事老”……和谐的邻里关系使居民们亲如一家。

“同心楼”、“齐心楼”的活动也感染了其他墙门。没多久，划船小区内一下子出现了几十个特色墙门。墙门年夜饭活动、纳凉晚会、墙门祝寿会……各种睦邻活动在各个墙门里开展起来。像“利群楼”，因为退休党员干部多，推选出来的“幢长”和墙门代表不负众望，使创建楼群工作取得骄人的成绩。“利群楼”多次自发组织墙门骨干，祭扫樟村烈士陵园，缅怀革命英烈；参观皎口水库和五龙潭，感受了人与自然和谐相处的重要性。他们还经常召开墙门运动会、书画会、举办了“我要学习”纳凉晚会，各家各户都出节目，自编自演，谈学习经验、谈社区变化，共同学习、共同进步。

为了让墙门里能够更舒适、更美丽，楼道的居民都把家里的绿化搬入墙门里，整个墙门一片生机盎然的样子。社区还有很多墙门也是非常“靓丽”，有的有墙门活动的照片做装饰，还有的用自己的书画和十字绣等作品悬挂，真是各有千秋，美丽异常。同墙门的居民关起门，各自是一户户小家；打开门，一个墙门、一个楼群就是一个大家。

正如社区的名字一样，划船人同舟共济、齐心协力、力争上游。传统的文化理念和精神内涵一直在潜移默化地激励着划船人，也正是伴随着这些传统的文化理念和精神内涵，现代的社区建设、文化实践相互作用、深度融合，催生了现在划船特有的社区精神——“众人划船，共建和谐”。[①]

在宁波，其他社区也根据自身的特色，建设墙门文化，打造和谐社区。像东柳街道华光城的一个楼道被居民风趣地称为“姜葱墙门”。“姜葱墙门”源于一次墙门会议。当时，许多居民都提到炒菜时偶然缺姜少葱的麻烦。其中一位居民的建议得到与会居民的一致赞同：在一楼的墙壁上，挂一只小竹篮，专门用来盛姜、葱、大蒜、茴香等小佐料。墙门中哪家去买菜时，顺便多买些姜葱回来放到小竹篮里，以备其他居民不时之需。从此便有了这么一个小小的“姜葱竹篮”，墙门的居民在缺姜少葱时再也不用特地往菜场里跑了。“姜葱墙门”独特的楼道风景，引起了华光城社区其他墙门的浓厚兴趣。大家纷纷效仿，装点起自己的墙门特色。有的墙门挂上一只装有红药水、创可贴、人丹等常用药品的医药箱，给居民提供方便；有的挂了一只装有铅笔、橡皮、小尺子等日常学习用品文具

---

① 参见卢磊、张绘薇、吴倩倩：《和谐，划船社区新风漾邻里》，《宁波日报》，2012年07月14日；《划船社区：文明墙门齐欢乐》，http://jdnews.cnnb.com.cn/system/2012/04/25/010273103.shtml，江东新闻网，2012年04月25日；《划船社区：扮“靓”墙门 舒适你我他》，http://jdnews.cnnb.com.cn/system/2011/08/15/010125604.shtml，江东新闻网，2011年08月15日。

箱，供一时缺少学习用品的学生临时使用……“医药箱墙门”和“文具箱墙门”是“姜葱墙门”的延伸，它们既是邻里和睦、互敬互助的结晶，也是人文社区创建的缩影。[①]

宁波鄞州区中河街道桑菊社区在墙门文化建设上有独特表现。如“创新墙门”的16户居民组成“墙门议事会”，相继制定了《墙门议事会管理细则》、《墙门文明公约》等居民自治公约，不定期举行民主协商会，为促进墙门管理、和谐邻里关系出谋划策；大家按照清洁值班制，轮流清理打扫楼道卫生，并在楼道内张贴各种温馨提示语、文明标语和宣传画来美化墙门，创新了小区管理模式。“绿色低碳墙门”的10户居民，家家注重绿色环保、节能减排。他们制定邻里低碳手册，建立墙门低碳档案，核算每户家庭每月减少的碳排放量，并据此进行考核，对成绩优异的家庭予以奖励。此外，他们还组建“绿色环保队”，宣传低碳理念，倡导绿色生活方式，推动了社区文明创建。“阳光爱心”墙门里搬来了新的住户，墙门组长总会第一个上门拜访，“见面礼”就是奉上传递邻里真情的“阳光爱心”卡。卡片上罗列着本墙门里所有住户的室号、户主姓名和联系电话，还印有社区、警务室、物业、卫生服务站等常用电话，这张卡片是邻里沟通交流的桥梁和纽带。“慈孝墙门”的居民，争做孝老敬亲的模范，学习和宣传慈孝文化，自制慈孝宣传版面，在社区内掀起了学习慈孝文化的热潮，促进了中华优良传统文化的传播。在今年“第三届中华慈孝节”宁波市“慈孝倡导员”评选中，社区有20名居民获此荣誉。“先锋墙门”8名党员骨干组成“红色宣讲团”，活跃在社区各个角落，促进了未成年人思想道德建设。[②]

“老墙门”的生活承载了宁波老市民很多美好的记忆。2009年6月，海曙区举行了首届老墙门运动会，再一次让居民们感受到“墙门文化”的魅力。这次运动会的比赛项目都是在宁波曾经非常流行的打杀丕、掼结子、跳房子、康乐棋、滚铁环、打弹子等游戏，是曾经住在老墙门

---

① 参见：《找回“老墙门”的温馨氛围》，《中国建设报》，2004年06月11日。

② 参见：《墙门文化传递桑菊社区邻里深情》，《鄞州日报》，2011年11月30日。

打杀丕，老宁波人的儿时游戏

里的孩子经常玩的老游戏了，这些游戏吸引了200多名来自海曙区各个街道社区的市民参加。没有了老墙门、老屋子，却不一定就不会有老游戏。当天200多人凑在一起开心游戏的场面，打动了所有人。高楼大厦、新建小区同样可以和老墙门里的游戏并存。墙门文化不但使社区居民从互不认识到相认、相识、相知、相助，增进了邻里友情，而且丰富了居民精神文化生活。[①]

小链接：

老墙门里的邻里情

还记得儿时在老墙门里和小伙伴们围坐听故事的情景吗？还记得"吃百家饭"吗？……这些如今在城里很难见到的场景，却依旧在滨江的

① 参见：《老墙门运动会：想要成为一道经典"宁波菜"》，http://zjnews.zjol.com.cn/05zjnews/system/2009/06/09/015575344.shtml，浙江在线，2009年06月09日。

一个有着千年历史的老社区上演。

11月7日下午，滨江区长河街道天官社区永锡墙门，宅院门大开，墙门外挂满了小红灯笼，大门上贴上了火红的对联，宅院里聚满了邻里朋友，他们系着黄丝带，脸上挂着灿烂的微笑，载歌载舞，叙老墙门里的邻里真情，欢度社区第七届邻居节。

家住会宗堂的邻居代表杨君利与丈夫、儿子，共同表演了《让爱住我家》；社区的来如意小朋友宣读了《争做好邻居》倡议书；而一位婆婆和四个女孩一起表演的快板说唱《长命百岁福气好》，惹得在场的邻居们笑声连连……除了邻居们自导自演的精彩文艺表演，当天，老墙门里还上演了儿童淘宝会、环保袋制作、低碳图板展览、低碳知识问答等活动。巧手的阿姨们还在宅院里现场做起了团子、饺子、年糕、馒头等传统小吃，招待前来参加活动的每一位邻居朋友。

结尾，邻居们还在老墙门里拍摄了一张"邻里全家福"，定格下了老墙门里浓浓的邻里情。

"天官社区还保留着很多老墙门，在老墙门里举办邻居节更有特色、更受群众欢迎。"据了解，在近日结束的杭州市第七届"最有创意社区邻居节"评审活动中，天官社区第七届邻居节被评为"最有创意社区邻居节"。

（资料来源：http://hznews.hangzhou.com.cn/xinzheng/quxian/content/2010-11/18/content_3522304.htm，杭州网）

第二节　社区红娘成就美好姻缘

随着经济的发展，社会上大龄未婚青年的人数在不断地在增加。现代社会生活节奏快、工作比较忙碌、交际圈狭窄，使得一部分适婚青年们无暇顾及个人的婚姻问题。婚姻问题是民生问题中最重要的问题之一，唯有个人问题和谐了，才能有和谐的家庭生活。因此，一些社区有心人为社区的单身男女做起了红娘，帮助他们寻找个人幸福。

在宁波江东区东柳街道华光社区就有这样一个“红娘站”。2008年，华社区的工作人员看到社区里有很多小伙子、大姑娘为找不到“另一半”而苦恼，就搞了个联谊活动。当时，来的人很多。由于联谊时间有限，大家反映，交流的时间不够。于是，就打算建个“红娘站”。8月，在居委会协助下，社区里章燕佩等三位退休的阿姨借用了社区警务室，建起了“红娘站”，为社区内的单身男女提供无偿的牵线服务，同时还设立了一条红娘热线向社会开放——“芳燕红线”。“红娘站”成立的第一天，就有30多名青年男女前来报名。很快，“红娘站”引起了轰动，周围很多公司和单位的未婚男女纷纷前来报名，想通过“红娘站”找到自己的另一半。在2011年，“五四”青年节到来之际，东柳街道华光城社区工会“芳燕红线”红娘站联合宁波电台“102.9”在江东世纪东方广场举行3周年庆，现场就有200多位青年男女参与到此次相亲交友活动中来，其中很多都是辖区单位的年轻职工。截至2011年5月，在“红娘站”累计登记相亲4000多人，目前热恋情侣300多对，步入新婚殿堂达82对。红娘站的红娘志愿者也已经有10位，红娘们努力地为众多的单身人士创造相识、相知、相爱的机缘。同时，社区“红娘站”也默默地为和谐社会建设奉献着一份力量，被评为市级“十好百佳”社会组织，江东区和谐人文社区建设创新载体。①

宁波海曙区南门街道柳锦社区也有一支30多名志愿者组成的“红娘社团”。柳锦社区的“红娘社团”的产生，缘于社区内一位宁波市著名的“月下老人”——康伯。康伯退休前是宁波市商业局干部，他第一次做红娘，是在32岁的时候。单位领导让他帮两个同事牵线，没想到很快成功了，自此之后就陆陆续续有人来找他介绍对象。退休以后，他基本上就成“专职”红娘了。40多年里，他利用业余时间当“义务红娘”，已经成就了100多桩美满姻缘。每周都有四五十名征婚男女到社区“康伯红

① 参见：《社区红娘站》，http://jdnews.cnnb.com.cn/system/2012/03/04/010238643.shtml，江东新闻网，2012年03月04日。

华光城社区的“红娘”

线”注册登记为会员，每年有上千人来参加活动，许多会员已经进入了谈婚论嫁。

康伯是柳锦社区的大名人，可康伯毕竟年事已高，不能再像以前那样操劳。为了将社区内这个“红娘品牌”很好地延续下来，2006年，柳锦社区成立了“康伯红线”联谊会。由一批热心的志愿者帮助康伯一起接待适龄的未婚男女前来报名登记。一年下来，“康伯红线”已经先后安排了900多名男女约会。“康伯红线”曾成功地举办了“兵哥哥相亲会”，为来自海军某航空兵的单身军官和地方单身姑娘组织了别开生面的相亲活动。

为做好“义务红娘”，成就更多的美满姻缘，“红娘社团”在区、街道计生协会的指导下，还专门邀请康伯等婚姻问题专家，定期来社区为大龄青年男女做婚姻家庭问题解答，传播科学婚育观、宣传婚育新风。现在的“红娘社团”参加者已不限于本社区，市区好多品格好、有经验的、责任心强的人主动要求参加“红娘社团”；而“红娘社团”的服务范围也早已超出了社区，甚至省外、国外都有人来登记。[①]

“幸福生活起点站”是宁波鄞州中河街道东城社区的一个义务红娘团，于 2008 年 9 月 9 日成立，专为社区内外单身人士交友择偶提供免费服务。东城社区居委会特别从活动中心调剂了约 50 平方米的固定工作场所、4 个房间，除了红娘接待室，分玫瑰厅、百合厅、郁金香厅，用于接待相亲者，为他们提供一个面对面交流的空间。

为了把这一甜蜜事业做强做精，东城社区妇代会着手发展志愿者队伍。东城社区组建起 2 支志愿者队伍协助义务红娘参与幸福起点站的日常运作。一支是“99”志愿者，都是东城社区的热心公益事业的已婚女性居民，她们的日常工就是接听红娘热线电话，并做好电话记录，接待求助者，帮助他们填写登记表，核对相关证件，做好“把关人”，同时“99”志愿者也是红娘队伍的后备军。另一支是红娘义工，是从幸福起点站女性会员中选拔的，具备主持、策划等一定特长，工作内容是策划、组织集体活动，举行活动时，担任接待、主持及现场调节等工作，活动结束后，进行 QQ 群管理等工作。

接待站自开张以来，只要是接待日，门口的人便络绎不绝，其中有想在家门口寻求终身幸福的东城社区的居民，也有来自周围社区的，甚至不少人还专门从北仑、镇海、慈溪等地赶来，红娘专线更是铃声不断。同时，妇代会成员还精心策划了很多诸如“有缘牵手，碰碰派对”、“我和春天有个约会”之类大型野外活动或单身派对，还将“幸福直通车”开到医院、部队等单位去，希望通过更多的活动来给单身朋友创造机会，找到他们想要的幸福。有几位志愿者“近水楼台先得月”，已经在“幸福生活起点站”邂逅了目前的男友。[②]

---

① 参见：《红娘社团：成就许多美好姻缘》，http://www.nbmz.gov.cn/view.aspx?id=11960&AspxAutoDetectCookieSupport=1，宁波民政网，2009 年 12 月 07 日。

② 参见：《宁波鄞州有个名不虚传的“幸福生活起点站”》，http://www.women.org.cn/allnews/05/14158.html，中国妇女网。

第三节　邻里互助组织关爱弱势群体

2011年4月18日，衢州市柯城区府山街道坊门街社区推出了一个温馨的组织——“幸福驿站”。这是一个由“幸福使者”、“幸福基金”、“幸福平台”构成的服务机构：“幸福使者”指社区里的特别志愿者；“幸福基金”由辖区商家及部分单位、居民捐助设立；“幸福平台”由“幸福微博”、“幸福短信”和不断更新的居民档案等组成。

“幸福驿站”一经推出，就得到了辖区内外各界支持，100多名志愿者成为“幸福使者”。坊门街商会支部书记、来福珠宝店总经理徐志山和坊门街社区辖区的很多商户也注册成为了“幸福使者”。他们在忙碌之余，走访慰问社区的困难居民，给他们送上慰问金和慰问品，奉献爱心，回馈社会。在“幸福使者”工作驿站启动仪式上，坊门街社区共建单位、辖区商家及爱心居民等现场捐赠了合计27400元的“幸福基金”，作为“幸福使者”工作驿站的启动基金。“幸福基金”设立专户，实行专款专用、定期公开，并由专门的管理委员会负责运作和使用，主要用于救助关爱发生天灾人祸的辖区居民。

坊门街社区书记、主任、“幸福使者”周水仙表示，社区里有不少困难群体需要帮助，同时广大居民也有各种不同的诉求，光靠社区居委会的力量不能解决所有问题，“幸福使者”的加入，无疑给社区增添了一支强大的和谐力量。居委会根据这些“使者”不同特长和居民需求，组建起“助老使者”、“调解使者”、“帮困使者”、“专业使者”四支服务队，为居民开展多元化的爱心帮助和调解等服务。像邻里间之间矛盾，说大不大，但处理不好，还真是件头痛的事情。经验丰富的“调解使者”徐湖北就曾多次为社区居民调解这些鸡毛蒜皮的事情，减少邻里摩擦，增进邻里和谐。

由于社区老人居多，“幸福驿站”还将老龄化问题列为服务重点。为此，“幸福使者”、衢州学院心理学老师姜玉荣在社区开展了一个月的培训,38 名"调解使者"系统完成了心理疏导、心理咨询技能、危机干预技巧等 9 个科目学习后,持证上岗,登门与独居老人"认亲",陪老人聊天,陪读书报,帮干家务等。

"幸福使者"和小朋友给独居老人带去快乐

"幸福基金"对于社区中的贫困家庭更是雪中送炭。户口在坊门街、长期租住在其他社区的周根英家庭经济非常困难,2010 年她跌伤腿,第二年老伴黄大爷又患重病住院,两人治病花掉近 5 万元,子女无固定收入,还要赡养老母,黄大爷只好中断治疗回家。10 来年没去过居委会的她,抱着试一试的心态登门求助。很快,周水仙和坊门街社区"幸福基金"管理委员会成员上门调查核实后,随即启动了"幸福基金"3 千元的资助,并介绍周大妈和黄大爷到社区卫生服务站继续治疗。坊门街社区卫生服务站站长、"幸福使者"翁志平在了解了周大妈家的情况后,不仅让丈夫张雪明医生开出对症药方,还大幅减免了两人看病的费用。现在黄大爷的精神也比以前好多了,一家人的日子也过得舒心多了。

"幸福使者"、"幸福基金"把服务送到居民身边,而"幸福微博"、"幸福热线"、"幸福 QQ"等信息平台则把居民的诉求意见收集到了"幸福驿

站”。它们不仅是社区居委会和“幸福驿站”发布便民信息的平台，也为居民群众反映诉求和意见提供了更多渠道。

截至2011年底，坊门街社区“幸福驿站”拥有一支200多人、分类开展服务的“幸福使者”队伍，为居民爱心帮困和服务845人次，调解各类矛盾纠纷63起。如今，坊门街社区“幸福驿站”的经验已在府山街道所辖社区全面推开。“幸福驿站”中的“幸福平台”已融入府山街道的“居家养老”服务体系。①

为发扬爱心孝心，提倡尊老爱老，建立和睦邻里关系，宁波市镇海区招宝山街道后大街社区在2001年推出了“特色家庭”这一新颖的邻里互助组织。

“特色家庭”是专门针对老年人设计的爱心组织。在社会老龄化问题日益突出，“空巢”家庭逐渐增多的情况下，后大街社区尝试居民结对，建立“特色家庭”的方式来解决这些问题。“特色之家”由一至两名社区老人、2名共青团员、2名少先队员组成。“家庭”的中心人物是老人，他们或是抗美战场的英雄，或是身患绝症的独居老人，或是归国侨眷，或是德高望重的退休干部、退休教师，或是有特殊困难的老人等等。与他们结对的近百位团员有宁波大学的学生、边防中队的战士，也有仁爱中学、精英小学的教师、有关部门的团员青年，近百名少先队员则都是来自仁爱中学和精英小学的学生。“特色家庭”组建后，小成员经常去老人家里陪他们聊天，帮他们做家务，给他们孤寂的晚年生活增添了许多欢乐。老人们则在学习上鼓励他们，教给孩子们做人的道理。就这样老、少、青三代同堂，互相帮助，互相关心，建立起了“大榕树之家”、“阳光之家”、“爱星之家”、“豆角儿之家”等一个个“特色家庭”。

“豆角儿之家”是第一批建立的“特色家庭”之一。年逾80的邬福庆老人因子女都居住在港澳地区，无法常伴身边，跟前连个说话的人也没

① 参见沈庆文、汪加干、应慧：《和谐在基层的探索实践 坊门街社区有个“幸福驿站”》，浙江在线，2011年11月25日；《“幸福驿站”幸福事》，http://www.kecheng.gov.cn/jrkc/fcdt/201108/t20110819_222735.htm，衢州市柯城区人民政府公众平台，2011年08月25日。

有。江西姑娘周秋娥等四位年轻人作为团员被推荐到了“豆角儿之家”。如今，在这个特殊的家庭里整天充满着欢声笑语，在小区内一家饭店打了三四年工的周秋娥把这个家当做自己在宁波的新家、有什么心事，有什么烦恼也可以向老人倾诉，而邬福庆老人有这几个年轻人陪伴左右，照顾生活，再也不感到孤独无助了。如今，这份爱心还在接续，当周秋娥等姑娘离开镇海去了其他城市后，她们将“豆角儿之家”托付给了她们的小姐妹嵊州姑娘黄玉燕。从此黄玉燕成了“豆角儿之家”的新主角，每星期至少上门探望老人一次。由于调换工作和去外地求学等原因，“特色家庭”爱的接力棒换了 3 棒，邬老太的“孩子们”也换了 3 拨，但这个家庭温馨依旧。

如今，在后大街社区有 32 个类似的“特色家庭”，社区每年都会组织特色家庭的成员们一道参加社区里的大型活动，让他们相聚一起谈天说地，在参与活动中增进感情。“特色家庭”的成员之间没有血缘关系，却有着浓浓的亲情，她们相亲相爱，构建了一个和谐温馨的家庭，为独居老人带来了欢笑和温暖。

后大街社区以老、少、青三代同堂相伴的形式建立起相亲相爱、温馨和谐的“特色家庭”，充分弘扬了尊老爱幼、扶老助老的传统美德，取得了良好的社会效益。社区青少年通过这一载体能给社区老人带来更多的关爱和温暖。同时老人们又都具有丰富的社会阅历和生活经验，通过言传身教，对于青少年一代树立正确的人生观、价值观、世界观具有重要的影响作用。社区通过“特色家庭”营造了文明、健康向上的良好社会氛围，使社会公德、家庭美德深入人心，在缔结长幼亲情的同时从小培养青少年们尊重人、理解人、关心人的优良品德，提高公民道德素质，促进人的全面发展。[①]

---

① 参见:《爱心洒后大伴星在行动》,http://cmspub.cnnb.com.cn/civi/system/2006/10/17/010000528.shtml,文明在线,2006 年 10 月 17 日。

小链接：

看戏　听讲座　学书法
台州路桥古街社区文化助残很红火

路桥街道古街社区地处十里长街，是路桥老城区的中心地段，地域面积约0.57平方公里，现有户籍人口12721人，残疾人102人。古街社区非常重视残疾人文化体育和艺术事业的发展，是台州市文化助残的先进典型。社区内无障碍设施齐全，设有残疾人共享农家书屋、百姓大舞台、残疾人康复室、花艺社、编织社、书画创作基地、南官人文大讲堂等。古街社区是残疾人共享美好和谐社会生活的乐园。

百姓大舞台是社区残疾人休闲娱乐的重要场所。每逢周末，这里举办"数星星文艺晚会"，免费为社区群众送上可口的文化大餐，是残疾朋友们最喜爱的娱乐活动之一。残疾人共享农家书屋，则是社区残疾人吸收精神食粮的重要场所，设有专门为残疾人使用的电脑。南官书院，是面向大众开放的群众文化场所，设有南官人文大讲堂、无障碍电影播放室、陈冰心书画创作室；小兰斋是社区的文化助残基地，是社区远近闻名的书法课堂。

在路桥政府大力推动下，古街社区的文化助残越办越红火，同时也涌现了一批才华横溢的残疾朋友。王凌曦就是其中一个，他自幼罹患脑瘫，以顽强的毅力1994年毕业于浙江省中医学院针灸专业。自创诊所十余年，曾让数以百计的中风患者恢复生活自理，业余爱好书画、诗歌，书法作品多次在全国及省市书画赛中获奖，诗歌作品也屡见报端。如今，每周六晚，王凌曦都会去看社区里举办的演出活动，每个月也会去南官大讲堂听听讲座，增长见识。"现在社区里的氛围是越来越好了，社区搞文化助残，让我们原本枯燥的生活变得更加丰富多彩了。"

（来源：《青年时报》，2011年10月08日，记者：郑茜茜）

第四节　社区“爱心银行”促进邻里交流

爱心银行的概念其实来源于国外的“社区货币”。20世纪90年代，在美国一个叫伊萨卡的小镇推出一种“社区货币”。在这个小镇的“社区货币”体系里，假如你为小区的孩子上了一堂1小时的暑期课，你就获得了1小时的报酬。然后，你可以去小镇上的签约商家消费这1小时的报酬，也可以积累起来等下次再用。在日本，“社区货币”最初是为职业中断者或失业者提供的社区式救济，后来逐步发展为对日本经济衰退的一项社区对策。日本一社会福利组织设计了一个“社区货币”方案，即通过社区组织与街区内的多个商业点签约，失业人员可以通过参与社区公益劳动包括社区照顾、环境保护、儿童辅导、助残扶老等社区服务获得“社区货币”。根据相应的协议，“社区货币”可以在加入协议的街边商店、咖啡馆和饭店付账。这项活动从东京涩谷区开始，正逐渐影响整个大东京。

“社区货币”鼓励人们在社区内分享、交换商品和服务，通过劳动、参与义工活动，换取能在社区内使用的“金钱”，进而促进邻里关系，这也是一种新的社区交流方式。“社区货币”对改进我国“低保”制度中下岗职工的社区救助有着积极的意义。因为“社区货币”不是“白给钱”，它是通过有组织的社区公益劳动，来为他们提供生活保障。对受助者来说，不是通过救济，而是通过自己的劳动获得“社区货币”，也有利于心理上的平衡。

在浙江省，不少社区出现了“爱心银行”这种居民交流、互助的形式。爱心银行改变了过去做好事不留名的模式，让爱心银行的储蓄大户产生荣誉感和自豪感，有助于社区营造浓厚的互帮互助氛围，有利于在社会上形成善良风尚，在社区居民之间形成良性互动。

目前，嘉兴就有多个社区正在操作社区爱心银行，像南湖区新嘉街道有11个社区先后成立了爱心银行，其中运行比较成熟的是穆河社区、

月河社区、电子社区。

穆河社区的“六六爱心银行穆河分行”于 2012 年 3 月 1 日正式成立。社区居民家里或单位有闲置的图书、富余的衣裳或生活日用品，不论是一袋大米、一壶油、一瓶酱醋或是一件小家电，都可以储存到“爱心银行”。居民有某项特长，也可以为需要服务的人做一件义工服务，或是奉献点时间参与社区卫生保洁、绿地认养、社会化大巡防等社会公益行动。

在爱心银行中，社区居民在提供不同类型的志愿服务后，将服务折合成分数，记录在爱心存折上，累积的分数可以用来换取实物，也可以换取他人为自己服务。

早在 2011 年初，穆河社区就开始了爱心银行的探索，当时有一名热心居民提出，建议社区倡导低龄老人为高龄老人提供服务。社区给予记录，把他的服务储存起来，等他需要服务时再提取。穆河社区受此启发于 2011 年 6 月设立了“爱心银行”，下半年开始在居民骨干中小范围试运行，让居民把捐款、捐物、捐赠图书、义务巡逻、义务劳动、法律咨询、爱护公物等行为储存在这一‘银行’里，为广大需要帮助的居民提供一个更为人性化、方便快捷的救助平台。社区居民郭春是首批爱心储户，在郭春的爱心存折上写着一条条明细，有邻居没空接送小孩，当义务接送员；有邻居出国，帮助浇花浇草；有邻居到了适婚年龄，帮助牵线搭桥；有邻居腿脚不便下不了楼，去陪他聊聊天……目前郭春在爱心银行的储蓄卡积分超过 200 分。

穆河社区的实践成功后，街道正逐渐将这个经验推广至整个新嘉的社区，希望建立起真正的“爱心街道”。①

嵊州白莲堂社区的“爱心银行”也很有特色。白莲堂社区位于嵊州

① 参见：鲁英、林伟娟：《社区“爱心银行”存取爱心和服务》，http://jx.zjol.com.cn/05jx/system/2012/03/01/018233474.shtml，浙江在线，2012 年 03 月 01 日；《社区居民提供志愿服务 爱心银行能“润物细无声”吗》，http://zjnews.zjol.com.cn/05zjnews/system/2012/07/24/018681063.shtml，浙江在线，2012 年 07 月 14 日。

嘉兴穆河社区爱心银行现场

老城区,居民中老人多,好人也多。社区里有许多默默无闻做好事的人,但对他们的称赞仅仅停留在口头上,如何宣传和推广这些不求名利的好心人,从而带动更多的居民争做好事?于是,社区居委会想出了用爱心积分卡的办法。为社区义务服务每小时1分、为爱心服务站捐款每100元1分、每次医疗服务1分……做一件好事,就是在自己的"爱心银行"存一份"爱心储蓄"。

在社区的电脑中记录着每一户家庭的爱心积分,到2011年4月,已经有储户2200多户,其中"银行首富"吴圣尧积分已高达273分,对这些积分的处理,老吴表示要留着到养老再用。摆小吃摊的沈增华和周小娟

都不是该社区的居民，但听说社区里 85 岁的残疾孤寡老人吴桂芳生活很艰苦，两人就主动上门义务照料老人，常常帮助老人洗面、剪指甲、倒痰盂……社区干部知道此事后，主动为两人分发“积分卡”，并给她们每人加 30 分。居民黄孝明是中医师，退休后经常为居民义诊，就诊居民达 60 多人，一下子他的“积分卡”上就多了 60 多分等等，诸如此类的例子不胜枚举。[①]

杭州岳王路社区的“爱心银行”成立得较早，如今已近十个年头。本着“今天我帮你，明天你帮我”的理念，2003 年 8 月，岳王路社区成立了的爱心银行。爱心银行倡导“每月省下一元钱，帮助社区困难人”。每月社区里都有不少党员和居民踊跃捐款，社区内的共建单位也会不定期地为“爱心银行”添砖加瓦。到 2007 年，“爱心银行”已收到捐款近十万元。截至 2007 年 7 月，“爱心银行”已有 55000 多元用于帮助社区贫困、失业、低保人员及残疾人、重病人、孤寡老人等。

大家用各种形式奉献着爱心，其间涌现出了许多感人的故事。如社区的郑金仙老人，虽然身患骨癌需医治，可多年来他每月坚持向“爱心银行”捐款 20 元。钱虽不多，却是一份沉甸甸的大爱。

社区“爱心银行”，主要对那些特殊群体和突发事件造成的困难家庭进行临时性慰问和帮助，社区每月将居民捐助的爱心款张榜公布，同时建立一套规范的运作机制，资金使用填写申请表，经审核后将钱送达困难人员手中。社工李月云 2007 年 7 月份做了肾切除手术，病魔使得他们家里经济非常困难，为看病已花去好几万，接下去治疗还需要钱。社区“爱心银行”知道后，为她送去了 600 元。虽然只是微薄之力，却让李月云非常感动，“以前只是看到社区‘爱心银行’帮助了很多人，没想到今天自己也得到了帮助，今后病情好转了，我会坚持去存‘爱心’。”

社区的胡兴华老人一直都一人生活，“爱心银行”出钱为他装了电话机，并每年给他两百元的电话补助，以方便照顾。平时社区也经常上门

① 参见：《嵊州“爱心银行”储户超 2000》，《钱江晚报》，2011 年 04 月 21 日。

慰问老人，送他养老服务券等，而老人总是只拿他最需要的。有次社区为老人送去棉被，他又送了回来，“棉被我有，给更需要的人吧”。还有诸如冷饮券等非必需的东西，老人都会拿到社区，让他们送给更需要的人。

随着“爱心银行“的发展，如今爱心银行又向新杭州人奉献了爱心。来自浙江衢州的社区保洁员汪敏龙来杭已有三年，妻子在一私人小餐馆里洗碗，今年 3 月份妻子突然急性胆囊炎发作，送到医院进行治疗。由于妻子没有参加杭州的医保，自付医药费两万多元，这对于一个来杭打工的保洁员家庭来说是笔很大的开支，社区得知这一情况后，从爱心银行里取出 300 元爱心款送给他们。[①]

社区章丽立书记表示，现在爱心队伍已经越来越壮大，许多受助的在居民都会以自己的方式去帮助他人。

爱心银行的储蓄让爱心服务具有持续性和长远性。要保证爱心银行在未来能发挥预期作用，必须规范爱心银行的运作和管理。比如爱心银行工作人员的配备、爱心银行组织结构的架构、爱心积分兑换标准的合理性论证以及具体爱心存取的操作规范性等，都值得注意。此外，还需要有社会的广泛关注、群众的整体参与，才能达到效果的最大化。

---

① 参见王英、孟杨斌：《杭州岳王路社区“爱心银行”七年存下善款近十万》，http://zjnews.zjol.com.cn/05zjnews/system/2010/09/15/016931406.shtml，浙江在线，2010 年 09 月 15 日。

思考篇

第十一章　浙江省城市社区文化建设亮色

有人说，文化是一座城市的灵魂。它是城市发展的强引擎，优秀文化的传承和创造能够为城市的建设提供强大的精神动力并转化为物质财富；它更是生活于此间人们的心灵归依处，在这里人们接受熏陶、相互认同，从而迸发出强烈的幸福感。前文所展现的浙江省城市社区文化建设的生动图景，正是一种例证。这说明，浙江省诸多城市多年的经济增长、社会发展，与其重视、善于发挥文化的力量是呈正相关的。浙江省城市社区文化建设的勃勃生机源自何处？纵观其发展过程，在社区文化的传承与生产创新、服务供给和交流传播等方面有突出的表现。

第一节　社区文化发展体现出较强的整合力

作为公共文化的一部分，社区文化的建设与发展处于复杂的多重关系中，能否正确处理好这些关系，成为社区文化发展有动力和活力的关键。浙江省在此环节上，既有得天独厚的条件，又有自己管理的独到之处。

一、古与今

这对关系既涉及文化的传承与发展，又关联着社区整体认同感与归属感的产生，意义重大。

众所周知，浙江省文化历史悠久深厚，是中华古代文明的发祥地之一，素以"文物之邦、丝绸之府、鱼米之乡"著称；人文荟萃，名人辈出，文学、艺术等领域更是硕果累累。因此浙江拥有较大的文化影响力、深厚的文化底蕴、丰富的各具特色和魅力的文化资源，重视并充分挖掘利用得天独厚的文化条件，就成为浙江省建设社区文化的重要方针之一，也获得了较好的效果。

各地丰厚的文化传统是当下社区文化发展的源泉，各地纷纷从基层社区开始积极挖掘宣传本地区具有的文化传统，经过一段时间的努力，成效明显。如嘉兴市围绕南湖红船、杭州市小营街道以第一个中共地方组织所在地为依托对本地"红色文化"的挖掘发扬；温州市下吕浦社区开办的首个公益曲艺词场也使温州鼓词重新出现在城市居民的眼前；在非物质文化进社区活动中尤为突出，实践篇中介绍的海宁市在社区开办"非物质文化遗产传习班"、杭州坐落在南宋皇城遗址中的紫阳街道的"雕版印刷 DIY"等就不仅是介绍宣传富有特色的非物质文化遗产，更侧重于让居民体验和动手操作，甚至激起主动深入学习、制作的兴趣。

小链接：

"红巷小营"

位于小营街道的皮市巷 3 号是浙江省第一个中共地方组织——中共杭州小组的诞生地。自 1922 年 9 月成立以来，这个小组不仅在杭州市影响深远，而且，在整个第一次国内革命战争时期，波及省内绍兴、金华、丽水、衢州各地，领导了全省范围内的国共合作和国民革命运动，直至 1927 年 6 月中共浙江省委成立。因此，可以说中共杭州小组是浙江省委的前身，起到了代行省委职能的作用。

这是浙江省最具标志性的一个"红色资源"，是一个极其具有宣传教育意义的"红色基地"。在上级党委、政府的全力支持下，小营决定在原文保建筑内，精心打造中共杭州小组纪念馆，纪念馆建筑总面积 1265 平方米，分为"潮起钱塘"、"星火钱塘"、"奔腾钱塘"和"今日钱塘"四个部分展示，生动再现了"浙江省第一个党小组"创建，以及革命星星之火经受腥风血雨的考验后，不断发展壮大、最终形成燎原之势的情景。开馆半

年多时间，吸引了省内外500多个团队、50000人次来此参观。建立“红色图书馆”和“红色影片库”，并将在下一步推出“网上纪念馆”和“红色微博”。整合辖区内丰富的红色文化资源，将中共杭州小组纪念馆、毛主席视察小营巷纪念馆、钱学森故居等一批党史胜迹，打造独具特色的“红色走廊”，并大力提炼、弘扬以“红巷精神”为主导的红色文化。小营巷社区于2012年获“全国先进文化社区”称号。

（资料来源：《树立坚定信仰构建和谐社区》，《杭州日报》，2012年7月3日）

文化需要传承。中国社会转型之后，作为城市最基本的结构单元，社区正应该是文化传承中的基础力量和坚实土壤。浙江省各地的努力较好地做到了进一步挖掘传统文化资源、弘扬和发展传统文化中的积极因素的作用。

在文化发展中，个性恰是促成文化丰富多彩的关键要素。大家都认同，如果一个城市没有自己独特的文化内涵和特色，就不可能在当今世界的发展中具有竞争力。每个城市、区域都因各种原因有其个性化的文化发展脉络，只有充分认识到自身的历史演变过程，才能理清文化脉络，创出属于自己独有的社区文化品牌。

浙江省各地在建设社区文化时十分重视突出浓郁的地域色彩，而这也成为社区文化差异化发展的“杀手锏”。

例如，为使居民对社区产生亲切感、归属感，社区建设中有打造“家门口文化”的活动，同样是“家门口”，此家怎样不等同于彼家？此地如何不重复于彼地？这个问题就成为每个社区要思考的关键。实践篇中介绍的宁波市各社区关于“老墙门”文化的建设就颇见匠心，这种曾与北京四合院、上海弄堂一样有地方特色居住文化，被引进城市的新型住宅区发扬光大，“姜葱墙门”、墙门团圆饭等再现了老墙门那种互帮互助、互敬互爱的温馨氛围。而在灵活机动的“特色团队”的建设中，更见各地对特色文化的开掘力度，像余姚阳明街道阳明社区历史文化研究小组、宁波镇海后大街社区“十里红妆”婚俗打击乐队等都是个中突出的代表，他们不仅打破了社区活动团队多为唱歌、跳舞、下棋、书画等常规套路，更与当地的文化传统结合密且深，在挖掘、研究、光大本地优秀文化资源的同时，自身也成为当地的文化一景，在全国都拥有影响力。由此可见，对“特色”两字的重视与打造，是浙江省各地社区文化建设呈现丰富多元态势的根本原因，符合文化自身的发展演变规律。

着眼于文化的继承，重视与挖掘文化传统固然重要，但另一方面，“推陈出新，革故鼎新”，也是文化发展、创新的必经之途。古与今，其实质是旧与新的辩证认识与处理。文化传统是文化发展的根基，但为其注入新的内容与形式，使其与当下的生活有关联，才能延续并焕发其生命力。

在这个问题上，浙江省比较重视两个方面。

一是开始有意识地鼓励社区成为文化生产本土化、原创性的发源地，努力构建社区文化的时代精神。

文艺要获得繁荣的生命力，就要深入当下生活，这一直是文化生产的至高准则。毋庸讳言，现阶段多数城市社区文化活动仍以传播交流已有的文化作品为主，但随着社区文化活动开展的广泛及深入，对活动的内容及形式的创新要求必然会被推至前列。据宁波市江东区文广新局介绍，在该区活跃的社区文化活动中，他们注意到一些居民不仅关注当下生活、有较高的创作热情，而且具备一定写作才能，故想方设法鼓励他们就自己的身边人、身边事进行创作，并由社区团队演出，受到了居民们的欢迎。杭州市西湖区灵隐街道东山弄社区的越剧队队长崔鑫梅说：“我们越剧队编了很多越剧小品，题材都来自我们的日常生活，比如关于邻里关系、婆媳关系的，自编自导自演，每年的元宵节、老年节我们越剧队都有专场演出，不仅社区的居民，邻近社区的老人也来为我们捧场。”去年，街道辖区一家银行也邀请越剧队到银行年会上为客户表演，她们

就把理财知识编成越剧小品，很受欢迎。[①] 这种草根性强、原创度高的社区文化活动很接地气，虽然目前数量尚少，但应该是社区文化的发展方向之一。

另外，像上文介绍的余姚阳明街道阳明社区历史文化研究小组，不仅吸引了众多的各阶层爱好者一起研究，且还办了一本刊物，有了新的研究成果；而宁波镇海后大街社区“十里红妆”打击乐队，也并不是机械复现原有的婚俗礼仪，而是经过了艺术的浓缩和再加工，使之成为一件传承中有创新的文化作品。杭州下沙的白杨社区是近几年形成的新型社区，之前该地区是20世纪90年代的萧山人身背箩筐、一脚一脚挑泥围筑而成的，白杨社区注意挖掘本地区独有的“围垦文化”，更是注意凸显老一辈“特别能吃苦、特别能奉献”的精神品质，在首届社区文化节上，特意创造了节目《围垦魂》，以前辈们为写照，那雄厚的嗓音、震撼的画面告诉所有白杨人，没有当年先辈们的努力，就没有现在的白杨，前辈们的精神品质应成为年轻社区人的精神财富。这种将文化传统与时代背景相结合的努力是将“新”入“旧”、“古”上见“今”，使现在的人们能感受到文化传统在当今社会环境下的强盛生命力和影响力，这才是真正的文化传承。

文化发展的生命力在于创新，创新是文化的本质特征。因此发挥“文化深耕”的功能价值，深化“风土民俗”的人文内涵，再加上锤炼“历史记忆”的现代风华，方能打造富有地域特色的、充满活力的社区文化。

二是通过多种节庆活动将其所蕴含的丰富的人文信息潜移默化地传递到城市社区居民的心灵中。

人类为什么需要节日？简单地讲，节日是对单一、沉重的日常生活的反拨，它以某种特定的内容、特别的形式将我们从日常生活中抽离出来，沉浸在某种情愫中，从而使我们产生愉悦、幸福的感觉。每种节日都因特殊的原因而产生，其内里都蕴含着丰富的文化信息，而正是人们欢

① 参见《一个社区10年组建21支草根文化团》，《青年时报》，2012年9月12日。

度节日的这种愉悦感受，使得这些文化信息的传播是潜移默化的、润物无声的，加之参与的群体广泛、量大，故有较好的传播效果。

节庆活动的主题常常有两类，一种是众多的传统节日，这些“节庆是日常生活的精华，保留了民族文化中最有代表性的部分，蕴涵着长期积淀下来的民族性格、信仰、心理、价值、思维模式、道德情操、审美情操等民族深层文化结构内涵”，而传统节庆活动也早从原始禁忌、迷信等解脱出来，成为人们欢庆、宣泄、交流情感的良好渠道，极大地丰富了人们的生活，成为“真正的庆典”。[①] 因此传统节日也成为社区中人们进行文化交流活动的绝佳理由，当春节、元宵节、端午节、中秋节这几大传统节日来临之际，各地社区纷纷举行丰富多彩的活动。如每当元宵节来临，杭州城区的各社区会举办大规模的赏灯、猜谜活动，这些彩灯，除了官方定制的之外，不少是由街道、小区内的志愿者、民间团体和小学生们制作的。人们扶老携幼、将亲傍友，漫步于身边的社区公共广场上，一边赏灯猜谜，一边与平素少见面的邻里寒暄交谈，享受着其乐融融的生活情趣。此类元宵节活动的举办有些年头了，较之那些在一座城市层面上举行的或公益、或商业的大型公共文化活动，社区层面上的节庆活动自有其独特作用，没有参与的门槛，参与的方便度极高，普及性很强，所以人们参与的积极性更高、人数更多，在加强居民情感交流、提高社区认同感方面作用明显。

还有一种主题是根据不同文化内容活动命名的新型节日。此类节日因为有较大的创新空间、更能体现社区的不同特色而广受当下城市社区文化建设者们的喜爱。较受青睐的有社区文化节、运动会、读书节、邻居节等，如嘉兴市桂苑社区的趣味运动会，到2011年已举办了十届，因放在周末、项目老少咸宜，参与者众，影响较大。而本书实践篇介绍的杭州的“邻居节”、嘉兴的“合唱节”，均是由一个街道社区发起，进而在各方努力、推动下，成为遍及全城的社区节日、城市的特色文化品牌。

---

① 参见《浅谈中国节庆文化的影响》，http://wenku.baidu.com/view/b1dce3d633d4b14e8524685d.html。

综上，将保护与发展有机结合起来，依托传统文化资源，挖掘、弘扬本省文化资源的精华，加快特色文化资源的开发与创新，才是社区文化传承、再生和更新的正确路径。虽然不同的区域文化各具特色和内涵，但浙江省各地在强调个性的同时共同致力于联系现世生活，为其注入时代精神，因而使得文化内在的凝聚力并未减少，反而会渐渐生成一种合力。

二、“上”与“下”

如本书概论篇所述，鉴于“社区”形成的层次性，我国把城市社区分为市级、区级、街道级、居委会级四级社区，因此在“社区”的界定中天然地包含着层次上的“上层”与“下层”关系，行政关系中的“上级”与“下级”关系。

我国社区建设一直以政府行政主导模式为主，社区事务从宏观到微观，政府无不参与其中并主导其发展，社区管理组织的设置与行政机构有紧密的联系并按行政系统由上而下层分，这种管理模式的优点当然是利于通过政府可以集中、调配、整合各种社会资源，以将有限之资源发挥更大的作用；当然，反过来看，也易因控制过多，导致下层的积极性及灵活性不够。

因此，在该种模式下，既要注重发挥整体、整合优势，处理好四级社区的统一发展与差异化生存，又要保护和鼓励基层社区鲜活的积极性和创造力，如此才能促进城市社区文化的快速发展。浙江省各级政府及管理部门一直拥有较强的执政力，这从其城市社区建设在全国居于前列即可看出，社区文化建设上也体现得比较充分。

首先，较好地发挥了城市层面公共文化的引领作用。

众所周知，虽然一个城市被视为一个大的社区，但它与街道、居委会层面的狭义社区文化建设的侧重点是不一样的。基层社区文化针对的是文化小群体、基层组织内部的公共性和文化整合问题，而上升到城市的层面，城市文化培养的是更高层次的社会公共观念和文化认同体系，

但两者之间的必然联系是：前者是后者的基础与细节、后者是前者的精粹与升华。涓涓细流最终奔向大海，一座城市的文化建设总体目标就是要凝聚人们的精气神儿、打造这座城市与众不同的气质，如果从基层到高层大家的想法一致，就会在精神层面上形成较强的合力。

一段时期以来，浙江省对"浙江精神"的锻造、杭州市对"我们的核心价值观"的主题推进等，都迅速地获得了公众的认同，这种认同体现在基层群众受到了触动、且以不同的方式表达了自己的情感和肯定。比如，杭州 2011 年出现的"最美妈妈"事件、2012 年出现的"最美司机"事件，都成为了极好的契机，各界经过充分的交流，达成了共识；社会也以多种形式赞扬这些典型身上所流露出的宝贵品质和高尚精神。杭城人对自己所在群体、所处区域的认同和自豪达到了一个新的高度，以至于一有负面事件发生，就被杭州市民斥之为"对杭州形象的一种损害"；反过来亦形成了对杭州市民的期望值和自我行为标准，作用不可谓不大。

在具体的社区文化建设工作上，该省具备的较先进的社区建设理念、较完善的社区文化建设服务机制使得他们在发动群众、组织活动等方面较为有力。以嘉兴为例：中国进入城镇化发展以来，城市社区面临着新问题，一些乡镇被撤、变成了城市的一部分，原城市荒凉的边缘地区也被开发成住宅区，在这些居民还未完全意识到他们的生活变化将会带来什么时，城市的管理者和社区文化的建设者们却提前想到了，嘉兴市进行的"两新"工程（现代化新市镇、城乡一体新社区）即是为城镇化以后，大量人口聚集、整个文化体系面临转型升级（理念、硬件设施等）而实施的；再如"文化惠民"、"文化共享"理念背后所隐藏的公共文化服务态度和方法的转变，究竟应该以何种方式体现？嘉兴的"文化有约"活动提出了菜单式服务的概念，在专门的网站上提供具体的服务项目，团队、个人均可预约，如预约录音棚的使用等。这种自加压力、变以"我"为中心至以老百姓的服务需求为中心提供的精细化服务，让未曾奢望过的大众感受到了惊喜，获得社会赞誉纷纷。

其次，善于发现、挖掘、引导基层社区的新思路、新做法，并通过行政

系统将之推广，以产生更大的效应。

文化生产的真正源头和活力来自于社会的基层、来自于日常生活，参与文化活动的主体也在基层，各层级的社区文化建设最终目标是把他们的积极性调动起来、创造性激发出来，从而享受自己的文化建设成果。基层的人们如能找到生活中共性的东西，以老百姓喜闻乐见的方式打造成一种文化产品，经行政力量的快速、大力推广，会迅速衍变，获得意想不到的效果。

前文介绍的杭州市的"邻居节"发展、演变、壮大的过程，生动地诠释了这一点。"邻居节"的诞生，源于基层社区急于打破中国城市都市化后，新社区人与人之间的"陌生化"状态，要找到一种能让大家接受的方式重新建立交流关系，从而能对社区产生归属感。"邻居节"的提法和做法虽来自外国，但在当时的中国社会条件下提出并能实施，也是一个天才般的创意。这个来自于一个普通街道的倡议，杭州市同年迅速把它做成了整个城市社区的共同节日，举行了隆重的开幕式，当时的杭州市市委书记授节旗、缔结了"邻居公约"，政府用这些仪式化和标志性的环节将此项活动升级和正规化。有了政府的扶持，此后杭州的邻居节常办常新，有了"节歌"、"形象代言人"，活动内容、形式花样繁多，切切实实地成为一个杭州人创造出来的"自己的节日"。其间，杭州市所体现出的准确判断、机敏反应颇值得称道。

总之，在中国城市社区建设还处于初级发展阶段、依然是政府主导模式时，"上"、"下"关系的处理能力无疑是决定一地社区文化发展是否方向正确、组织高效的关键因素。实践篇中多项文化活动我们均是以市级或区级社区为单位进行介绍的，原因就在于其业已形成的规模和整体优势，客观地看，这与浙江省良好的社会基础、经济基础和群众基础是分不开的，政府及相关文化职能部门有能力、社会经济条件许可、老百姓有主动意识和参与热情，相辅相成、缺一不可。

三、内与外

城市社区并不是一个孤立的、封闭的个体。在一个大的社会生态系统内，一个社区必然面临着内、外关系的处理问题。对内，要处理社区个体成员之间，个体成员与社区之间，社区与社区内的单位、民间组织团队之间，社区内单位、民间组织团队之间等等关系；对外，尚需面对社区与社区间、与其他企事业单位、与社会其他大众媒介、文化团体等等间的文化交流促进。

这其实涉及的是如何管理、利用、盘活各种相关资源以促进社区文化建设的问题。

社区内的资源有限，且是社区管理工作的主体部分，大家都非常重视。但对于是否具备开放意识、主动将社区置于一个大的社会生态系统内去统筹考虑社区发展和资源利用，可能有不少地方未必就做得那么到位了。浙江省在这方面的工作三个方面较突出：

第一，主动意识强，从省厅到市一级，各地出台了众多政策、举措，保证社区文化资源共建、共享，更促使各地积极探寻多元化的社区文化共建形式和机制。

第二，采用多种方法将共建共享落到实处。不难看到，有些地方社区与辖区单位的文化资源共建共享的处理主要落在了简单的“共享”上，你有特殊的资源，就拿出来与社区共享一下吧，此种思路与做法背离了“共建共享”概念中的平等之意，大家同是社区文化的建设者、同是社区文化建设成果的获益者。

要做到这一点，首先要有一定机制的保证，如前文介绍的杭州市下城区 2006 年成立的“下城区文化体育资源共建共享委员会”、“下城区文化体育事业发展专家咨询委员会”，宁波市江东区同年整合辖区各类文化资源组建的“江东区文化共建联谊会”、宁波市海曙区 2007 年成立的“都市文化联谊会”等，都是以特定的方式点明了这些单位文化共建的主体定位，激励并约束其共建行为。

其次是要设计与辖区单位性质吻合贴切的共建共享活动内容。说起来，社区与辖区内的企事业单位之间的文化共建与互动，对于加强相关社区和企事业单位文化建设，加速社区的资源共享，优化企事业单位

的社区环境，促进社区、企事业单位精神文明发展具有重要的意义。大家已形成共识，但如果是千篇一律的大家一起搞一台文艺晚会的路数，效果有限。因此，如何设计出既能突出相关单位的特点、又能切实为社区提供文化服务就十分重要，浙江省的许多社区与企事业单位动足了脑筋。

比如杭州上城区清波街道，辖区内有我国著名高等美术学府中国美术学院。观察近两年的实践，中国美院和所在社区的互动主要有以下几种形式：

“艺术实践进社区”志愿服务。2010 年 6 月，中国美术学院与杭州上城区清波街道签订了“艺术实践进社区”志愿服务项目。暑期实践期间，街道联合中国美院开设了 6 个公益艺术短期培训班，为地区青少年提供免费短期艺术培训；同时，街道各社区还结合各自地域、文化特色，联手美院志愿者组织内容涉及低碳环保、书画创意、手工制作、廉政教育和古迹巡礼等方面的活动，地区青少年共有 1520 人次参与其中。此外，还创作书画、影像、设计等助推街道、社区形象的创意作品，采用不同的形式为清波街道和所辖社区文化建设作出自己的贡献。实践小分队的成员们还从 400 多条线索中精心搜集、整理了近 60 件清波地区的非物质文化遗产资料，编撰、设计了《清波地区非物质文化遗产拾零》(初稿)，为研究和保存地方非物质文化遗产作出了贡献。

艺术展览丰富社区文化生活。2010 年 10 月，清波街道配合杭州市美术节的开展，依托美院组织了两场大型美术艺术展览活动，并组织辖区居民分批参观，让市民群众着实享受了一场艺术大餐。清波街道充分利用了辖区内中国美术学院这一优势文化资源，使下辖各个社区的文化建设上了一个台阶，为社区居民提供了高层次的文化享受。

“社团文化进社区”红色主题系列活动。为纪念建党 90 周年，全力配合推进杭州市争创全国文明城市工作，上城区清波街道与中国美术学院再度合作，通过整合美院学生社团资源，结合各社区特色，推出了“社团文化进社区”红色主题系列活动，以各种群众喜闻乐见的形式充分调动辖区居民的参与积极性，为纪念建党 90 周年献礼。

这样的志愿服务活动，对于中国美院的学生们来说是一次难得的实践机会，社区是整个社会的缩影，能去社区体验基层文化，做好志愿服务工作，不仅能发挥他们的艺术特长，也为他们今后的发展奠定了基础。美院学生的加入也为社区的文化建设增加了“生力军”，他们的艺术活力带动了社区居民对艺术的追求和欣赏。这才是“共建共享”之本义。[①]

再次是探索商业化运作模式。说到“共建共享”，多以公益性质为主，基本是有钱的出钱、有力的出力，协商进行。不过，对有市场前景的社区文化建设需求应该如何运作？是否可以市场机制来运行？浙江省部分地方进行了探索。如宁波海曙区的“海曙城市广场文化惠民工程”活动，共分群众参与类、高雅文化引进类、市场化运作类等三大类，其中市场化运作类主要就是以企业引进为主的市场化运作各类活动。

第三，善于借助社会力量扩大社区影响、促进社区文化发展。社区的发展，需要社会的合力，例如大众传媒的力量就是其中之一。通过大众传媒，社区管理才会广为人知、获得理解，具体事务能借助公共舆论的力量获得推进或解决，社区的精神、品质会被广为传播而扩大影响……浙江省多地一直非常重视，与大众传媒有较为深入的合作，像《钱江晚报》等都较早派记者进驻城市社区，而社区也积极与媒体配合。

在大众传媒不断发展的今天，社区与媒体间的合作又进入了新的阶段。例如宁波《东南商报》社自 2009 年 4 月创办第一期电子杂志《宁波社区》至今，不断尝试读者平台化、资讯互动化、传播数字化，实现了报纸、电子杂志、网络、广播、视频、户外屏流媒体图片、微博、社区报道员 QQ 群等多种方式的传播，在形态、内容、采编、渠道等方面既有网络的

---

① 参见：《中国美术学院——清波街道“艺术实践进社区”志愿服务》，http://www.hzsc.gov.cn/content/20080421000107/20101125000039.html，杭州上城网，2010 年 11 月 25 日；《清波街道聘请中国美院大学生志愿者开展“艺术实践进社区”志愿服务活动》，http://www.hzsc.com.cn/content/2010－06/25/content_2315165.htm，杭州上城网，2010 年 06 月 25 日；钱蕾：《清波街道联合中国美院举办大型美术展活动》，《上城报》，2010 年 11 月 9 日；《上城区清波街道“社团文化进社区”红色主题系列活动启动》，http://www.zjwmw.com/07zjwm/system/2011/06/16/017604148.shtml，浙江文明网，2011 年 06 月 16 日。

广度、报纸的深度，又有微博、QQ的即时速度，从而使宁波社区活动实现了全媒体传播。3年多来，东南商报社区全媒体记者深入社区，通过各种媒体渠道播出新闻共计43200余条、图片28800余幅，组织线下活动近千场，涉及上万居民，许多社区通过商报社区全媒体平台得到了帮助。海曙徐家漕社区主任王增贤认为，商报社区全媒体平台不仅为社区居民解决了一些问题，而且还为社区居委会增添了不少设施，如最近的流动公益伞、今年春节的助学活动、每年的圆梦行动等，都给社区以很大的帮助。他还讲了一件去年发生的事情，“社区小喇叭”栏目播报了他们社区将要开运动会的消息，一家银行主动联系居委会，愿意为参加活动的居民提供100多份礼物，这让社区居委会减轻了不少压力，也让居民得到了实惠。

宁波市民政局副局长许义平认为：“它的创新之处在于利用不同主体之间的有机合作，然后产生新的能量来解决人们过去没有解决的问题，满足过去没有满足的需求。”而宁波鄞州中河街道党工委委员徐红光认为，对社区的方方面面、各种人和事进行报道，对社会责任和社区公德进行宣传，起到了引导居民的良好作用，促进了和谐社区的建设，并“希望今后和商报加强联系，欢迎商报记者和学生记者多进社区，以更专业的视角挖掘社区亮点，让居民更加受益”。①

从媒体发展的趋势看，做社区新闻是其必然的选择。社区本身即是丰富的新闻源产地，未来也是纸媒本地化发展的重要区域，更是都市类媒体的服务对象。在大众媒介已经意识并开始出击之后，社区工作者们应及时跟进，为其提供相关社区资讯、介绍相关工作及规律，与媒体一起为社区文化的建设和发展赢得更大的空间。

四、理论与实际

现代化的城市社区建设在世界范围内历史也并不是很长，以欧美等地较为成熟，但其建设和发展与我国的国情并不一样。20世纪80年代

① 参见《打造宁波社区居民的精神家园》，《东南商报》，2012年6月15日。

以来，现代意义的城市社区建设才在我国启动。2000 年 11 月，中共中央办公厅和国务院办公厅转发民政部《关于在全国推进城市社区建设的意见》，意味着城市社区建设在我国的全面展开。自那时以来，中国社会的深入转型、互联网技术带来的时代巨变、中国经济的迅猛发展等等交织在一起，纷繁复杂的社会变化给中国的城市社区建设提出了诸多挑战，中国的城市社区建设者们必须一边实践、一边寻找富有中国特色的城市社区建设理论。浙江省有较多这方面的探索。

众所周知，实践是一切知识的源泉，而源于实践的理论，并不仅仅是对实践经验的概括和总结，更重要的是对实践活动、实践经验和实践成果的批判性反思、规范性矫正和理想性引导，“它能够把握到实践的‘规律’，从而像马克思所说的那样，‘缩短’并且‘减轻’实践过程中的‘阵痛’”。[①] 所以，正确处理社区建设中的理论与实践关系，以先进的理念指引实践、修正实践中出现的问题，能更好地促进社区文化的发展。浙江省城市社区建设之所以能走在前列，与其重视理论对实践的作用亦有关联。

以宁波市为例。这些年的成果主要体现为以下几个方面：

一是城市社区建设管理者和工作者的思考与总结。像《宁波发展蓝皮书》连续关注宁波社区文化建设，对其进行总结分析；相关的工作人员及街道社区隔段时间即撰写、编辑出书，总结经验、提炼理论，如赵柏田著《社区人——关于一百二十万人的现场笔记》，2003 年由宁波出版社出版；宁波镇海区 2005 年版的《社区工作一百法》，由中国社会出版社出版，该书分为“社区党建篇、社区服务篇、社区文化篇、社区自治篇和社区环境篇”五大部分，收录了镇海社区近年来“强化社区党建、创建文明社区、构筑和谐社会”的 100 个成功实例，对社区工作有着非常实际的意义，具有很强的可操作性，受到了当时在镇海召开的“全国和谐社区论坛”的中国社会科学院、中央文明办、上海大学的专家学者的一致盛赞：

① 孙正聿:《理论及其与实践的辩证关系》,《光明日报》,2009 年 11 月 24 日。

这是我们创建和谐社区的一本"宝典"。另外较为著名的还有宁波市镇海区文化广电新闻出版局、宁波高镇海区招宝山街道主编的《社区文化新论》，2008年由中国文史出版社出版；穆晓莉主编的《走进社区》，2010年由中国社会出版社出版；陈央主编的《舞动的彩练——镇海文化六十年》，2010年由珠海出版社出版。除正式出版物外，宁波各社区另外还分别汇编了很多材料及总结。这些编撰行为都帮助社区工作人员及时回顾、审视自己的工作，总结规律，一些好的做法及思考经过传播又对更多的社区实践有指导意义。

二是学界的一些研究。如陈民宪的《论"人人享受文化"——宁波社区文化建设的理念与实践》(《宁波经济》(三江论坛)，2005年第1期)，论述了对宁波社区文化建设的精神实质的提炼与发挥其指导性问题；王益澄的《邓小平理论与宁波社区文化建设》(《宁波大学学报》(人文科学版)，2005年第2期)，运用"三个代表"等理论分析宁波社区文化建设取得的经验，及时地提出进一步深入开展社区文化的对策与思路；曹静的《社区文化花开何处——宁波市社区文化工作现状调查与分析》(《宁波工程学院学报》，2009年第4期)，文章盘点了宁波社区文化建设的成绩，分别分析了江东区的文化品牌建设、建立指导服务机制，鄞州区的文化载体创新等亮点，也指出了团队素质、资源利用等方面的不足；黄峥的《宁波社区文化建设的实践与思考》(《浙江万里学院学报》，2008年第11期)，从文化设施、文化活动内容、文化品牌、文化服务网络建设等四个方面总结了宁波的实践。

三是媒体的报道。因数量较多不再列举。大量的媒体相关报道，除客观呈现宁波的城市社区文化建设的一些现状外，也必然涉及对其理念、方式方法等的经验规律总结。而媒体的传播力量，又使报道对现实的社区文化建设实践发挥了较强的示范作用。

四是民间的一些观察与建议。如宁波市文化局、市群众文化学会和宁波日报理论评论部曾联合主办"'后大街杯'社区文化与社区精神大家谈"征文活动，广大市民积极参与，应征文章对社区文化如何培育社区精神、如何提高人的素质、如何与时俱进、开拓创新等问题发表了各自的建议和见解，获奖文章论题广泛，如《文明社区的开放精神》、《充分发挥社区文化的凝聚功能》、《重视引进异地文化样式丰富外来居民精神生活》、《社区文化与孕育社区文化精神》等。

当然，在城市社区文化建设中还涉及其他多重关系的处理。显然它们是如此之重要且不可偏废，因此，处理的关键在于因地、因时地把握对本地社区文化发展所需要的平衡比重并作出调整，这可称为一种微妙的艺术。只有那些全面了解本地政治经济文化发展情况、能准确判断城市社区建设现状、明了社会前进方向的地区，才会更好地调动文化发展所需的各种资源、使它们产生化学反应般的变化，从而走得更快、更好，浙江省拥有的正是这种对社区文化发展非常重要的整合力。

第二节　社区文化供给结构全面

考核社区文化建设的有效性，最终要看它为城市社区居民提供了什么样的服务。从现阶段中国城市社区文化建设的要求看，简单地突出几个方面的供给已不能满足城市居民的需求，因而搭建一个丰富而全面的文化供给结构就被提上了议程。浙江省在这个环节上表现也较为突出。

一、从产品性质看

首先，基本的日常生活及文化需求得到较为全面满足，很好地体现了公共文化服务的贴近性。

社区文化建设本身包涵着丰富的内容，但最先满足的应该是社区居民的日常生活和基本文化需求，如为全体居民营造方便舒适的社区景观、文化地貌等；加强生活区域内的各种文化设施建设，如适量的体育活动设施及文体活动场所；经常性开展各类文体活动，如开办社区学校、组建各类民间组织及活动团队，开放图书馆等，这些都将全面提升社区居

民的文化生活质量。

事实上，中国城市社区文化功能的发展也是有阶段性的。20世纪80年代中期到21世纪初，在大规模的城市化进程中，大量的城市住宅群拔地而起，新的社区生活习惯、生活环境的养成还有待时日，满足并引导居民适应新的社区日常生活成为主题，一直到今天，日常性的文体活动仍然是社区文化活动的主体，良好的生活环境、经常性的公共活动仍是社区产生认同感的基础。

在社区基础文化设施建设方面、在文化活动开展的普及性和丰富性等方面，浙江省工作成效显著。

以社区居民最喜爱从事的活动——健身为例。浙江省十分重视居民的健康，出台了诸多政策，鼓励全民健身，从学校的体育设施开放给公众分享到拨款给社区配备专用资金，场地、设施、专业的指导人员、团队，各环节一起大力建设，取得了显著的效果，使体育、健身活动成为社区开展得最蓬勃、最普及的项目之一。像杭州市的下城区，从2003年起用8年时间在全区71个社区都建立了健身俱乐部，目前有象棋、太极拳、健身气功、舞蹈等7支队伍，每支队每周至少有4次以上的活动。由于社区的硬件设施不错，而且在家门口就能运动，居民们都很乐于参加。①

而浙江省的中小城市这方面的工作也不逊色，如台州市政府的目标是"让每个台州人都参加运动"，计划用4年时间，在市区和各县（市）城区构建10分钟运动圈，每个社区都配备一条健身路径，在公园、广场和晨晚练点配备健身路径和特色运动器材。为此，台州市各县（市、区）和街道都拨出专款，用于社区健身场地建设。温岭市每年拨出100万元作为基层文体设施建设专用款，项目确定后，各街道同时拨配套资金，2003年已建起15条健身路径。社区健身设施的建立，改变了居民的生活方式和生活质量。②

目前，在浙江省11市中，以县（市、区）为中心、以街道为依托、以社

---

① 参见《社区健身俱乐部也要评等级了》，《钱江晚报》，2011年2月16日。

② 参见《台州健身运动热社区》，《浙江日报》，2003年8月20日。

区居委会为基础的社区文化设施网络已初步构成，一批集教育、卫生、文体、娱乐、休闲等为一体的功能齐全的新型社区文化中心，成为广大社区群众日常生活中的“阅览超市”、“社区信息港”和“终身教育的学校”。建设一流的公共文化服务设施、设计贴心的服务内容以最大限度满足居民需求，这样的高标准如何做到？曾连续3年蝉联浙江省公共文化服务综合评估第一的宁波鄞州区是这样做的：为普推文化惠民，他们建设了一流的设施，包括一个占地58000平方米的公共图书馆、一个占地43244平方米的区级文化馆、遍布全区的22个已开放国有、民办博物馆，23个镇级文化站，20个镇级综合文化活动中心……其中，宁波（鄞州）博物馆建筑荣获“鲁班奖”；鄞州（大学园区）图书馆是宁波市八大文化设施之一；目前正在建设的村（社区）多功能文化娱乐中心所配备的“多功能音响设备”由知名文化企业音王集团根据基层实际专门研发，效果堪比城市影院。更为重要的是，这些场馆设施不但均是按照高标准建设配置，而且更加贴近百姓需求，并全部配有专职管理人员。

为更好地为居民服务，区图书馆365天全年无休对外免费开放，每天开放时长达13小时以上，是目前国内开放服务时间最长的图书馆，日均接待读者5000余人次、暑期可达1.1万人次；区文化馆、镇文化站、村文化活动室平均每周开放时长达56小时以上；博物馆除周一休馆外，其余时间均免费开放，年接待参观者达到200余万人次。

还有贴近民生需求的特色服务，如宁波服装博物馆每个月都会在其馆内举行一次“红帮裁缝”免费量体裁衣活动，邀请宁波红帮服装学校的红帮裁缝为广大市民免费量体裁衣，特受市民们特别是40岁以上的中老年妇女的欢迎；宁波（鄞州）博物馆的“流动博物馆”以专题陈列展板的形式将博物馆讯息生动地带到百姓身边……。被群众称为“送到家门口的‘文化大餐’”的“天天演”文化惠民工程，至今累计演出2579场，惠及群众281万余人次。[①]

---

① 参见《多元化公共场馆服务品牌点亮“文化鄞州”》，《鄞州日报》，2012年7月13日。

量大、质优、面广，可视为浙江省满足社区居民日常文化生活需求工作总的特色。

其次，精神层面的建设作用凸显。正如前文概论篇中指出的那样，社区文化是一个复杂的体系，其构成有层次性，从物质文化、行为文化、制度文化到观念文化，最终是通过系列的社区文化建设，让社区成员形成共同的价值观念、道德规范和理想信念，从而把社区创建为一个居民们守望相助、疾困相扶、和谐共处的幸福家园。可见，和谐的邻里关系、共同的社区精神是形成社区归属感的关键，也是社区文化活动的终极目标。

浙江省不少城市社区在全面满足居民日常文化生活需求的基础上，已开始了建设社区精神价值体系的努力。大如一座城市，作为一个社区需要打造自己的城市精神，有人认为城市精神是对城市传统优秀质素的萃取，既体现地域特点、市民风气，包含了城市自我完善的要求，也注入新的时代内涵。城市精神对构建城市品格、弘扬高尚公德世风、推动社会发展有重要作用，为城市的现代化建设提供强大的精神动力和智力支持。像杭州市的城市精神凝为"精致、和谐、大气、开放"八个字；而温州形成了自己独特的"敢为人先，特别能创业"的温州精神；义乌形成了自己独特的"勤耕、好学、刚正、勇为"的义乌精神……

这种社区精神的打造，有多种路径，如自上而下的动员式等，最可贵的当然是社区居民的自下而上的自发式，它暗含着居民主动追求，即对自己所处社区的希冀、价值的认同，具备这种自发形成共同价值取向的社区一般凝聚力较强，其情感的归属则更明显。

比如现在的小区很难管理，业主与物业公司的矛盾层出不穷，但杭州有个小区却依靠居民的力量自己解决了这个问题。杭州的"良渚文化村"是个有数千户居民入住的庞大住宅区，由于地处市郊，这里的居民都自称为"村民"。2008 年，一业主在小区论坛里发了几点对小区的感慨，谁知引发了众村民的积极响应，大家你一言我一语，最后有人推荐该业主综合大伙意见，形成了《村民公约》的前身。后经村民们自发斟酌推敲，数易其稿，于2010年秋公示了《村民公约》32条。随后，通过调查问卷、电话询问、入户调查等方式，向3931位村民征求意见，最后有3653位村民给予了真诚反馈，最终《村民公约》定稿为26条。2011年2月27日，由村民们自发参与起草、修改，最后制定的《村民公约》正式发布，村民们为此举行了一场盛大的发布仪式，也由村民自编、自导、自演、自己主持，更有800多位村民出席，大家共同见证了《村民公约》的诞生。《村民公约》不仅被刻进一块水晶镇纸上分发到各户居民手上，还被镌刻在小区广场上。《村民公约》的最后，是这样几行字：镌刻为镜，人人自律，日行成风。福祉和谐社区、美丽家园——良渚文化村。

《村民公约》潜移默化中改变了"村民"的习惯。现在站在良渚文化村里，几乎听不到汽车按喇叭的声音，路上也见不到被丢弃的杂物、脏物。2011年2月27日至今，居住在良渚文化村里的1000余户"村民"，已为600余辆私家车贴上了文明汽车的标志，表示自愿遵守公约。同时，驶经良渚文化村的公交车也加入了这个队伍，每条线路的每个驾驶员都签订了公约。前来参观的李先生笑说："这好像在五星级酒店一样，干净清洁的环境下，还有谁会好意思往地上吐痰呢？"小区的环境、居民的素养、邻里之间的关系、物业企业的服务水平等，其实都是观察文明程度的指标。小区与每个市民都密不可分，更是城市文明的窗口，社会文明的晴雨表。"良渚文化村将我们常见的《物业服务合同》的规矩，'软化'成了公约，将小区变为了一个大家有商有量、和气舒适的家园。"①

小链接：

良渚文化村村民公约

1. 我们乐于参加小镇的公共活动；

2. 邻居见面主动问好；

① 参见：《良渚文化村〈村民公约〉出炉居民自订"紧箍咒"》，浙江在线，2011年2月28日；《良渚文化村想将〈村民公约〉推广到全杭州》，《每日商报》，2011年6月13日。

3. 我们呵护孩子的自尊，在公共场合避免责罚；

4. 孩子之间发生冲突，家长首先教导自家孩子；

5. 邻居长时间不在家时，我们帮助照看，遇有异常，及时告知管理人；

6. 当邻居因房屋维修需要配合时，我们乐于支持和帮助；

7. 我们拾获楼上邻居晾晒时飘落的衣物，妥善保管及时送还；

8. 我们不往窗外抛撒物品，晾晒浇灌防止滴水；

9. 在小镇公共场所，我们放低谈话音量；

10. 在清晨和夜晚，我们主动将室内音响降低；

11. 我们在公共场所衣着得体，讲究礼仪；

12. 我们在乘车、购物时依次排队，尊老爱幼；

13. 节假日我们只在指定地点燃放烟花爆竹，平时燃放征得管理人同意；

14. 婚丧乔迁等传统风俗不妨碍小镇公共秩序、环境；

15. 我们开车进入小镇不得按喇叭，开车窗时将音响声音调低，停车后尽量将车辆防盗装置调整到静音状态；

16. 小镇内我们慢速行车，不开远光灯，主动礼让行人；

17. 我们在指定位置停放车辆，不跨线、压线，且车头朝向规定方向，停车即熄火；

18. 小镇内出行，我们倡导使用自行车、电动车或循环巴士等；

19. 保持公园、游山步道等公共场所的环境整洁，自觉带走废弃物品；

20. 生活垃圾，分类处理；

21. 在小镇公共餐饮场所就餐，我们提倡自备打包餐盒；

22. 购物买菜，我们使用环保袋或竹篮；

23. 家中的闲置物品，在小镇跳蚤市场交易或慈善捐赠；

24. 在公共区域，未经管理人同意，我们不放生、放养动物，栽种植物；

25. 我们为宠物办理合法的证件，定期注射疫苗；

26. 使用牵引带遛狗，自觉清理粪便，不带宠物进入室内公共场所，为具有攻击性的宠物戴上口罩。

（资料来源：《每日商报》，2011 年 6 月 13 日）

二、从服务群体看

构成社区的关键要素——人，是社区文化活动的最终服务对象，最终能惠及群体的数量、种类等当然是衡量社区文化活动是否高效的重要指标。

我们可以选取两个主要的坐标进行观察。

以年龄段区分，有强烈需求和充裕参与时间的老年人群体和青少年群体是目前社区文化活动服务的主体对象，基层社区面向这两个群体的文化活动组织得丰富多彩、功能较全。如面向老年人群体，有各种文体团队的活动、有立足于社区教育的老年大学、有老年人力所能及的公益活动等等；而青少年群体在社区的文化活动则要正式很多，因为社区已成为对青少年群体进行社会教育的最主要场所之一，因此节假日的社区文化活动就成了青少年群体进行自我放松、自我教育的快乐园地，社区无论是从场地设置上、人员配备上还是活动项目的安排上，都尽可能做到最好，以吸引青少年积极参与，从而达到寓教于乐的教育效果，前文的实践篇就此已提供了充分的案例，宁波市甚至在 2004 年 7 月 16 日举办了首届青少年社区文化节。这些活动不仅为促进广大青少年之间的交流与学习提供了一次很好的机会，还为促进城市精神文明建设的繁荣与发展注入了新的活力。

而由于种种主客观原因，社区中的中青年群体相对来说是参与社区活动较少的，如何动员、吸引这个群体参与到社区活动中来，成为目前很多社区考虑的议程。

杭州下沙区域的东面，有一个很年轻的街道——白杨街道，熟悉那

里的人，都称之为“移民街道”。街道近30万人口中90%以上都是新杭州人，他们来自五湖四海；这里有14所高校组成的高教园区，有近700家企业集聚而成的工业园区，有国内知名房产企业开发的近600万平方米的沿江居住区，还有一些从滩涂时代走过来的围垦原住民。校园文化、企业文化、社区文化、围垦文化，多种文化交织的白杨街道，在全国也很少见。该街道针对青年群体占社区人群大多数的现状，开展了对其具有吸引力的工作。该街道负责人金依阐述了他们的工作理念：白杨很年轻，很多来白杨工作的人更年轻；白杨街道称外来务工人员为“新白杨人”，要帮助他们真正爱上这片热土；这些年轻人人格还没有完全形成，“街道就有责任和义务帮助他们成长，建立社区认同感和归属感，帮助他们寻根。”他们为年轻人群体开展丰富多彩的活动，自2012年5月11日起举办了长达6个月的社区文化节。百家宴、亲子嘉年华、啤酒节、大学生创意节……各种节目轮番上场，社区老人笑了，孩子们乐了，高校和企业的年轻人也开始积极参与了。文化节期间，白杨街道还推出相亲会、运动会等各种形式的交友活动，帮助新白杨人增加社会交际机会。到目前为止，白杨街道社区文化节的参与率已占街道总人口比例的70%。①

在城市的一些新型楼宇社区，也是年轻人扎堆的地方，社区工作人员也像白杨街道一样，围绕着年轻人工作、生活、年龄的特点，有针对性地提供文化服务，使得他们越来越感受到社区的存在，逐渐为社区的公共活动所吸引。

虽然在传统型社区、商业住宅型社区内，年轻人参与社区文化活动的普及度没有这些年轻、新型的社区高，但中青年群体也应该是社区文化活动的主力军之一，下力气开展吸引他们参与的工作是以后社区文化工作的方向之一，这些新型社区、年轻社区的一些成功尝试提供了有益的经验。

以地域区分，可分成行政和地理两个层面。从行政层面上看，社区

① 参见《白杨街道首届社区文化节要办6个月》，《青年时报》，2012年7月10日。

居民由拥有户籍的本地人以及较长期生活在社区中的外地人群，如外来务工人员、外国人等组成；从地理层面上看，社区居民由本土生长的本地人与其他地区的人群如外来移民、少数民族等组成。考量社区文化活动的服务效果，不仅要看其为主流人群做了什么，也要看有没有注意并充分考虑到社区少数人群的需求。

在中国的城市化进程中，如何对待外来务工人员是一个关键的节点。浙江省是较早意识到并致力解决这一问题的省份之一。在政府主导的框架内，城市社区在外来务工人员文化服务方面发挥了重要的平台和载体作用。

比如浙江省东阳市近年来高度重视农民工基本文化权益保障，已累计投入 2000 多万元建成农民工文化活动中心 10 个，配备各类书籍 6 万余册，举办各类培训班 80 期，培训农民工 1 万余人次，日均农民工参与活动人数达 5000 人次。截至 2012 年 5 月，全市已经建成市、镇乡（街道）、村（社区、企业）三级农民工文化活动中心 10 个。2011 年，东阳市还出台了农民工文化权益保障项目建设规划，明确“十二五”时期还将吸纳社会力量新建 20 个左右农民工文化活动中心。在东阳市杨家村，农民工从以前闲在家无所事事，喝酒、聊天、打扑克、赌博、打架滋事，转化为现在在农民工文化中心投入自己热爱的文化活动，这个地方的治安案例从 2006 年的 150 起下降到了 2012 年的 6 起，促进了社会的稳定。

东阳的“农民工文化活动中心”被列入“文化部 2012 年农民工文化服务示范项目”，同时被选中的还有浙江省杭州市下城区东新街道的“社区农民工文化家园”、浙江省衢州市文化馆创办的《民工文化报》、浙江省宁波市音王集团进行的“基层公共文化音响产品服务农民工”等。①

作为一个开放的、朝着国际化方向迈进的沿海发达省份，浙江省城市社区如何更好地引导生活在浙江的外国人群体融入当地，也较早地被提上了议事日程。

---

① 参见《农民工文化建设现场经验交流会关注新生代农民工需求》，中国广播网，2012 年 5 月 10 日，转自网易 http://money.163.com/12/0510/12/8153UV8V00253B0H.html。

外国人在华工作时，日常生活有集居的特点，呈现社区型形态，社区担负着外国人与中国社会沟通的桥梁作用，也起着为这些外国人提供服务的组织者作用。比较典型的如浙江省义乌市，因发达的商贸经济吸引了大批的外国商人。目前义乌有来自一百多个国家和地区的数千名外商常住，是全国外商常驻机构最多的县级市。2005 年 10 月，义乌就成为了我国第一个也是当时唯一一个被公安部授权可办理外国人签证和居留许可的县级城市；2007 年 7 月，外国人在义乌就业可以直接向义乌市提出行政许可申请，所有手续均在义乌办理，义乌也成为国内拥有外国人在华就业管理权限的唯一县级市。为满足来自不同国家、文化背景不同的外商的不同需求，义乌上上下下进行了积极的探索和不懈的努力。

例如，义乌的江东街道是义乌境外人员最为集中的聚居区域，截至 2011 年年底，辖区 7 个社区有来自 105 个国家和地区的常住境外居民 8399 人，鸡鸣山社区更是被誉为“联合国社区”。常住外籍人士数量的不断增长，对国际社区建设提出了更高的要求。鸡鸣山社区在义乌工商学院建立了免费培训中心，为境外人员提供汉语、义乌本地话、法律法规等方面的培训。各社区根据聚居人员不同，提供各种场所，开设英语角、韩语角等外语学习场所，方便境外人员与国内居民的交流。发放中英、中韩双语对照的《365 便民服务手册》，提供菜单式服务，服务项目有家政、医疗、房屋租赁、签证到期提醒等 10 余项，真正把社区服务延伸到境外人员。社区还招聘了能说多国语言的大学生志愿者值班，并开通了 24 小时服务热线，保证租住在楼内的境外人员在打出求援电话后，救援人员能在 5 分钟内到达。

为了让境外人员能够融入社区、融入居民当中，鸣山社区大力培育境外人员“第二故乡”情结。在社区文化节、文化周活动现场，少不了老外活跃的身影；春节、端午节、中秋节等传统节日里，老外和居民一起做水饺、包粽子，老外感受着并融入中国文化；在“外国人大讲堂”上，老外讲解外国文化习俗，圣诞联欢晚会让社区居民享受地地道道的洋文化。在欢声笑语中，缩小了中西文化差异。社区开展“邻居节”、“乘凉晚会”、

“友好家庭”评选、趣味运动会、国际足球对抗赛等一系列活动时，都把境外人员从家中请出来，让他们来当活动的主角，让境外人员在欢快的氛围中自然融入社区，营造友好和谐、其乐融融的国际大家庭氛围。2006年端午节，鸡鸣山社区举办了别开生面的中外居民趣味运动会，以中外居民亲手包的粽子当做奖品，受到社区居民的好评。

此外他们还动员境外人员志愿加入平安服务队、文明劝导队，开展“社区发言人，老外来当家”等活动，老外还可以通过居民议事会直接参与社区活动，这些举措让境外居民能真正参与到社区建设中来，积极培育他们社区主人翁的意识。来自约旦的依麦德和来自埃及的阿卜巴克自豪地说：“为社区工作很快乐，社区就是我们的家，维护社区安全就是我们的责任和义务。”

义乌以自身独到的文化领悟力，以开放、包容的心态，营造了一个宽松、和谐、极具亲和力的文化环境，实现了经济和文化的双赢，促进了经济与社会的良性发展，为跨文化交流提供了一份宝贵的具有典型意义的中国经验。①

浙江省虽不是少数民族聚集多的省份，但也没有忽略生活在这里的“少数”其他民族兄弟们。能意识并关怀到社区内不同群体甚至是少数群体的特殊需求，正是建设和谐社区的关键环节之一，也是社区文化关怀达到较高境界的体现。

杭州市下城区东新街道的辖区内，有杭氧、杭锅、重机厂等老牌国企，原都是面向全国招工，作为这些企业的曾经所在地，东新街道辖区范围内现居少数民族的人数较其他街道明显更多一些。据统计，这里共有回族、满族、畲族、壮族、蒙古族等15个不同的少数民族常住人口481人，流动人口713人。为了更好地服务少数民族人士，为他们搭建一个能够相互交流、相互帮助、心连心、共发展的活动平台，东新街道成立了社区少数民族之家（同心民族文化展示馆），街道的上千名少数民族居

① 参见《义乌：探索涉外社区氛围管理新模式》，《人民公安报》，2012年8月20日。

民，能享受到更具特色的文化服务。少数民族之家由“两室、一馆、一站、一墙、一栏”构成。“两室”即电子图书阅览室和民族活动室，图书室除了电脑和2000余册各类书籍外，还特别准备了各种少数民族书籍；“一馆”即民族文化展示馆，展示了各民族服饰、乐器、用品及手工艺品等；“一站”即少数民族服务站，是专门为少数民族人士开辟的服务窗口，办理各类服务、活动和咨询项目；“一墙”即民族墙，长40余米集中展示民族欢乐和谐风情；“一栏”即民族宣传栏，专门呈览有关民族政策。此外，社区还有一个“网上少数民族之家”，在家里点点鼠标就能知道最近社区将要举办什么民族活动，有疑问、有困难，网上留言，专人答复，省时省事。①

浙江省的城市社区文化建设，既以较为优质的文化服务满足了社区主体人群的需求，又尽可能地覆盖了不同群体的特殊需求，较充分地体现出公共文化服务的丰富和多元，一些工作走在了社会的前列。

第三节　社区文化传播交流注重便利性、互动性

人是文化之源。文化的产生既是为了满足人的需要，也是为了调节人与自然的关系、人与社会的关系、人与他人的关系及人与自身心灵的关系。个体之间、群体之间、地区之间的文化传播交流是文化进步的一个重要条件，也是推动文化多样性的内在要求，文化正是在各种文化形态、文化现象、文化方式的互动中发展的。交流愈频繁、深入，文化的发展就愈有活力。而社区文化，本就是各种文化基础上的多元文化共同体，只有广泛地吸纳与借鉴、对话与共享，才能使社区文化日益丰满，蓬勃发展。

一定的文化空间是社区文化传播交流的载体，丰富多彩的活动是社区文化传播交流的主体。浙江省城市社区文化之所以有活力，在这两个重要条件的营造上都下了工夫。首先是非常重视，浙江省文化活动场所

① 参见《社区有了“民族之家”好看好玩的真不少》，《杭州日报》，2012年9月6日。

普及度高，得益于制定了各种政策措施并用评比达标的方法刺激奖励；其次是投入较大，浙江省文化事业费占财政支出比重已连续8年位居全国首位，2007年至2011年五年全省已建和在建县级以上文化广场、文化中心300余个，县级图书馆、文化馆、乡镇综合文化站基本实现全覆盖，城市人居环境改观效果明显；再次是强调其作为文化空间的功能性作用，在规划布局上突出其便利性、互动性。

一、从空间营造来看

本书前文已经指出，社区文化空间是居民进行日常生活、社会交往的重要舞台，社区建设营造一系列的文化空间能促进社区居民之间良好的人际互动。因此，社区文化空间的打造从一开始就应该成为城市规划的主要目标之一。

作为一种联系城市和生活的关系，城市规划既是一种社会规划，同时也是一种精神规划，有学者认为："当代大众文化已经深刻改变了我们的私人生活空间和社会生活空间，并且极大地改变了当今的经济、政治、文化和社会形态。"[①]近年来，因为都市化和公共、商业等工程的建设，使得一些地方具有深厚历史与文化特色的建筑、特殊地景迅速消失，不仅抹去了地方的特色，渐成"千城一面"，也对原有的城市族群间的人际交流网络造成了割裂，带来了都市生活的"陌生化"、"疏离感"。如何在现已形成的新的城市格局中建设符合时代要求的新的城市文化格局，成为当下城市文化建设的重要命题。

针对已出现的居民之间感情淡化，空间乏味枯燥，人群缺乏认同感和归属感等城市病现象，文化建设的核心首先就是恢复与维护城市居民的社区情感纽带，加强利于城市各类人群感情交流的物质空间的塑造。为了达到提供日常交往的场所以便鼓励情感沟通这一目的，浙江省扣住了便利性与互动性来做文章，因为这是可以通过文化景观、空间尺度、基

---

① [美]Michael J. Dear 著：《后现代都市状况》，李小科等译，上海教育出版社2004年版，包亚明：《都市与文化译丛》"译者总序"，第4页。

础设施等激发居民参与文化活动欲望的关键要素。

“十五分钟文化圈”、“家门口文化”等理念背后隐藏着的正是文化空间建设提供的基础性条件。便利性体现在文化场所的方位（与社区居民住宅之间的距离）、数量、内容、形式等多个方面。“十一五”期间，功能齐全的社区文化活动中心、文化广场等文化设施相继在全省各地社区内建成。“以市民家为半径的1500米范围内，都要有文化设施”，表述的正是基础的文化场所已呈高密度、网络状在城市铺开；每一个社区文化活动中心的基本配置为多功能活动室、图书阅览室、培训排练室、展示展览室、文体娱乐室等，能满足图书借阅、多种文化活动、文化辅导等功能，每个社区都开辟了大小不一的具有广场功能的公共活动空间，并与城市的大型广场一起构成互补性的系统，可以满足有组织的、自发性等各种性质室外文化活动的展开。凡此种种，保证了浙江的城市居民在家门口、抬腿间就能享受各种文化空间及设施。

小链接：

宁波海曙“城市广场文化惠民工程”

宁波海曙区依托遍及全区的70多个大小不一、功能齐全的文化广场，把业已形成的各类群众性文化活动充分整合，并融入新的高端广场文化活动项目，打造了一个由政府主导、社会共推、多方运作、全民享受的城市公共文化惠民服务品牌，满足群众多样化、多层次的文化需求。据介绍，海曙城市广场文化惠民工程活动，共分群众参与类、高雅文化引进类、市场化运作类等三大类。群众参与类主要以文化馆和各个街道、部门组织的各类群众性文化活动为主，包括各类文化培训、讲座、送戏送电影下基层等。高雅文化引进类主要是以“四季海曙”广场公益演出为载体，引进专业艺术团体进行高雅艺术表演。市场化运作类则主要是以企业引进为主的市场化运作各类活动。

（资料来源：《浙江日报》，2012年6月28日）

唯有便利性强，才能使文化活动成为社区居民日常生活的一部分；人们经常性地使用文化场所，才能带来人与人之间的互动，促进居民间的情感等精神层面的交流。各级社区文化空间的打造，既注重文化趣味与美感的呈现，如通过地域文化元素、色彩、景物造型等的强调，使居民领略人文空间带给人的美育力，同时也注重其亲民性，各种设施、造型造景符合大众审美观，场地一般简洁、疏朗，宜于群体活动，参与性特别强。节假日的白天或夜幕降临的晚上，住宅小区的球场里、楼房阔大的门廊下、流水潺潺的喷水池边、水道旁的亲水平台上、街头的公共广场间……，各种年龄层的人们聚集在一起，吹拉弹唱、舞蹈、武术、健身操、慢跑、轮滑、猜谜观灯、观赏演出……，充分享受无门槛的、自娱自乐的文化活动，这已成为城市最富活力、最具人情味的日常生活场景之一。美好的文化空间刺激人们投身其中，而多元活跃的人群互动又孕育着最原始的文化创造力和熏染力。这种社区文化空间营造带来的大众文化素养整体提升的作用已日益明显，更有效地增进了社区居民间的亲密度和融洽度。

二、从活动营造来看

众所周知，当今伴随着现代化、社会化程度的提高，人们的交往范围、交往手段都发生了深刻的变化，人与人之间、事物之间、系统之间的相互影响无论在广度和深度上，都进入了新的层次。人文景观、文化场所的营造主要着眼于物质环境的塑造，处于空间内群体的日常交往与互动则更为重要，或说后者其实是前者的目的、价值指向，因此引导城市居民自发组织并参与各种文化活动、建立精神上的紧密联系，是必须加强的战略内容。

考量社区文化活动的实效，数量、规模、种类等固然是重要的标准，互动性强弱与否更是不可忽略的关键要素。按辞典的解释，“互”是交替、相互，“动”使起作用或变化，使感情起变化。归纳起来“互动”就是指一种相互使彼此发生作用或变化的过程。活动只有达到了真正的互动，

人与人之间才能产生影响、相互作用、相互理解、达成共识。

浙江省的不少城市已意识到互动性对社区文化活动开展的重要性，在广泛开展“文化进社区”等活动的基础上，逐渐开始强调并凸显活动的互动性。像前文介绍的，如2003年宁波市的首届社区文化艺术节，即以“大众创造，全民参与，人人享受”为主题；金华、温州、湖州、台州、丽水、舟山、绍兴等地也积极组织与社区居民进行面对面的互动式艺术交流，即是这方面的例子。

而各社区开展普遍的丰富多彩的大型文体活动，如迎春联谊会、闹元宵包饺子、猜灯谜、趣味运动会、艺术节、“邻居节”等，学雷锋、植树、便民服务等志愿者活动和公益活动等，本身就带有很浓郁的互动色彩，如再经过精心设计，都能让社区居民有较为强烈的身心投入感，这也是活动有吸引力的根源。

比如邻居节就是一个很好的媒介。杭州滨江的闻涛社区“邻里节”举办的效果较好，社区徐书记说，闻涛社区是滨江典型的新社区，社区里都是商品楼住宅区，住的中青年人居多，“我本来还有点担心参加的人不多，参加的都是老人们，没想到年轻人的积极性都挺高的。”水印城业主黄先生说，本来周四他出差了，但特地赶夜车回来，就是为了参加邻居节。“虽然住了一年了，但是认识的邻居很少，我很怀念小时候端着饭碗，看哪家有好吃的就往哪家蹿的日子。”邻里节活动，同样吸引了不少商铺业主。“我特地给我们最好的蛋糕师调班了，周六做一些招牌蛋糕给邻居们免费品尝。”Moca乡村面包店春江时代店的赵庆娜店主说，当初想参加这个活动是她的意思，但是员工们听说后，参与热情都很高，不少当天放假的员工主动提出周六来帮忙。“虽然我们是做生意的，但其实我们也是这个社区的业主，也是大家的邻居。”博士皮革维修护理中心的刘店长说。①

有些活动经过精心的设计后，会因互动因素的加入而焕然一新。比

① 参见《出差在外的业主赶着夜车回来放假的员工主动申请加班他们都为了参加闻涛社区邻里节》，《青年时报》，2011年11月12日。

如如何传承传统文化？宁波月湖社区的选择是“品味”民俗文化。在月湖景区拥有400年历史的大方岳第举办“老墙门，新居民，月湖人家大拜年”传统节庆文化活动，贴春联、开门炮、祭祖拜年、吃汤团、全家福、游春等现场民俗演示，重现传统过年习俗，让居民体验传统过年的全过程，使居民亲切感受久违的节庆民俗，唤起人们对传统文化尤其是民俗文化的保护意识。同时邀请外国友人参与到“老墙门新春联”、“千年回首大拜年”等春节系列活动中来，一起体验宁波的节庆民俗，对外宣传宁波优秀的传统。①

这种大家踊跃参与、其乐融融的氛围，正是社区所要竭力营造的。

而浙江省多数社区都在积极建设的社区“数字平台”，因为网络的便捷性、互动性强，已成为居民参与文化交流、文化享受的新型空间。在这个虚拟空间中，居民通过信息的交流、论坛的参与等活动，同样对自己的社区产生了强烈的归属感、认同感。前文介绍的杭州良渚文化村案例即生动地说明了“网络社区”也有很强的凝聚力并能辐射到实体的社会环境中。

另外像衢州坊门街社区让社区的草根人才、民间手工艺人来为有兴趣学习民间手工技艺的居民进行刺绣、雕刻、剪纸、风筝、篆刻等培训，宁波江东区基层文化工作者全碧水小品家庭团队、聂艳群众文化工作室等带领社区文艺爱好者，把社区文化活动搞得有声有色……，这些生动的事例也充分说明，新时期社区居民的文化素养已不同以往，有着较高的文化追求。相当一部分人能进行文化的创作、展演、传播等，互动性强的文化活动显然更能满足这些市民的需求；而对于较少参与文化活动的人来说，互动性强的活动带来的投入感、紧密感，显然也更有吸引力、更能带动其参与。

强调互动性，使浙江省的社区文化活动增强了社区居民的归属感，融洽了社区居民的人际关系，培育了社区居民的共同意识，提升了社区

① 参见《关于建设环月湖特色文化社区的几点思考》，2008年4月23日，转自中国人民政治协商网，http://hszx.haishu.gov.cn/NewsInfo.aspx?Id=181318。

的文化品位，从而能提升城市的吸引力、亲和力和发展潜力。

当然，社区文化活动的展开，同样还要考虑便利性、个性化，像在推进"文化进社区"活动中，政府部门充分考虑群众的文化需求和口味，以"超市式"供给、"菜单化"服务的订制模式开展，之所以大受居民的欢迎，就是因为具备了这两种特性。

概言之，文化的传播交流极其注重多样性、丰富性，注重参与性与互动性。只有广大群众广泛参与，文化交流才有生命力；文化离大众越近，越能迸发出自身的活力。

学者刘合林认为，文化活动是决定城市文化特色的另一重要元素，也是一座城市的市民及社会行为的动态表现，文化活动的一个重要目标是实现市民的文化权利。这个观点直接揭示了市民参与的重要性，"这直接关系城市居民生活质量的提升，关系城市居民紧张状态的缓解，关系城市居民情感的有效交流，关系城市居民精神面貌的呈现。"[①]

浙江省城市社区文化活动开展的有效，与重视普及与互动是分不开的。

---

① 刘合林著：《城市文化空间解读与利用——构建文化城市的新路径》，东南大学出版社，2010年，第60页。

第十二章　浙江省城市社区文化建设展望

由于文化是人类社会发展的内驱动力，是增强城市、社区凝聚力、竞争力和提升形象的重要手段，是重要的经济增长点，更是创建和谐社会的重要力量、增加社区民众幸福感的重要来源，因此，关于城市社区文化建设的命题在未来还有许多新的发展空间。

第一节　浙江省城市社区文化建设的提升空间

在取得了令人赞赏的成绩外，应该看到，由于中国的城市社区文化建设全面启动时间还不长，仍处于初期阶段，各种主客观因素的限制使得浙江省的城市社区文化建设同全国其他地区一样，也不免存在着些许不足，还有较大的提升空间。

一、一些观念认知尚待厘清

在社区文化的建设中，有什么样的目标、理念非常重要。一些关键的观念认知如果不正确、不科学，会极大地影响社区文化的顺利发展。

例如，社区的真正本质是社区精神，即人们通过参与社区生活，形成对自己生活和工作社区的认同，而中国的社区发展才开始意识到、但还没有真正全面走向社区精神的培养。长期以来，在社区文化建设中还是有把主要的精力放在文化活动开展上的现象，而忽视了对其内涵的开掘和价值目标的定位。

不少人对社区文化的公共性认识不清。一方面，一些社区工作人员认为社区文化主要就是群众文化；它的主要作用就是丰富群众的业余文

化生活，因此比较看重文化活动的营造、参与者量上的积累；社区文化工作只要弄些个会文艺的人领着大家开展活动就行了……，然而却忽视了社区文化作为公共文化的群体意识、公共观念、共同的文化价值观念体系等内在的公共性特征，把社区文化建设工作简单化地降低到比较次要的位置上。这从一些社区陈述其在社区文化建设方面工作时，仍以活动量的增加、内容的丰富为主即可看出。

从另一个方面来看，随着电视机、家庭影院、电脑等现代娱乐设施的普及，人们对群体性文化活动的依赖性大大降低，主动出门参建社区文化的积极性随之降低；与此同时，作为公民的居民们也大都还未形成公共文化应由大家办的观念，基本上还属于"眼睛向上看"，等着相关部门提供相应的文化内容。因此说，其观念还停留在公共文化活动的参与和文化权利的享受上，一点不为过。

企事业单位其实也并未真正意识到自己在社区文化建设中的地位和作用。虽然有不少单位已将社区文化作为自己企业文化战略的一部分，希望通过主办或参与社区文化建设塑造企业形象，但更多的单位未将社区文化环境看作是自身发展重要的外部条件而加以重视，并积极主动参与。常有些单位对参与社区文化活动表示为难，经费缺乏、时间难以保证等均是理由。

也有不少人对社区文化的重要性认识不清。一些管理者和社区工作人员乐以非专业人员自居，较少考虑社区居民文化需求的价值取向、复杂性、个性化等问题，认为这些问题不应由社区文化来承担，满足于组建几个队伍跳跳广场舞、唱唱歌曲等活动，作为基层文化孕育源头的社区文化建设因此也缺乏主动性和创造性，由此带来的城市文化活动"日常化"、"娱乐化"倾向，可谓利弊兼有。

西方国家城市文化战略的兴起最初多源于城市经济复兴和城市吸引力提升这一根本目标，具有明显的经济指向性特征，但随后意识到其不足，逐步转向重视城市社会效应和城市空间效应。而我国当前城市文化战略仍多限于经济效应的考虑和传统文化传承，或在战略上意识到了文化建设的重要性，但尚未将此理念有效地普及以取得社会的共识。

也有些人将公共文化的公共性与公益性混为一谈，直接简单化地将社区文化等同于公益性的文化建设，从某种程度上来说，也限制了社区文化的建设和发展。

二、社区文化建设的机制、体系需完善

有正确的目标理念，还需健全、运转流畅的机制和体系，社区文化的发展才能高效。

在城市社区文化建设主体体系构成上，需政府、企事业单位、社会公众有合理的分工以形成合力。国外的经验表明，政府公共财政可进行有限度的投入，更多的责任是负责用政策引导企事业单位和社会公众对公共文化建设的参与意识，以及对公共文化的投资热情。显然，现阶段在我国，政府依旧是社区文化建设中最重要的角色和投资主体，还未真正形成社会各方共同参与建设的局面。因此，才会出现不少社区每次开展文化活动既要想方设法筹措资金、拉赞助，又花大力气动员社区居民参加的场景；也会出现缺少文化活动中心、已有的文化中心各种文化活动设施损耗日增时，相关部门却捉襟见肘的窘境；面临着提升社区文化活动品位与聘请专业文化团队资金匮乏的矛盾；也难以真正实现社区内多单位的资源共享……

在城市社区文化产品开发消费等方面，还未形成与市场经济相匹配的运行机制，传统计划经济模式仍有残余影响，因此常见文化建设与管理间的困境，文化产品不够丰富、层次不高，还不能提供细分的、有个性化色彩的产品和消费服务。如何促进社区文化的建设迈入产业化的发展轨道，还处于摸索之中。

在社区文化建设管理工作上，目标、会议、考核、宣传、培训等制度未建立或健全、成规制，未形成规范化效应，应调整修改。只有建立健全管理机制，才能形成良性循环。如因为没有严格、合理的考核制度，所以不少社区文化活动的组织浮于表层，“门面”工作多。再如有些社区文化项

目不错，但知者寥寥，这既与居民意识有关，但更大程度上也与社区的宣传不够有关，没有有效的营销手段。浙江省一些城市社区已经设计制定了自己的社旗、社徽、社歌等，这些凝聚了社区文化的精神气韵、增强了居民的归属感，但还未成为一种规范化的运作标准，因为其形成需要较高的条件。

城市社区文化建设需要充足的人才，但目前仍处较为匮乏的阶段。社区文化人才队伍既包括街道和居委会相关人员及社区文化机构的工作人员，也包括街道社区文化职能部门及社区文化机构（文化站等）工作人员，这属于专职人才队伍；还有社区内兼职、业余为社区文化建设出力的人员，属业余人才队伍。课题组走访的一些城市社区普遍反映，就专职队伍来说，许多社区已面临青黄不接、年龄偏大的状况，主要原因有收入偏少、待遇改变难、原有的业务素质不高、职业发展上升前景不明等。其中比较重要的工作能力的问题，如文艺活动鉴赏能力、文化活动组织能力等，没有专业的培训不行。鉴于城市社区文化建设的重要性，相关部门应在理念上、意识上重视这个问题，建立健全专业性强的培训机制，提高专职人才队伍的整体水平，也为其发展提供良好的基础。

三、社区文化参与率仍不够理想

1. 运作存一定行政色彩，是社区文化参与率不够理想的重要原因之一。

我国社区管理在初期是政府主导模式，社区参与度较低。从 20 世纪 90 年代起，社区发展模式向混合式发展，政府开始转型为社区建设规划、指导、提供经费支持。现在社区发展已进入社区自治阶段，居民不仅仅是纳税人，也不仅仅是公共服务的消费者，他们还是社区公共事务的直接决策者和参与者，是社区的“治理者”。

不过，在社区文化建设管理方面，发展的步伐似未能这么快，政府主导模式下的行政色彩仍较为浓厚。

社区文化建设从宏观的理念树立到具体的活动支持，大多都是政府主导的，好处是前瞻性强、执行力强，但也造成了社区文化工作对政府依赖性强的特点，由此带来了一些问题。

如基层的工作重心往往会出现围着“上级”转的现象，上级布置了，基层就积极性暴涨，行动迅速；上级不重视，基层就无积极性。从一些社区文化建设、活动的“一窝蜂”、群众称之为“作秀”活动的现象中可见一斑。有人尖锐、形象地指出，这不是普通的问题，而是社区文化建设“谁为谁服务的问题”。一旦不懂文化工作、不热爱文化工作的人主管，对基层的负面影响就比较大，其结果是与基层需求脱离，社区文化对群众缺乏吸引力，造成群众参与率不高、设施利用率低下，管理和运营成本高等不利局面。

行政色彩明显的后果之一，必然是经费来源渠道单一，无论是场地设施，还是组织活动，一切开销基本上全靠政府“买单”。然而，由于政府投入有限，较难全面满足日益丰富多样的社区文化需求，则会制约其发展的速度、广度和深度，最终的结果是群众参与率的降低。同时，经费来源行政化，也会在一定程度上造成社区的惰性，加之无相应的政策刺激鼓励，社区就会缺乏以自主创新和优质服务吸引社会资金的主观能动性。当然，也有一些社区走向了另一个极端，存在着过度市场化的倾向，其结果却又是文化活动、设施变味，脱离了公共文化服务的公益性宗旨，收费太高，居民进不起。这同样是不合理的现象。

政府的强势，也会影响到社区内民间社会组织的成长。有时相关的政府行政部门包办了部分本来可以由民间社会组织承担的职能，没能把相关的资源让渡给民间社会组织，必然会抑制民间社会组织功能的发挥。

2.由于政治、经济、文化等综合因素，与地区发展不平衡的现象同步，目前社区文化的发展同样存在不平衡现象，特别是多数的中小城市相对来说较弱，故参与率总体水平仍不算高，参与面不大。

3.社区文化服务提供的针对性还不是很强。例如在我国，由于学校场地有限及应试教育的一些特点，所以社区理论上应成为青少年的主要

活动场所、特别是体育活动场所之一，但目前城市的文化社区建设标准里基本还是“健身路径”、力量练习器等设备，很难满足青少年群体的需求。而一些集体性的文化活动均比较低龄化，对稍大些的孩子吸引力有限。

4.社区成员的参与意识不强。表现为：一是参与的面不够，一项活动参与面达到20%算是很高的了，多数可能在5%至10%；一“老”一“少”是参与的生力军，多是一些“熟面孔”；中青年、在职职工参与度低是普遍现象。社区参与群体的代表性不强，社会主流群体基本未参与。二是对社区文化供给的满意度不高以致参与积极性降低。单从“数量”来看，有的社区文化活动名目繁多、数量很多，然而居民们却并不是很满意。这和文化“供”与“需”之间的矛盾越来越突出有关。随着生活水准和时代环境的变化，城市居民精神文化需要也有很大的变化。一方面，需求更强烈了、要求更高了，如希望社区有非盈利性的文化活动场所，提供运动器材，希望提供专业辅导，如家教、音乐欣赏等；但另一方面，居民文化生活时间偏少、活动范围狭少、项目单一等特点也很明显，集中在看电视、报纸、影碟和光盘，上网、听广播、打麻将、打牌等，文化消费结构单调，层次低。所以，一方面社区文化活动参与不足，另一方面居民的文化需求却没有适合的文化引领和供给。如果社区文化的内容和形式不能同居民的文化需求很好地同步，仍是几十年不变的老面孔，是不会与现代都市人追求时尚、新颖的心态相一致的。由此看来，如何更好满足居民的文化需求，以提高文化参与率，应是社区文化管理中值得重视的问题。

目前，社区文化建设面临着很多新挑战，如城市中的新生代农民工的文化需求已经从简单的舆论消遣型向素质提升型转变，从被动旁观型向经济参与型转变，呈现出了更高的文化需求，文化部副部长杨志军表示应引起高度重视，并迫切需要采取有效的措施来改变，要加强对他们价值观念的塑造、人文关怀、心理疏导和精神抚慰，引导他们、提高他们的文化素质、耐挫能力和融入城市生活的能力。①

再如，数字娱乐消费时代已经来临，青少年群体热衷于电子游戏、网络游戏，传统的一些文化活动对他们的吸引力降低。不同的群体随着时代的变迁，文化需求有了显著的变迁，如果社区文化提供不变，是不能符合时代要求的。因此，社区文化建设如何营造有吸引力的新时期社区文化活动，激发不同群体的参与热情，是当下社区文化建设的重大课题。

四、社区文化场地设施仍不能满足社会需求

浙江省城市社区文化场地设施建设近些年有了较大的发展，但相较于社会生活的变化和社区居民需求的增长，还有不足。

文化场地设施建设经费投入还有限。目前，在城市社区，文化设施主要是指街道社区文化中心、图书馆、老年活动中心、科普站、少年儿童活动中心、心理咨询站等注重人际互助的机构设施，主体设施是文化中心（文化站）。文化设施建设有一定的标准，而达标的主要难度之一就是活动中心的面积问题，特别对一些老式的城市住宅小区来说，更是难以腾挪。所以场地问题在一定程度上影响了城市社区文化活动的开展。文化中心的营业性收入既作为社区文化活动经费，又要建设或更新设施，就会严重不足，要等待上级部门的规划支持。

在数量和质量上也仍然没能满足社会需求。以体育活动设施为例，绝大多数社区拥有的是供中老年人使用的简单室外健身器械，缺少社区综合性的体育健身中心，从场所及设施来看都难以承载真正意义上的社区体育。目前虽有要求学校等场地设施向社区开放，但实际效果有限。

开发利用上也较为单一，存在着利用率低的现象。在社区文化资源的管理上，条块分割造成了对资源的所有权、管理权、使用权偏重于集中，谁投资、谁拥有、谁得益。一方面社区文化资源闲置，得不到开发利用；另一方面社区文化资源紧缺，苦于无奈。因此在资源利用上，还缺乏

---

① 参见《农民工文化建设现场经验交流会关注新生代农民工需求》，http://china.cnr.cn/ygxw/201205/t20120510_509587845.shtml，中国广播网，2012 年 5 月 10 日。

搞活的有效机制。

既然是场地设施，就存在一个管理养护的问题。在这方面，情况也不容乐观。管理者、建设者、使用者都负有相应的责任义务，但却很少有人这么认为。例如媒体多次报道，很多地方"普遍存在健身设施'有人建，有人用，无人管'的情况"。文化设施的管理养护单靠某个部门的人手是力所不能及，也是力不从心的。事实上，增强公共设施服务能力任重而道远，需要相关部门、街道、社区的紧密配合、分工协作，更需要的是全民参与，共同维护。而在我们身边，不时可以看见市民不注意妥善使用、或肆意破坏健身设施的行为。

五、社区文化建设特色还需深入挖掘、突出

文化的魅力源自于其千姿百态、丰富多元地映射着生活，或其本身就是使社会生活多姿多彩的源泉。可是在中国突飞猛进的城市化过程中，却出现了趋同的现象，城市与城市之间几无差别，人称"千城一面"；人们的文化活动样式大多相似。这种从城市景观、道路、住房到小区、社区等，形态布局、文化样式相似、重复的现象有增无减，对文化发展是十分不利的。

所谓特色，是一事物显著区别于其他事物的风格、形式，是由事物赖以产生和发展的特定具体的环境因素所决定的，是其所属事物独有的。缺乏特色则导致无辨识力、缺乏文化魅力。在这种被称为"建设性破坏"的大潮中，我们以往的生活街区、原有的城市意象、生活趣味已无处寻觅，如何重新建立人与自然的紧密关系、重塑生活空间中的人际关系，从而承续、诞生富有特色的地域文化、社区文化，我们还有很长的路要走。

因为悠久的文化历史传统，较为先进的社区建设理念和社会发展水平，浙江省的城市社区文化建设在这方面付出的努力有目共睹，蔚为可观的"一社一品"已奠定了良好的社区文化特色发展的基础，但离形成真正的特色社区文化还有距离；而上述建设趋同现象在不少地方存在；一些地方未把特色文化的打造提到一个战略的位置上；一些社区虽认识到

特色对文化建设的重要性，但缺乏有效的手段对文化特色进行提炼、塑造。因此，对社区特色文化的建设仍有较大的提升空间。

六、社会组织在社区文化建设中作用的发挥还有限

对社区文化建设的公共性认知不到位、运行中行政色彩过浓等，带来的一个直接影响是抑制了社会组织的成长和功能的发挥。如果没有社区文化的公共性，社会组织的发展则没有了根基。公共性实质上赋予了社会组织在社区文化建设中的结构性地位，人和群体的自主性与自治性在社区文化建设中使其作为主体充分体现，能最大限度地激活人的创造力。未能认识这一点，即便成立了社会组织，也易附属于行政体制，不能有效地发挥作用。

现在城市社区中活跃着各种文化团队，但与庞大的社区居民总量相比，数量不多，且大多数为文艺、健身团队，普遍得到的重视不够，活动场所及经费有限，活动经常被安排成参与各种汇演、比赛、考评等带有行政任务性的内容，却常常与居民需求脱节，也不能吸引更多的人参与。另外，志愿者团体、各种公益组织、非营利组织等其他社会组织活动的范围、内容及影响力也还十分有限，尚未形成强势的文化力量。

因此，在社区文化建设中，应想方设法确立社区居民的主体意识，充分满足其文化活动中的自主性、参与性追求，才能激发社区活力。在发挥社区社会组织作用方面，还有政策、管理、效能等多方面工作可以做得更深入些。

第二节　浙江省城市社区文化建设的发展趋势

文化不仅是都市综合竞争力的一部分，且日渐成为其核心。联合国教科文组织曾发文指出，“文化是人类社会的终极发展目标”。现在，文化已成为浙江转型升级的最强大动力。“十二五”期间，浙江将把推动文化大发展大繁荣，加快建设文化强省作为重要任务，并力争到2020年，

基本建成与浙江经济社会发展水平相适应的文化强省。在第十三次党代会上，浙江省又提出，要以高度的文化自觉和文化自信，深入推进"三大体系"、"八项工程"建设，全面实施"十大计划"，加快文化强省建设步伐。

在此宗旨下，浙江城市社区文化建设的全面展开、繁荣是可以预期的。根据社区文化建设的规律及现阶段社会发展态势，浙江省可能在城市社区建设目标、重点、措施、新领域等多个方面加强调整和探索，呈现如下发展趋势：

一、社区文化建设目标指向最高层面——居民幸福感

城市社区文化建设的目标将步出仅为了消遣、为了丰富群众业余生活、甚至为了助力城市经济发展等简单阶段，直接指向文化建设精神层面。

要怎样界定和认知城市？应该看到，城市是文化的载体。美国学者刘易斯·芒福德1961年发表的巨著《城市发展史》即提出未来城市图景应是生态型、文化型的思想，认为贮存文化、流传文化和创造文化是城市的三个基本使命。另一位美国学者认为，"城市绝非简单的物质现象，绝非简单的人工构筑物。城市已同居民们的各种重要活动密切地联系在一起，它是自然的产物，而尤其是人类属性的产物。"因此城市建设要符合人性化生存与发展，具有人文色彩。城市在致力于经济增长的同时，必须努力营造都市精神文化的真正优势——人才的集聚、思想汇聚、文化交融、制度创新、形象再塑等人文文化、科学文化与城市精神的建设。[①] 也因此，许多城市在新一轮的发展竞争中，已不再将经济、社会层面的比赛作为目标，而是将竞争推进到文化的层面，希冀通过加强文化建设来凸显城市的特色和个性、提升城市的核心竞争力，以期从根本意义上促进城市的吸引力和魅力能够不断发展和丰富，切实增强软实力。

此种追求中流露出的浓厚的人文精神也框定了城市社区建设的价

① ［美］R. E. 帕克著：《城市社会学》，华夏出版社，1987年版，第1—2页。

值指向。著名社会学家费孝通也曾指出，“社区建设硬件是必要的，但软件更重要，要使社区真正成为一个守望相助的共同体，还得依靠居民的共识。共识来自于共同的需要和活动，我们要面向有不同需求的居民，找到大家共同的生活内容和共同的活动方式，为居民的共识建立一个现实的基础，也需要创造条件，帮助居民形成集体生活的行为习惯和道德意识。”①

换言之，要把城市社区居民的文化生活状态和精神生活质量的发展和改善放在一个重要的位置上。通过各种努力，社区最终给居民提供的是一个生活共同体，以及在这个基础人们获得的相濡以沫的情感维系、价值认同。

在这个过程中，城市社区发挥的巨大作用体现在其作为公共文化的一部分所有的文化整合功能。存在着巨大文化素养、社会地位、社会阶层、利益取向差异的市民群体，在社区这个城市社会有机体中，通过交往相互了解；而一系列公共性、集体性精神文化活动，使人们在思维方式、行为模式、道德规范、文化价值观念、审美取向等方面逐步形成较为一致的文化认同，带给人们归属感。这些群体性的文化活动也协调着社会成员之间的矛盾和冲突，促进社会的和谐发展。事实上，从个体成长看，社区文化的同化和潜移默化作用对人的素质和整体人格的影响是大而持久的。

纵观国外一些先进的社区文化建设，其共同特点是均十分注重社区意识、社区精神培育；在日常的社区文化娱乐、文化节庆活动过程中，注重实现社区内不同族群、宗教以及居民之间的互动交流。

像培育与引导市民文明素质的养成，提高市民思想文化素质等，都是城市社区文化建设的重要内容。如美国的许多城市通过各种各样的社区教育和生活指导、社会服务等活动，培育市民的自由、博爱、公正等精神。2002 年美国前总统布什在访华时，曾自豪地表示作为一个美国

① 费孝通著:《费孝通文集》，群言出版社，1999 年版，第 16 卷第 15 页。

人,他最骄傲的是他们的社区文化。几乎每个美国人,都会用5%的时间投入到社区活动中去,把一些收入捐献给社区。他们在社区中培育自己的公民意识、国家意识,社区精神才是最本质上的美国精神。反观国内,尚缺乏一些有效的方法营造以参与社区服务为荣的全民氛围,更没有像美国的各级学校录取学生把社区服务、公益劳动作为必需的重要考核内容那样具备从小培养的机制,繁重的课业压力使孩子们无暇旁顾。如何解决这个问题,值得社会各界思考。

除精神价值构成、归属感建立之外,居民幸福感的最终获得,还包含着城市社区具备的情感抚慰功能的发挥。社区生活共同体有象征意义上的安全感,象征着互助、和谐和信任。在城市化浪潮的冲击下,现代城市人有着难以排遣的都市孤独症,城市社区发展必须以"人"为中心,在社区中构筑健康的精神家园,促进居民间真切的情感交流,弘扬慈爱、互助,提供情感关怀、促进和谐人际关系,建设充满生机的邻里。

城市社区文化建设目标中所包含的价值取向,将引领、带动社区精神文化、制度文化、行为文化和物质文化等多个层面的建设产生深刻变化。

二、建立健全城市社区文化建设机制

各地应从构建和谐社会的高度来认识社区文化建设的重要性,把社区文化建设作为公共文化建设的基础性工作纳入社会总体发展规划之中,理顺体制,整合资源。

在领导机制方面。党的十七大报告把社区建成确定为:"要健全基层党组织领导的充满活力的基层群众自治机制,扩大基层群众自治范围,完善民主管理制度,把城乡社区建设成为管理有序、服务完善、文明祥和的社会生活共同体。"

其中,"基层党组织领导的充满活力的基层群众自治机制"道出了城市社区建设机制的核心驱动体系。城市社区如有健全的自治机制,一则充分肯定了社区居民在社区建设中的主体地位,一则通过主动参与的方式能极大地调动社区居民的积极性、创造性，从而从根本上改变“与己无关”、被动等靠的心态。

作为公共文化，公共性、社会性也决定了社会公众的广泛参与是发展趋势。政府应制定各种切实可行的政策、措施、制度，鼓励公众对公共文化日常运作、公共文化设施建设、文化品牌建设等的参与。

一些地方的经验告诉我们，政府作为社区文化建设的主体之一，其角色应是发挥引导、支撑作用，运用具体的方针、措施保证社区文化建设的有效。

比如社区教育一直是社区文化建设的重要内容之一，如何保证社区教育在社会生活中具有实效？土耳其安卡拉市的做法是这样的：

土耳其安卡拉市最大的行政区羌卡亚区有常住人口 100 万人，下辖 110 多个小区。文化局在各小区设有多个艺术中心、演出中心和体育场馆，并在 16 个小区设有被称作“春之家”的活动场所。针对退休人员和家庭妇女的特点，文化局举办儿童教育、病人护理、舞蹈、瑜伽、皮肤保养、琴、棋、绘画等讲座和学习班；为待业青年和失学少年开办计算机、财会、外语、数学、刺绣、家具制作、缝纫、化妆和文化补习等学习班，学习结束后由文化局发给毕业生证书，为他们的就业和再学习创造了条件。他们为残疾人举办文学创作、民乐、自我保健、雕刻等学习班。老师大都由退休人员担当，有时也根据需要聘请专家和大学老师讲课，这样不仅保证了授课质量，也消除了这部分退休人员的失落感。①

安卡拉市的社区教育，一是细分了公民的不同群体需求，二是颁发有分量的证书提供保证，三是以教学质量取胜。政府机构在其中发挥了重要的领导作用。反观我们的社区教育，例如针对待业与失业群体的内容也有，但比较少，大部分推向了社会办学机构。仅有的一些技能培训完成后，也未能提供较为权威性的证明以给他们的就业提供帮助，所以效果有限。

---

① 参见吴铭：《土耳其：针对不同群体开展社区文化活动》，《社区》，2007 年第 15 期。

政府作为社会资源的管理者，应充分调动社会各界的资源，发挥其整体优势为文化建设服务。台北市文化局近年来就采用了较细致扎实的做法，如其大力推行的“育艺深远——艺术教育启蒙方案”是专门针对青少年学生的，方案细到根据年级划分：小三年级学童：发现典藏美术；四年级学童：剧场初体验课程；五年级学童：认识交响乐团；六年级学童：认识传统中国音乐。仅2008年，围绕此方案就举办了约80场音乐会、600场导览、45场戏剧演出，共有11万多名学童参与。这既提升了学生的文化修养，更为未来广大市民参与文化活动奠定了重要基础，大手笔中显示出台北市的远见。再如其推动文化进基层、让文化扎根社区的著名活动“文化就在巷子里”，活动要求市政府下辖各文艺机构必须定期进入社区演出。像台北市立交响乐团和国乐团平均每月都有两场免费的社区演出，全年演出达52次，基本覆盖所有社区。值得一提的是，演出场地并不是什么豪华场馆，就是街头广场一类的场所。①

“文化就在巷子里”活动已持续达十年之久，影响深远。大陆的一名记者这样描述他在台北所见到的“文化就在巷子里”活动：

7月24日，星期六。夜幕降临、华灯初上。台北市万华区大理街的居民们不断地向附近的绿堤公园聚集，一台名为“秀场天王大会串”的歌舞晚会拉开序幕。台湾著名艺人小猪哥亮、高凌风、司马玉娇等相继上台演出，鼓声、歌声、掌声此起彼伏，在大理街巷的上空飘荡——这是台北市文化局今年举办的“文化就在巷子里”的第21场活动。

……

台北市分管文化的副市长李永萍在今年举办的首场活动时表示，“文化就在巷子里”活动经过10年深耕，对提升社区及民众的文化素质、美学教育有极大贡献，也能带给民众心灵极大抚慰。她举例说，她给困难民众发送食物券时，有一位单亲母亲说，最感谢的不是市府的食物券，而是“文化就在巷子里”活动。在生活陷入困境之际，带着孩子参加各场

① 参见陈群民、钱洁：《台北城市文化发展的经验及对上海的启示》，《科学发展》，2011年第4期。

活动，聆听动人的交响乐、欣赏感人的戏剧演出，她因此获得鼓励、看到希望，并走出困境。李永萍说，这就是“文化就在巷子里”活动价值所在。因为活动地点在邻里巷弄的公园、校园及艺文中心，容易在年轻人心中埋下热爱文化的种子。[①]

该活动由台北市政府出钱、文化部门组织、里长申请、文化社团演出，市民免费观赏，现已成为台北市文化生活的重要品牌，也带动了其他文化社团举办各种文化活动满足邻里需求，如台北市美术馆化身为“行动美术馆”，推出了“艺术快递”活动，以生动活泼的数字化互动方式，将典藏的艺术作品带进社区、学校、医院、敬老院、育幼院等，让民众不需进入美术馆就能体验到美感的悸动。而著名的国际级现代舞团“云门舞集”现在也依然参加下乡巡回演出，在许多台湾人心中就是“我们的云门”。这种共同体的情感，让他们在经营最困难的关键时刻，总能得到台湾人适时的资助与温暖的鼓励。这些都能带给我们以启示。

小链接：

文化就在巷子里 好戏连演四个月

知名的十二个表演团体，后天起为期四个月的时间，将在居住小区公园、广场、学校，向普罗大众呈现歌仔戏、京剧、民族舞蹈、相声、管乐等精彩表演，这也是社教馆今年度推出的“文化就在巷子里”艺文飨宴。

台北市长马英九昨天粉墨登场，扮演“马秀才”，与明华园当家小生孙翠凤扮演的“孙将军”同台飙戏，为社教馆第三届“文化就在巷子里”十二场居住小区艺术巡礼活动揭开序幕。

能歌善舞的歌仔戏演员，昨天先在市府一楼中庭小试身手。“这不是咸阳城，这是美丽如珍珠的台北市。”乔装汉朝秀才的马英九，一站上舞台，顿时成为众人注目的焦点。

---

① 参见《台湾印象 驻台记者专栏 文化就在巷了里》，《福建日报》，2010 年 7 月 29 日。

他表示，大街小巷的野台戏比富丽堂皇宫殿内的戏剧更吸引人，之前北投国中举办户外戏曲，现场五千张椅子，座无虚席，足见野台戏的魅力，“文化就在巷子里”要让身在城南城北的民众，都看得到高水准的演出。

“文化就在巷子里”从二月十三日至六月十二日，在全市十二个行政区免费巡演，节目老少咸宜。首场由明华园演出“逐鹿天下”，明晚在士林天母运动公园举行。

（资料来源：《联合报》（中国台湾），2004 年 2 月 12 日）

在管理机制方面，“扩大基层群众自治范围，完善民主管理制度”是制度建设的努力方向。要进一步加强社区自治的力度，还原社区居民文化建设的主体地位；争取做到社区文化建设各项事务管理的公开、透明；加大专业人才队伍建设工作，健全完善管理考核制度；文化政策和措施的制定能充分考虑到地域和群体间的差异性，保证均衡发展。

在文化生产、文化服务的管理过程中，要能随着社会的进步和时代的发展，细分社区居民文化需求市场，鼓励多种投资主体进入，创建投资回报的机制，使政府、公众、社会各界形成文化生产和发展的合力。另一方面，加大文化基础设施建设和文化投入的力度固然很重要，但使用与管理却同样不容忽视。社区文化活动的策划和组织，社区文化方向的确定和引导，社区文化品位的培育与提高，社区文化志愿者的培训与服务等，都是社区文化发展的必须，有赖于完善科学的管理系统运行。

较为先进的地方，甚至引入了规范化的操作管理模式。如杭州西湖区文新街道德加社区的管理工作，居然有一套 ISO9001 质量认证体系，这在全国属于首创。2011 年 9 月，德加社区的这套 ISO9001 质量认证管理体系，通过了国家相关部门的论证。简单来说，就是把社区的管理工作，也用 ISO9001 质量认证体系规范起来。社区制定了一本《质量手册》，足足有 96 页厚，涉及 8 大类 73 项办事流程、7 个环节的工作程序。每个社工都要根据《质量手册》来为居民服务，工作非常细化。以前社区

组织画展，经常发生画稿遗失或损坏的现象，有了这个ISO9001质量认证管理体系，就要求分管文教工作的社工，一定要把老年大学的每幅画，都当作是社区的财产。画拿来后社工不但要标号，还要写上作者的名字，每幅画都要指定由哪个社工管理，包干到个人。展出期间，分管社工要负责看管好每幅画。展出结束后，社工要把每幅画都交到作者的手中。① 德加社区的这种做法，应属于可以借鉴和推广的模式。

在文化传播机制方面，要充分发挥有线电视、阅报栏、科普画廊、社区小报、文化中心，特别是网络、数字终端等新媒介的作用。

在监管机制方面，也要充分重视并借助多种渠道构成较为全面的系统。杭州下城区推出了文化市场执法监管“六个纳入”新机制，他们的做法是：将文化市场监管工作统一纳入全区各级党委政府工作议事日程，纳入群防群治组织网络，纳入全区性社会治安集中整治行动，纳入年度综治和平安建设目标考核，纳入文化市场的“二次创业”实践，纳入法治下城建设体系；同时，成立了下城区平安文化市场建设领导小组，制定量化分值考核标准。此外，还成立了首支由23位老干部组成的下城区文化市场义务监督员队伍，完善了群防群治组织网络。②

三、大力培育和发展各类社会组织

单纯地依靠政府或市场不可能解决所有的社会问题，对此社会已形成共识，进行社区建设和建立社区组织来完善社会结构，将是构建和谐社会的重要选择。对社区建设中的“政府”角色进行准确定位，最终的目标也是实现政府职能和社区职能的剥离，从而推动社区自治。有人将其视为这是继政企分开改革之后，把政府职能与社会分开的又一巨大社会变革。

在这个过程中，各类社会组织的培育和发展开始显示出独特的作用

① 参见《杭州一社区管理搞ISO9001质量认证全国首创》，《今日早报》，2011年10月18日。

② 参见《下城区：大力建设“文化社区”积极打造“文化中心”》，《杭州日报》，2009年6月13日。

和价值。

社区内形式多样、功能繁复的各类社会组织可以重建并巩固社区人际关系，并在政府服务覆盖不到的领域发挥作用。随着社区建设、居民自治的不断发展，居民的参与和互动也在不断增强。除了“自上而下”由政府相关部门、社区机构组建的各种团队，各种公益性、互助性、兴趣型的自治组织也越来越多，大家自主参与，在活动中建立了密切的人际关系。同时，一些组织的成立不是源自市民的兴趣就是源自其需求，很好地解决了他们的精神需求（如孤独等）、参与需求（如交流互动等）和功能需求（如交友相亲等）。这说明，一些社会服务、民生需求完全可以借助这些社会组织完成，而不需要政府付出高额的成本。关键在于，政府要如何培育并提供发展的空间、同时思考如何管理。要不断创新社区自组织的组织方式和活力机制，并能妥善地引导其在社会发展中发挥积极的、正面的作用。

培育和发展非政府、非营利性的社区文化中介组织与机构，也是当前促进社区文化产业化发展重要的一环。据介绍，从境外的一些经验看，一般都是政府与志愿组织签订协议，委托他们进行社区文化建设的相关工作，政府只负责监督与调控，并从法律、税收及资金筹措等方面给以鼓励。这些中介性组织的发展程度可以说直接标志着社区文化产业和文化市场的成熟程度。

例如一台湾学者在分析台北宝藏岩地区与台南海安路的文化改建案例时，均指出非营利团体的积极参与为地区文化改建的主要推动者。台南海安路脏乱破败，公共安全及景观问题形成都市之瘤，在地居住的艺术策展人组织台南市21世纪都市发展协会团队，特别针对为改善提出了“台南市海安路示范点美化造街补助”一案，方案的目标不仅是修复地景，更是修复人心。该团队把改建当成是生活的一部分，因此拜访住户，召开说明会、记者会、开幕式等以多种方式与住户沟通，协商如何经营，最终海安路“艺术造街——美丽新世界”计划，将都市之瘤化为都市之光，成为艺术改变都市最成功的案例，2005年4月获“台新艺术奖”评审团特别肯定奖，同时获网络票选视觉艺术最高票数。

而在另一台北宝藏岩共生艺栈(围绕宝藏岩庙形成的违建群居点)的案例介绍中，也强调了非营利团体的重要作用。台湾大学建筑与城乡研究所与其基金会自20世纪90年代起关注此拆迁议题，并以教学、委托研究案的方式试图推动“聚落保护政策”，同时联系专业者都市改革组织等非政府组织成立“宝藏岩工作团队”。最终台北市文化局采用了台大城乡所的规划建议，开始以“艺文聚落展演园区”打造该项目。工作团队同时开展了政策推动与民间串联的工作，除在政府决策时发挥专业学术舆论作用外，还广泛联系民间社团如学生社团、社区学校等，希望引入更多社区活化与照顾资源，为聚落保存培植潜力。而当地政府予以了经费补助、行政协调支持等。经过多方努力，现在台北宝藏岩共生艺栈已使昔日的违建群落变成了记录台北城市发展过程与集体记忆的“艺术村”。[①]

文章称赞专业且尽责热心的NPO组织，展示了化腐朽为神奇的成果，指出民间力量蓬勃发展社区运动力量日渐茁壮，如果善用NPO组织及基金会等的专业和力量，则是双赢甚至是多赢的结果。一些发达国家的实践也表明，由社区居民、艺术家共同参与社区建筑与环境的设计和美化，是社区文化建设的一种有效途径。人们通过共同协作，可以实现共同的价值和希望，培养各自的成就感和自豪感，同时让社区具备特殊的艺术魅力和文化氛围。

当然，也有很多问题需要解决，如民间组织如何参与社区文化建设？政府如何处理与之关系？如何避免任何一方成为霸权式主导？如何建立协同的规范？等等。

党中央提出的社会体制目标是党的领导、政府责任、社会协同、公众参与。政府责任角色已渐渐明确，公众的参与意识也已渐渐苏醒，而社区协同相对来说还是较为薄弱。培育社会基层组织的活力，形成主体参

① 参见(中国台湾)苏瑛敏:《文化艺术介入与社区发展共生之新思考——以台北宝藏岩与台南海安路为例》,《理想空间》,2006年,第18辑,同济大学出版社,第31页、第33页。

与的社会共同治理的体制结构，是其中尤须重视的环节。

四、提供丰富多彩、高品质的社区文化服务

缺乏社区成员参与的文化生活，有再好的动机、再新的创意、再大的投入也只能是徒劳无功。大力促进公众参与，切实改变多数居民“不闻不问”的现状，仍将是未来一段时期城市社区文化工作的重心之一，除继续推进社区自治以从根本上调动居民的主动性外，“内容”、“形式”的增量升级亦是必需。提供丰富多彩的、高品质的社区文化服务，能更好地吸引社区居民参与和互动的积极性。

首先，要全面研究新时期居民文化消费的特点，创造为居民喜闻乐见的社区文化形式。目前，随着社会发展程度和生活水平的提高，人民群众精神文化生活需求急剧增长，但据不少地方的调查显示，其文化消费占个人总消费的比重还比较低，还有较大的提升空间。公民个体精神文化需求包括教育需求、个体发展需求、生活品质需求与社会关注需求等，呈现出多元化、开放化、高雅化和务实化的趋势。调查也显示，较高知识含量、较高科技含量的文化消费方式越来越受到人们青睐。同时，人们渴望参与、渴望互动的愿望越来越强烈，“举办参与性强的群众文化活动”、“互联网、即时通讯等对精神文化生活影响最大”等成为大多数人的选择，由此可见，方便参与、能够互动的文化活动方式将成为新时期公众文化生活的主流。湖南省的一份调查显示，70.5%的被调查对象在回答“您认为政府在满足群众文化生活方面最应该做什么”时，答案是“提供更多、更好的精神文化产品和服务”。[①]

其次，大众化、贴近性与精细化、专业化服务结合是发展方向。一方面，社区文化是大众文化的一部分，要保持其草根性、通俗性、日常性等特点；另一方面，也要注意到新时期群众文化需求提升的要求和内容与结构的转型，逐渐进行市场细分，提高文化产品与服务的针对性，强化文

---

① 参见《新阶段新期待：十二五时期人民群众精神文化生活需求调查》，http://wenku.baidu.com/view/44103e6548d7c1c708a14572.html。

化活动的吸引力。

应充分挖掘社区文化资源，努力形成社区文化特色。每个社区内一般都有着自己的民俗文化、历史文化及文化人才等资源，只有将这些资源妥为利用才可形成独有的文化特色，也才能激励社区成员的参与热情。

要下力气认真分析社区居民的文化结构、经济状况、行业特点及兴趣爱好等方面因素，使各项文化建设做到因地制宜、因人制宜，最大限度地实现不同层次居民享受文化权利。对现在广为群众欢迎的广场文化活动，一方面要加大输送力度，比如文艺演出类的活动内容要更加具有创造性、时代性、地区性，这样才能为广大社区居民喜闻乐见；同时，也要加大参与性强、互动性强的文化活动比例，此类活动远远比被动式接受的文化活动方式要吸引人。

对实用知识和技能的需求大大提高，也使得以后的社区文化服务提供要考虑提高专业化程度，加强与专业化团队和单位合作的力度，着力开发能满足各类社区居民发展的文化教育需求产品，并以专业、值得信赖、方便、认可度高等特点与市场化产品错位发展。这些，既需要社区管理者能以更开放的思路经营，也需要政府给出有力的政策等支持。

再次，高水准的文化产品和文化服务，是渡过初期较为粗放需求阶段的群众所需。广大城市居民早已远离了没有机会接触、享受好的文化服务的时期，更多的人不是不愿意花钱，而且花钱也买不到或买不起好的文化产品和服务。目前，国内的商业文化市场有偏离大众消费之势，看场电影动辄几十元，话剧、舞剧等更是几百上千，高水平的演出对普通民众来说还是仿若遥远星辰。因此，社会各界想方设法提高基层社区文化水准，对百姓来说是最解渴、最实惠的文化福利。这其中，政府应发挥重要的组织和支持作用，而文化单位也应该形成一定的社会公益服务机制。像前文所说的台北市一样，政府能动用管理权力制定一系列的政策和项目运行方案，而各知名文艺团体也不吝自己的宝贵资源，倾情为社区演出，一年有几十场之多。文艺团体不仅为社会进行了文化普及，更

为自己赢得了“粉丝”和情感支持；普通民众享受了高水准的文化产品，也提高了自己的审美趣味，这是多赢的善举。

当然，从日常文化生活来看，更应该给社区配备和培养高素质的社区文化工作团队，为其打造良好的成长和才干发挥的空间，这是提供高水准文化产品及服务的重要保证。

客观地看，当今社会工作压力大，一定程度上抑制了在职群体文化需求满足的实现，但社区文化服务如能增强针对性，提高精细化、专业化程度，提供高水准的文化产品，满足其教育需求、个体发展需求、生活品质需求与社会关注需求，应能吸引在职群体参与的积极性，而这个群体，是今后社区文化工作最应该争取和加大工作力度的对象。

五、重视引入文化产业与市场运作机制

社区文化建设要不断跃上新的台阶，不仅要借鉴国内外先进的社区文化建设经验，而且在大力支持社区公益性的文化设施和文化活动建设的同时，更应重视引入文化产业和文化市场的运作机制。

在这个问题上，首先面临的是观念的转换。我们必须认识到，在社区文化发展的过程中，不可能所有的文化产品及服务均由政府提供。因此引入文化产业和文化市场的运作机制，有助于拓展社区文化的丰富性，有助于社区文化发展的可持续性，也有助于高雅文化与大众文化的交汇，更有助于社区文化人才的成长。文化产品的产生与文化人才的成长需要氛围和条件，在市场经济条件下，哪里的文化市场成熟，那里便会形成聚集效应。繁荣的社区文化产业、社区文化市场能吸引、聚集人才，使他们迸发出创造力。

目前社区已有各种社区文化发展产业化、市场化的尝试，但尚属于初级阶段，还有不少问题，如社区文化产业的面不广；组织化程度不高，对社区文化资源的开发和管理分散；文化资源利用滞后，文化产品层次不高，缺乏整体规划设计；产业化关联度低，不同社区形成既各具特色、又能互补的社区文化格局还欠缺；社区文化的消费比重较低……这些都

在一定程度上制约了社区文化产业的进一步发展。

其次,应努力探寻产业化、市场化发展的合理路径。“社区文化产业的过程就是将社区内共享的、非盈利的文化开发为具有商业价值的、开放的、为更多社区以外社会成员所接受的文化的过程,同时也是社区内公益的文化项目转变为商业文化项目的过程。”[①]因此,产业化的过程涉及多方面因素,应循序渐进。有专家建议,可以以社区文化项目的市场化运作为切入口,以自立、自养、自兴为发展策略;同时建立多元的社区文化投入机制(公益性的由政府负责,非公益性的可鼓励有经济基础的单位、社团、个人出力,可利用级差盘活房产,开辟多种筹措渠道;挖掘公益活动中的微利项目如讲座、培训班;鼓励社区单位低偿开放活动场地和设施等)。建立社区文化事业发展基金应是可行之策,既可从社区文化产业税收中提出一部分,也可接受社会各方的资助,制定基金章程,通过一定的程序投入社区文化设施和社区文化活动。同时,可鼓励通过房产开发来带动文化设施建设等。总之,可进行多方面的尝试。

近年来杭州、宁波将社区文化资源与旅游业相结合进行开发利用,就是比较成功的尝试。2009 年开始,杭州启动“杭州生活品质国际体验区”,以社区与文化景观整合为 50 个体验点,理成 11 条旅游线路,邀请老外体验。来自世界各地的游客们,走进了杭州普通市民的家里做客吃饭,逛了街口的农贸市场……一句话,老外来杭州不仅游览了自然文化景观,更走入了“市井”生活,一窥当代中国普通百姓真实的生活环境与生活状态,个中影响力自不待言。“其实社区文化也能成为吸引旅游者的旅游产品。社区文化是一个社区范围内有特点的文化现象。社区文化活动状况、社会文化建设成就等方面倘若按美学有机组合,就可以形成具有一定形象特征的旅游产品,成为观光、购物、采风、商务考察、学习取经等旅游活动的客体。”宁波在世博会期间,也成功地进行过这方面的

① 参见沈关宝主编:《历史、现实、模式——以上海社区文化为例的实证研究》,上海人民出版社,2007 年版,第 210 页。

运作。[①]

除了政府主导型的开发，亦可挖掘民间具备产业化、市场化潜质的文化项目，使之转型为良好的市场型项目。像杭州市著名的灵隐禅寺边，有一个小村落叫白乐村，得天独厚的自然环境、人文环境，使这里渐渐形成了一个吸引游客、文人墨客停留的心灵栖息地，多家青年客栈、主题客栈陆续寄身于农民房里。随着杭州大灵隐寺景区佛教文化建设工程的实施，渐露独特气质的白乐村也被纳入整治范围。昔日脏乱无序的农居群落，被重新梳理整治，外立面风格统一，村庄路面及居住环境焕然一新，遂又吸引了更多的城里人、客栈甚至是主题酒店的入驻，现在这里成为了一个自然与人文交融、本土文化与外来文化交融、农村文化与城市文化交融的和谐社区及旅游景点。在这个成功的转变中，白乐村本身确实具有深厚的潜质，但政府的发现与引导、助推作用亦功不可没。当然，如何形成更为规范化、专业化的市场运作模式，政府相关部门与村民如何建立起互动交流的合作机制？如何保证经费、专业性的协助？如何保留原生态的生活场景而不让其蜕变为纯粹的商业性用地？这还需要更具深刻性、完整性的讨论与思考。

另外也应该看到，大众文化和消费文化盛行导致文化与经济的融合越来越紧密的现象，为文化产业与市场运作机制进入社区文化领域提供了良好的契机。文化成为城市经济发展的重要元素，通过实施文化政策和创新文化产业空间等不仅可以促进经济的发展，还能满足不断增长的城市居民文化消费需要。同时，社区所拥有的庞大居民群体，本身即具备深厚的开发价值，是潜在的宝贵市场资源，如能借助先进的网络技术，该群体能得到多层次的开发利用，会产生极大的经济效益。社区文化产业化、市场化发展，既是一种趋势，也是能达到社会多方共赢的有效策略和路径。

---

① 李伟芳:《论宁波社区文化建设与旅游发展》,陈民宪主编《社区文化与城市发展》,北京出版社,2002 年版,第 70 页。

六、加大数字化社区等新型社区文化建设力度

社会的发展,不断给社区文化建设带来新的挑战。在原有的城市社区建设刚刚有所进展之际,我们又面临着一些新型社区应如何进行文化建设和管理的问题,如数字化社区、涉外社区甚至是国际社区、楼宇社区等。其中,数字化社区是难度最大的一类。

需说明的是,这里探讨的是数字化社区,即使用数字化工具为实体社区建设服务的过程,而不是在网络世界里独立生成的虚拟社区。当然,此类虚拟社区也是城市社区建设要关注的,但它往往溢出了城市社区管理的范畴。

在数字化、信息化、全球化的时代背景下,发展公共数字文化建设,是适应时代发展的必然要求和战略选择。为贯彻落实党的十七届六中全会精神,文化部、财政部于 2011 年 11 月共同出台了《关于进一步加强公共数字文化建设的指导意见》,提出"十二五"时期将以推进实施全国文化信息资源共享工程、数字图书馆推广工程和公共电子阅览室建设计划三大公共数字文化惠民工程为重点,加强统筹,协调发展,提升整体效能。因此,接驳全国文化信息资源数字化共享工程,应是近阶段社区数字文化建设的重点,如上海建设"上海东方社区信息苑",开展"上海社区文化活动中心中央信息管理系统建设项目",意在为上海社区居民建设具有公益上网、网络培训、数字影院放送功能的新型公共文化服务平台。这方面还有很多工作要做。

不过,此种举措仍只是个开端。如何让数字化社区真正为居民文化生活服务、如何让居民参与的虚拟社区与实体社区融为一体,是今后一个时期要探索的重要领域。

一是围绕实体社区生成的虚拟社区,应成为促进社区居民之间、居民与社区组织之间互动的有效平台。目前,不少城市社区居民自发组成了的网络虚拟社区,且已开始成为居民之间的交流互动平台。像杭州戈雅公寓和郁金香岸的三十多个邻居,2012 年的中秋就是在钱塘江边赏

月、品酒度过的，各家自带酒菜，月光下、江风里，月赏得开心，酒喝得痛快。大家最早在网上的小区论坛上认识，熟了后常在一起玩。几个人喜欢喝酒的，就建了个“酒群”。现在差不多每周小聚一次，一两个月大聚一次。聚会不拘形式，费用一般AA制。活动会提前在论坛通知，组织报名、活动，完了还会再发现场报道和照片。参与的业主表示这种生活氛围很让人陶醉。[①] 这种事例在很多城市社区存在，只是参与人数还有限，且多为在职群体，值得重视。社区管理者要考虑的是如何鼓励并利用这个平台。

而另一方面，社区已开始使用各种数字化渠道为居民服务，比如前面介绍的网络社区学习课程、电子阅览室等，不过这种使用仍处单向阶段，居民与社区管理机构之间的网络互动还不是非常活跃和有效，还有很大的提升空间。

也有条件好的社区已开始利用网络搜集舆情与民意，为社区管理工作的决策提供保证。事实证明，这是正确的做法，杭州的东新园社区对此深有感触。比如每逢过年过节，放烟花都是社区管理的“两难课题”，而2005年春节则要求居民把烟花集中在社区的中心公园广场燃放。让人意想不到的是，这项出于安全考虑的举措，竟成了社区一次盛大的居民“烟花大赛”：除夕夜，居民们纷纷来到广场，拿出各家得意的“守岁烟花”，连附近的村民也受到吸引，带了一大批烟花来助兴。“很久没有这样强烈地感受到过年的氛围了。”“又精彩又安全。”“真是独乐乐，不如众乐乐。”“孩子太小，明年就不用自己买烟花了，观看烟花大会就足够过瘾了。”热心的网友开始在“东新园社区论坛”上发表对集中燃放烟花的感受和意见、建议。还有人将烟花大会的现场拍摄下来，放到网上让因故未能看到的邻居们共享。东新园社区从这次“烟花大会”得到启示，发现了构建和谐社区的新平台——网络。东新园居民有着良好的上网条件。社区的电脑普及率达到70%以上，移动公司还为社区安装了服务器、提

① 参见《戈雅公寓、郁金香岸一帮爱喝酒的业主网上建了个“酒群”平时常“拷瓦爿儿”昨夜一起过中秋》，《都市快报》，2012年10月1日。

供专用输出光纤，供社区居民免费上网。该社区居委会主任说："在烟花大会的前前后后，网络扮演的重要角色让社区管理者意识到，通过网络收集舆情，不仅有助加强社区管理，也有利于凝集人心，培养对社区的归属感、认同感和责任感。"网站由此成了社区工作的探照灯。一旦居民有什么批评意见，会在论坛上第一时间反映出来。一次，有居民在网上反映社区某理发店态度不好。帖子出现不到半天，理发店店主就被叫到社区上网看帖。经过教育，店主改变了经营作风，还为孤寡老人提供免费服务。在网友的建议下，社区内的超市也开展了便民服务，为社区提供漂亮的免费游览车。现在，无论是组织社区运动会，还是举行家庭日活动，社区论坛都扮演着意见簿、投票箱和报名处等角色。社区还建立了"网络医院"、"网络法律咨询站"等，由医生、教师、律师等志愿者在网上为居民提供服务。①

该案例说明，居民与社区的网上互动是否有效，主要还是取决于社区管理者如何认知网络平台的作用和拥有什么样的网络管理能力。在今天，网络虚拟社区的妥善利用是实体社区凝聚人心、塑造社区精神文化、营造融洽社区氛围的绝好途径，不仅不应消极对待，还应加大开发、利用的力度，以适应时代发展。

二是应成为社区对外进行文化交流、宣传社区文化的良好平台。文化因交流而萌生活力，网络更不是一个封闭的空间。社区数字化的一大好处，就是社区与外界的联系会变得更便捷、更畅通、更紧密。一个社区的文化建设成果将迅速为更多的人所分享，影响力也会倍增。

三是应更利于社区文化产业化、市场化发展。社区拥有的庞大居民群体，其文化消费意愿社区可以借助网络的力量进行排查、分类、提供针对性服务，并打开市场。事实上，嘉兴等地的公共文化"菜单式"、"订单式"服务即为此前奏，只不过提供这个服务的还仅限于政府的公共文化部门，服务种类、范围等都有一定的限制而已。如果社区能将居民的文

① 参见《下城区寻找和谐社区文化因子 营造全新社区家园》，www.zjol.com.cn 浙江在线，2005年7月15日。

化需求细分、放在一定的网络平台上并与各种社会机构或行业机构对接，达到一定的数量后他们就将获得细致入微的产品提供或服务，其结果是不仅较好地满足了居民个性化的文化消费需求，而同时文化市场将为之有效扩容。文化活动有自己的特性，社区实质上能借此成为供需调节的平台。

四是其他社会力量应能借助数字渠道参与社区共建，为社区文化发展贡献力量。数字工具、网络平台打破了许多界限，不仅使社区对外联系交流更为畅通，反过来外界力量渗入社区也更为方便。比如，大众传媒如何助力社区文化建设？传统媒体时代，仅靠有限的报道来关注和宣传。而今，媒体有了创新式的做法。宁波的《东南商报》即成立了社区全媒体，这是一家以社区报道及研究为目标的虚拟性媒体组织，其多媒体的传播方式，使得其可以大容量、全方位地报道社区生活的方方面面，不仅社区机构满意，而且其文字、图片、视频等多种传播方式新颖，受到了年轻人的欢迎和喜爱。宁波市女记协主席严玫认为，社区全媒体实践是一种创新，是一种可持续的尝试。她希望今后能从居民的不同需求出发，进行个性化的社区传播，多层次的传播，做服务型媒体，并“期待社区全媒体能成为主流的社区传播通道”。当然，作为一个新生事物，它也存有不足，如社区工作人员希望能考虑到不同年龄层次、不同阶层群众的需求。宁波日报报业集团新闻办主任金君俐也提议应坚持如下几点：其一，坚持社区传播的核心理念——服务居民，增强居民的社区归属感；其二，不单纯停留在社工层面，应该以社工为桥梁，深入到普通居民的生活中；其三，做普通居民的精神家园，成为居民生活的一部分，提高居民的参与度、发展居民记者；其四，运用视频、音频、网站等多种媒介交替发布、进行深度报道；其五，做好品牌推广。相信社区资源应是大众媒介关注并重点开发的领域之一。[①]

---

① 参见《打造宁波社区居民的精神家园》，《东南商报》，2012年6月15日。

小链接：

东南商报社区全媒体工作室

东南商报社区全媒体工作室2012年6月15日成立，由东南商报和浙江万里学院文传学院共同建设，是负责社区新闻报道、社区活动策划与执行、社区全媒体创新、非广告社区业务经营的产学研一体化虚拟组织。工作室成立后，工作内容进一步创新，横向面与纵向面并行发展。横向面沿增加社区新闻策划性、组织社区新闻专题和社区活动发展，纵向则沿产业经营、社会服务、科学研究、高校教学等方面发展。

部分项目介绍：

《宁波社区》，多媒体电子杂志。主要报道宁波的社区新闻、社区文化、社区人物、社区生活和活动等，把不易见报的社区里的芝麻小事采集起来，通过图片、音频、视频、文字等呈现出来。每期70页左右，每周一期，已制作164期。

《社区广场》，周刊。2010年11月8日，东南商报在甬城平面媒体中首家开出了《社区周刊》(后改名《社区广场》)，每周一见报2个版面，内容以社区活动为主。主要有"社区服务大篷车"、"最宁波月月评"、"生活学会"、"宁波亲子汇"、"社区红娘"、"法在身边"、"社区记事本"等栏目。

宁波社区网(www.87270000.com)，2011年8月创建，目前的子版块主要以活动为主，围绕亲子、相亲、时尚、户外、体育等主题，满足不同用户的各种需求。

东南商报社区周刊微博，目前分别有新浪微博和腾讯微博，注册于2010年11月。新浪微博和腾讯微博的粉丝量分别在近40万和22万，主要转发一些社区活动，结合活动做微访谈等。

五是应不断跟上数字技术的更新和发展，不断将新技术成果纳入社区文化建设的数字平台。比如手机作为数字终端的使用，是社会面临的重大命题之一。作为随身携带的数字终端，其便捷性带来了信息传递方

式的革命性变化。漫天飞舞的短信自不用说，单是微博、微信等带来的改变就足以重构人际交流方式。社区管理必须及时跟进并利用最新的技术，密切居民的交流与互动。目前，对手机终端的使用情况仍不理想。

总之，数字技术和网络社区以虚实结合的形式搭建了一个信息化服务公共平台，像一条纽带一样将政府、社区居民、社区组织、外界企事业单位连接起来，对发展社区文化、实现社区参与和互动有极大的建设作用，是今后重点的发展方向之一。

其他像涉外社区、楼宇社区等新型社区的文化建设，也会随着社会发展的全球化、国际化等趋势被加快提上议事日程，新的生活方式、人际关系、文化融合亦将是城市社区文化发展面临的新课题。

文化也是民生，诚哉斯言。文化民生标志着民生的最高幸福指数，是百姓民生的高层次需求。让文化真正在社区生长，满足人民群众的文化需求，更城市建设的最终目标。美国经济学家、诺贝尔奖获得者斯蒂格利兹曾说过，中国的城市化和美国的高科技成就，是影响 21 世纪人类发展进程的两大关键因素。文化是城市发展的根本目的和内在要求，文化决定着城市竞争力的质量和方向。当前，我国文化领域正在发生广泛而深刻的变革，文化发展同经济社会发展和人民日益增长的精神文化需求还不完全适应。作为基层公共文化的社区文化，在提高民众文化素质、提升城市品位、增强社区居民的归属感和向心力、塑造良好的人文氛围、促进和谐社会建设等方面，理应越来越发挥出积极的作用。一直走在前列的浙江省城市社区文化建设，应能凭借先进的理念、一贯的创新意识、丰厚的文化资源、有力的社会基础再谱新篇。

附录　与浙江省城市社区文化建设相关文件

中共浙江省委 浙江省人民政府关于推进和谐社区建设的意见

浙委〔2007〕64 号

为深入贯彻落实党的十六届六中全会和省委十一届十一次全会精神，切实做好新形势下的社区建设工作，促进构建社会主义和谐社会，现就推进我省和谐社区建设提出如下意见。

一、建设和谐社区的重要意义

社区是社会的细胞，社区和谐是社会和谐的基础。推进和谐社区建设，健全社区党组织领导下的社区自治组织体系，加强以社区服务、社区卫生、社区文化、社区教育、社区环境、社区治安为重点的社区工作，是完善社会管理、保持社会安定有序的客观需要，是推动社会建设与经济建设、政治建设、文化建设协调发展的必然要求，是构建社会主义和谐社会的重要内容。

近年来，随着经济社会的发展，我省社区建设工作取得了长足进步，社区体制和运行机制改革稳步推进，社区基础设施明显改善，社区组织建设显著加强，社区服务功能不断增强，社区建设投入机制初步形成。但是，社区建设工作中还存在发展不够平衡、体制机制不够完善、管理服务不够到位等问题，社区建设整体水平有待进一步提高。新世纪新阶段，特别是党的十六届六中全会对社区建设提出了新的更高的要求。各

级党委和政府要从构建社会主义和谐社会的战略高度，充分认识建设和谐社区的重要意义，切实增强工作责任感、使命感和紧迫感，加强领导，积极探索，创造特色，着力推进我省社区建设工作再上新台阶，为构建和谐社会奠定坚实基础。

二、建设和谐社区的指导思想、基本原则和总体目标

（一）指导思想

坚持以邓小平理论和“三个代表”重要思想为指导，全面贯彻落实科学发展观，按照构建社会主义和谐社会的部署和要求，以社区党的建设为核心，以居民自治为导向，以社区服务为重点，以社区文化为载体，以社区稳定为基础，以社区居民满意为标准，积极探索创新基层社会管理和公共服务的体制机制，使社区在提高居民生活水平和生活质量上发挥服务作用，在密切党群干群关系上发挥桥梁作用，在创造安居乐业良好环境上发挥促进作用，努力使我省和谐社区建设工作走在全国前列。

（二）基本原则

1. 以人为本。始终把服务社区居民、提高居民生活质量作为工作的出发点和落脚点，以解决社区居民最关心、最直接、最现实的利益问题为重点，努力增进居民生活幸福，促进人的全面发展。

2. 党政主导。充分发挥各级党委、政府的主导作用，切实做好组织推动、规划引导、政策支持、综合协调，为和谐社区建设提供坚强有力的保障。

3. 居民主体。充分发挥居民在和谐社区建设中的主体作用，努力扩大居民有序的政治参与，依法实行民主选举、民主决策、民主管理、民主监督，实现社区居民自我管理、自我教育、自我服务、自我监督。

4. 共驻共建。充分调动驻社区单位、社区民间组织、物业管理机构、专业合作经济组织等在社区建设中的的积极作用，整合资源，优势互补，形成合力，实现社区资源的共有共享，营造共建和谐社区的良好氛围。

5. 整体推进。坚持从组织建设、制度建设、功能建设入手，实现社区建设的整体推进。基础好、条件好的地方应加快建设步伐，为推进全省社区建设提供经验。

6. 注重实效。围绕和谐社区建设的基本要求，从本地区的实际和不同类型社区的特点出发，因地制宜、分类指导，大胆实践、创出特色，让居民群众真正享受到和谐社区建设的成果。

（三）总体目标

1. 居民自治。党组织领导下充满活力的居民自治机制比较完善，民主选举、民主决策、民主管理、民主监督制度比较健全，居民群众参与社区治理的渠道畅通，切实在基层社区的经济、政治、文化和其他事务中发挥主人翁作用。

2. 管理有序。社区内党组织、居民自治组织及社区民间组织职责明确、制度完善，能有效地开展工作和活动；民主协商机制、矛盾纠纷调处机制、共建机制、民情民意反映机制等健全完善，运转协调。

3. 服务完善。社区服务的主要功能完善，各项服务的制度、机制健全，服务质量较好，能满足社区居民日益增长的物质文化生活需求。

4. 治安良好。社区安全防范体系完善，群防群治网络健全，综合治理各项工作措施落实，治安状况良好，社区井然有序、和谐稳定，居民群众安居乐业。

5. 环境优美。社区内垃圾和污水处理、能源利用等符合环保要求，环境整洁，绿化达标；居民卫生习惯良好，普遍具有较强的环保意识、节约意识，人与自然和谐相处。

6. 文明祥和。社区学习氛围浓郁，文化生活丰富；邻里诚信友爱、团结互助；家庭和睦幸福、互敬互爱；居民知荣辱、爱家园，崇尚科学、文明、健康的生活方式。围绕上述目标任务，按照梯次推进、以点带面、辐射延伸、巩固提高的工作思路，大力开展和谐社区创建活动，争取到2010年底，全省城市社区基本实现和谐社区创建目标。

三、建设和谐社区的工作重点

（一）加强社区党建工作，发挥党组织领导核心作用

1. 构建社区党建工作新格局。新时期的社区党建工作，要以为民服务为宗旨，构建社区党建工作新格局，提高社区党组织的凝聚力和战斗力，切实履行好社区党组织的主要职责，为创建和谐社区提供坚强的组织保证。

2. 扩大党的工作在社区的覆盖面。建立、调整、健全社区党组织，确保实现“一社区一支部（总支、党委）”。具备条件的，可积极推进楼道党支部的创建。不断加大在社区新经济组织、新社会组织中建立党组织的工作力度，做到哪里有群众哪里就有党的工作，哪里有党员哪里就有党的组织。

3. 加强社区党组织的自身建设。通过公开选拔、竞争上岗等方式，把熟悉城市基层管理和社区建设、德才兼备、务实清廉、实绩突出、群众公认的党员及时选拔到社区党组织领导岗位上来，尤其是要选好配强社区党组织的书记。加强和改进对退休人员、下岗失业人员、流动人员中党员的管理和服务工作。积极引导和鼓励在职党员在社区生活中发挥先锋模范作用。

4. 探索发挥党组织领导核心作用的有效途径。建立健全以社区党组织为核心，功能健全、运转有序的社区组织体系，正确处理社区党组织与社区其他组织的关系，确保社区组织体系有效运转。按照条块结合、资源共享、优势互补、共驻共建的原则，建立健全社区党建工作协调机制，充分发挥社区党组织在辖区内社会性、群众性、公益性工作中的主导作用。在保持社区工作特色的基础上，不断推进社区党建工作的观念创新、机制创新和方式方法创新。

5. 开展城市社区党建工作示范创建活动。按照“领导班子好、党员队伍好、工作机制好、工作业绩好、群众反映好”的社区党建工作目标，在开展创建城市党建工作示范社区活动的基础上，继续开展城市党建工作示范点创建活动，不断提升社区党建工作的整体水平。

（二）完善社区居民自治，加强居民自治制度建设

1. 健全社区居民自治的组织体系。建立健全社区居民（代表）会议、社区居民委员会和社区公益性民间组织。优化社区居民代表会议结构，社区居民代表从居民、驻社区单位、社区党组织及各类自治组织和民间组织中按一定比例推选产生，共同研究决定社区治理的重大事项。加强社区居民委员会组织建设，推选政治素质好、文化程度高、工作能力强、善于做群众工作、居民公认度高的人员进社区居民委员会班子，努力提高社区自治能力。大力培育发展以社区公益为目的的社区民间组织，更好地服务社区，促进社区治理。符合民间组织法人条件、申请登记的，纳入民政部门登记管理。街道要加强对社区民间组织的引导和扶持，给予必要的经费资助。社区居民委员会要履行好指导、协调、服务、监督职能，进一步加强对社区民间组织、志愿者组织、业主组织、物业管理组织和其他社区组织的综合管理，建立完善社区居民委员会统一协调，社区内各类群众组织自主开展活动的工作机制。

2. 健全社区居民自治的制度体系。不断完善社区民主选举、民主决策、民主管理和民主监督制度，扩大居民有序的政治参与，逐步统一全省社区居民委员会届期换届。指导社区制定社区居民自治规范和社区居民代表会议的议事规则和决策程序，推进民主选举和民主决策的制度化、规范化和程序化。建立健全民主议事协商制度，广泛建立民情恳谈会、事务协调会、工作听证会等制度，推动社区居民参与民主自治的制度化。完善社区居（社）务公开制度，县（市、区）要结合实际，对社区居（社）务公开的形式、时间、内容和程序等进行统一规范，保证居民群众的知情权、参与权和监督权。建立完善民主评议制度，每年定期组织居民对社区居民委员会的绩效、街道（乡镇）为社区提供公共服务情况等进行评议，评议和考核结果在社区公开。居民对社区居民委员会的评议结果作为街道考核社区居民委员会工作的主要依据，并与社区工作者的报酬、奖励挂钩。

3. 拓宽居民民主自治渠道。有条件的地方要建立社区网站，开辟“居民网上论坛”，畅通社情民意表达渠道。充分发挥各级人大代表、政协委员和社区居民代表在了解和掌握民意方面的作用，探索建立人大代表和政协委员定期接待社区居民制度，及时倾听居民意见要求，反映居民利益诉求。

（三）加强和改进社区服务，提高居民生活质量

1. 完善社区公共服务体系。以政府投入为主，多渠道筹措资金，加快街道（乡镇）社区服务中心和社区服务场所建设，完善社区基础设施，增强社区服务管理能力。社区居民委员会要充分发挥自身优势，为居民提供社会保障与社会救助、社区就业、社区卫生、社区安全、社区教育、社区文化等公共服务。积极探索政府向社会组织购买服务，扩大公共服务的供给，提高服务质量。

2. 建立社区自我服务体系。以相互关爱、服务居民为主题，建立健全社区志愿服务组织和激励机制，推行社区志愿者注册制度，壮大社区志愿者队伍；创新志愿服务形式，提高服务水平，形成与政府服务、市场服务相衔接的社区服务体系。培育和引导公益性社区民间组织开展社区自助互助服务。

3. 发展经营性社区服务。加强规划，优化布局，扶持发展市场化的社区便民利民服务和物业管理服务。鼓励和支持驻社区单位的服务设施通过优惠的方式向社区居民开放。

4. 提高社区服务信息化水平。加强对社区服务信息平台的整合、升级，构建市、县（市、区）、街道（乡镇）、社区多层次的政府公共服务网、社区管理服务网、便民利民服务网。整合民政、劳动保障、公安、城管、卫生、人口计生等部门在社区的信息资源以及各类服务热线，更好地为社区居民提供各类信息服务。

5. 开展社区共建活动。驻社区单位应大力支持社区居民委员会工作，并鼓励和引导本单位职工积极参与社区建设。社区内的机关、团体、企事业单位应充分利用单位内部设施资源，参与社区共建活动，并积极

创造条件对社区开放，实现社区资源共享。

(四)加强社区治安防范工作，促进社会安全稳定

1. 健全社区安全防范网络。建立健全社区警务室，加强社区综治工作室(站)、物业保安和群防群治队伍等社区综治队伍建设。注重公共安全服务设施的规划和整合，加大社区电子监控、红外线报警等设施建设力度，构筑人防、物防、技防相结合的社区防范机制和防控网络，提升社区安全防范能力，推进社区治安综合治理各项措施的落实。

2. 完善诉求表达、矛盾调处、权益保障等机制。畅通社情民意反映渠道，及时了解居民群众的愿望，排查和调处人民内部矛盾，把矛盾化解在基层、消除在初发阶段。加强对重点人群的教育、服务和管理，推进社区矫正、禁黄、禁赌、禁毒和禁止非法传销等工作。加强青少年思想道德教育、青春期健康教育，加强对社区、学校内部以及周边区域的治安整治，优化青少年成长环境。深入开展普法宣传和法制教育，不断增强居民群众的法制观念和治安防范意识，引导居民以理性合法的形式表达利益诉求，解决各种矛盾。建立健全公共卫生、食品安全、自然灾害等社区应急预案，加强防灾减灾教育，提高社区应对公共危机的能力。

3. 加强流动人口服务和管理。按照“公平对待、合理引导、完善管理、搞好服务”的原则，为流动人口的生活与就业创造良好的环境和条件，保障流动人口参与民主自治的权利，促进流动人口同当地居民和睦相处。

(五)繁荣社区文化，促进社会文明进步

1. 推进社区文明创建活动。以倡导文明新风、满足文化需求、普及科学精神、融洽人际关系为目标，扎实推进文明社区创建工作。倡导终身学习的理念，广泛开展“社区图书室援建和社区读书”活动。整合教育资源，挖掘资源潜力，积极发展各类社区学校，开展形式多样的社区学习教育活动，提高居民文化素质和自我治理能力。

2. 丰富社区文化活动内涵。紧紧围绕社会主义核心价值体系的基本内容，大力开展法律政策、职业道德、社会公德、家庭美德、清廉文化、

生育文明等教育活动，提升现代公民素质和社区文化品位，塑造文明守法、诚信友爱、合作互助的社区新型人际关系。加强基础设施建设，积极开展丰富多彩的文化艺术、全民健身、科普教育等活动，满足社区居民求知、休闲、娱乐等需求，努力培育各具特色的社区文化、社区精神，努力增强社区居民对社区的归属感和认同感。

（六）改善人居环境，促进人与自然和谐发展

1. 加强社区环境综合整治。完善社区环境保护管理制度，进一步做好垃圾处理、噪声污染治理和节水、节电等工作，着力整治社区乱建房、乱停车、乱发小广告等行为，维护社区环境整洁有序。

2. 开展社区环保宣传教育和爱国卫生运动。积极引导居民树立绿色消费理念，动员和组织广大居民参加义务植树、种草、护绿、义务打扫环境卫生等劳动，共同建设绿色、健康、文明的生态型社区。

四、建设和谐社区的保障措施

（一）健全工作体制

各市、县（市、区）要建立健全党委和政府统一领导、民政部门牵头协调、有关部门共同参与的社区工作领导体制和工作机制。加强对和谐社区建设工作的规划指导、综合协调和督促检查。理顺党政职能部门与社区组织的关系，适应新形势要求，改进对社区居民委员会的工作指导。重视解决社区居民委员会负担过重的问题，党委、政府职能部门及人民团体不得将应由自身承担的行政性工作摊派给社区组织；确需社区居民委员会协助完成的行政工作和群团工作任务，须经同级社区工作（建设）协调（领导）小组批准，并明确工作内容、工作标准、工作期限、工作经费，实行“权随责走、费随事转”，防止社区“行政化”倾向。

（二）加强社区建设规划

加强社区建设的总体规划，把社区建设纳入各地国民经济和社会发展规划，明确目标和重点，分步实施，实现社区建设与经济社会同步发展。加强社区建设的布局规划，把社区建设纳入城市总体规划。按照有

利于居民自治、便利群众生活的原则，科学设置社区，合理确定规模，城市社区原则上按 1500 户至 3000 户左右规模设置。加强社区服务网点的布局规划，规范社区服务网点建设。围绕社会主义新农村建设，巩固“千村示范、万村整治”成果，从城镇、中心集镇和城乡一体化进程较快的农村起步，推进农村新社区建设，促进基础设施向农村社区延伸、公共服务向农村社区覆盖、现代文明向农村社区辐射，逐步实现城乡联动、整体推进。

（三）加强社区组织阵地建设

城市基层政府及有关单位要切实解决社区必要的工作服务用房。新建社区和旧城区改建社区，原则上每个社区工作服务用房总面积按不少于 350 平方米配置；规模在 2000 户以上的社区，要按照每百户不低于 20 平方米配置。建设、国土资源等部门要加强对项目规划、用地、建设和竣工验收等环节的监督，所在街道办事处应参与工程验收，确保社区工作服务用房与小区建设和旧城改造同步规划、同步设计、同步检查验收、同步投入使用。老城区社区工作服务用房，由县（市、区）政府牵头，街道办事处和有关部门配合，多途径解决。争取用 3 年时间，使全省各社区的工作服务用房面积基本达到 350 平方米以上。

（四）加强社区工作者队伍建设

进一步完善社区党组织和社区居民委员会选举办法和操作规程，积极推进社区党组织“两推一选”和社区居民委员会直接选举，提倡社区党组织书记和居民委员会主任“一肩挑”，社区专职党组织成员和居民委员会成员“交叉任职”。每个社区的专职社区工作者应不少于 5 人，规模在 2000 户以上的社区按每 400 户配备 1 人，分工负责社区党务、社会保障、治安调解、妇女儿童保护、文体卫生等工作；暂住人口较多的应按暂住人口每 2000 人增配 1 人。被选任或招聘为社区专职工作者的人员，应按照劳动法的有关规定签订劳动合同。切实解决好社区工作者的工资福利待遇和各项社会保险待遇，确保其年收入不低于当地上一年的职工平均工资（含规模以上私营单位）水平，并参照企业有关标准享受养老、失

业、医疗、工伤、生育等社会保险待遇和住房公积金。加强对社区工作者的教育培训，鼓励社区工作者参加在职学历教育。积极推行社会工作者职业水平评价制度，推动社区工作者的职业化、专业化进程。注重培养选拔社区工作者中的优秀人才进街道（乡镇）领导班子。

（五）加大公共财政对社区建设的投入

各级政府要从实际出发，因地制宜，加大对社区建设经费的投入，并做到逐年增加。加大对社区基础设施建设的投入，统筹解决社区开展工作必要的工作服务用房和配套设施。落实社区居民委员会开展有关服务活动所必需的工作经费，支持社区居民委员会协助政府做好社区公共服务和社会管理工作。外来暂住人口比例较高的社区，应核拨相应的工作经费。鼓励驻社区单位和社会各界对社区建设的资助、捐赠，鼓励和引导社会力量参与社区公共服务。

（六）加强督促检查和典型示范

各级党委、政府要加强对社区建设的分类指导，引导社区创造特色。逐步整合针对社区的各种达标、评比、考核，建立完善和谐社区建设指标体系，提高和谐社区创建水平。要加强督促检查，狠抓工作落实，并注重总结宣传和谐社区建设中的典型经验，推动全省和谐社区建设不断取得新成效。

浙江省人民政府关于进一步加强社区服务工作的实施意见

浙政发〔2007〕22号

为贯彻落实《国务院关于加强和改进社区服务工作的意见》（国发〔2006〕14号）和《中共浙江省委、浙江省人民政府关于推进和谐社区建设的意见》（浙委〔2007〕64号）精神，加强和改进社区服务工作，促进社区服务加快发展，现就进一步加强我省社区服务工作提出如下实施意见：

一、进一步加强社区服务工作的主要任务

充分发挥政府、社区居委会、民间组织、驻社区单位、企业及居民个人在社区服务中的作用，基本形成社区服务组织健全、服务功能完善、服务主体多元、服务质量较高、覆盖全体居民并与社会主义市场经济体制相适应的社区服务体系，努力实现社区成员需有所应、困有所助、难有所帮。

——社区公共服务覆盖全体居民。到 2010 年，街道建有具备政务服务、社区服务、信息服务、文化娱乐服务和教育培训服务等功能的社区服务中心，建设社区卫生服务中心和老年人福利服务机构，使社区具备劳动就业、社会保障、社会救助、社会福利、文化教育、卫生保健、计划生育、健身娱乐、治安调解、信息咨询、流动人口管理等服务功能。

——社区自我服务不断完善。积极培育社区公益性民间组织，到 2010 年，注册登记的社区志愿者占城镇人口的 8%以上，居民自助和互助活动蓬勃开展。

——社区经营性服务优质、便捷。通过多元投资，加快发展社区服务业，逐步向连锁化、产业化、网络化、市场化发展，为社区居民提供优质、便捷、周到的服务。

——社区服务设施、保障能力显著提高。每个社区工作服务用房面积不少于 350 平方米，规模在 2000 户以上的社区应按每百户不低于 20 平方米配置，居民室外文体活动场地每百户不少于 50 平方米。形成以市、县(市)为网络平台、覆盖街道、社区的社区管理和社区服务信息系统。

二、完善社区公共服务体系，实现政府公共服务向社区覆盖

(一)加强社区就业和社会保障服务

建立健全街道、社区劳动保障和社会救助综合管理服务机构，通过提供就业再就业咨询、再就业培训、就业岗位信息服务和社区公益性岗

位开发等，对社区就业困难人员提供有针对性的服务和援助。结合居民物质文化生活需要开发就业岗位，挖掘社区就业潜力，创建充分就业社区，提高就业稳定性。建立就业与失业保险、最低生活保障工作联动机制，促进和帮助享受失业保险和有劳动能力的最低生活保障对象尽快实现就业。

（二）加强社区社会救助服务

加强对最低生活保障对象和其他困难群众的动态管理，及时掌握他们的就业及收入状况，切实做到"应保尽保"。积极开展基层社会救助服务，帮助群众解决生产生活中的实际困难。街道和社区要建立社区捐助接收站点、"慈善超市"，为困难群众提供基本生活帮助。关心优抚对象生活，拓宽社区参与优抚保障的途径，提供医疗保健、生活照料等服务。大力实施社区老龄工作规范化建设、"社区老年福利服务星光计划"和"残疾人康复训练和服务进社区"工程，做好企业离退休人员社会化管理服务工作，加快老年公共服务设施和服务网络建设，依法维护老年人、残疾人的合法权益。进一步推进社会福利社会化，加快发展社区居家养老服务业。

（三）加强社区卫生、计划生育和文化、教育、体育服务

整合现有社区卫生和计划生育资源，坚持政府主导，加快以社区卫生服务中心和社区卫生服务站为主体的社区卫生服务体系建设，为居民提供优质、经济、便捷的公共卫生和基本医疗服务。发展面向基层的公益性文化事业，建设社区读书、阅报、健身、文艺活动场所，每个社区都建有图书室，并积极推进电子阅览室建设。加强对社区休闲广场、演艺厅、棋苑、网吧等文化场所的监督管理。发展社区教育，街道（镇）建立社区教育中心，社区建立居民学校，组织居民开展政治、法律、文化、卫生、科技、安全、生活、文明礼仪、青春健康等学习教育活动。加强社区体育设施建设，配置相应的健身器材，增设适应残疾人、老年人特点和需求的康复健身设施。

(四)加强社区法律服务

积极推进法律服务业的各项工作向社区延伸和拓展,积极开展公益性、非营利性法律服务。组织律师、公证、基层法律服务、法律援助等人员为社区群众提供优质、高效的法律服务和法律援助,保障群众的合法权益。

(五)加强社区安全服务

实施社区警务战略,加强社区警务室和综治组织建设,建立人防、物防、技防相结合的社区安全服务机制。加强群防群治队伍建设,大力开展安全防范宣传、治安巡逻和邻里守望等活动,增强群众的自我防范意识和能力。加强社区技防、物防设施建设,提高治安防范水平。抓好司法所组织建设,加强矛盾纠纷排查、调处,加强社区归正人员安置帮教和社区矫正工作,帮助、教育、转化归正人员、监外执行人员和有不良行为青少年。建立公共卫生、食品安全、自然灾害等社区应急预案,提高社区应对公共危机能力。加强社区流动人口管理和服务。

(六)改进政府公共服务方式

实施劳动保障、社会救助、流动人口管理、企业离退休职工管理等“一站式”办公服务,方便居民办事。政府部门承担的职能不得转嫁给社区居民委员会,对社区组织能够实施且有优势的公共服务,可按“权随责走、费随事转”原则委托社区承担。切实转变政府职能,鼓励和支持具有公益性、服务性的社区民间组织参与社区公共服务,通过政府补贴奖励、购买服务、政策扶持、制定行业标准、建立职业资格认证制度等方式,促进相关社会组织承接公共服务职能。

三、建立社区自我服务体系,提高社区居民自助互助能力

(一)建立健全新型社区自助、互助服务机制

组织动员驻社区单位和居民开展邻里互助、志愿服务、慈善捐赠等群众性自我服务活动,利用、管好社区公益服务设施,为居家孤老、体弱

多病和身边无子女的老人提供各种应急服务，为优抚对象、困难群体提供缓解生活困难的辅助性救助服务，为困难群众排忧解难，为居民生活提供便利。培育和组建以党团员为骨干的社区志愿服务组织，实行社区志愿者注册和签约制度，建立“服务储蓄”等社区志愿服务激励机制和制度，吸引公务员、专业技术人员、教师、青少年学生以及身体健康的离退休人员和其他成员加入志愿者队伍。采取委托制的办法，将一部分社区公益性服务项目委托社区志愿服务组织管理、承担，不断开拓社区志愿服务新领域。

（二）鼓励和支持社区民间组织发挥作用

加强对社区民间组织的培育管理，重点培育发展为老年人、残疾人、困难群众服务的服务组织和公益慈善组织、群众性文体组织、科普组织，为其开展活动提供必要的场所、经费资助。符合民间组织法人条件，可申请登记，纳入民政部门登记管理。建立民间组织参与社区服务的评估资助机制，一些公共服务项目可交给基础好、服务功能强的社区民间组织开展。

四、发展社区服务业，构建社区便民利民生活服务体系

（一）促进社区便民利民服务业发展

鼓励和支持各类组织、企业和个人开展社区服务业务，积极引导企业运用连锁经营方式提供购物、餐饮、家政、洗衣、中介、维修、再生资源回收等各类便民、利民的社区服务，满足社区居民多样化、个性化消费需求。鼓励企业采取收购、兼并、特许加盟等多种形式整合分散的社区服务业资源，实现资源共享、综合利用。鼓励个体、私营等企业通过投资入股、合伙经营等形式兴办社区服务项目，鼓励失业、待业人员自办或合伙兴办社区服务组织或通过小时工、非全日制工和阶段性就业等灵活方式参与社区服务。积极建设面向社区商业服务的信息服务平台，鼓励有条件的企业利用信息技术开展社区便民服务，发展网上交易、网上服务，利用现代流通手段，创新社区商业服务体系。

(二)发展社区物业管理和家政服务

发展物业管理服务,新建住宅区全部实行物业管理,旧住宅区要通过改造、整合逐步推行物业管理。鼓励发展家庭保洁、保姆等家政服务,鼓励社会资本投资兴办以老年人为主要对象的托老、护理、家政服务等一般照料和陪护等特殊照料的服务机构和服务项目,为居家养老提供良好的社区服务。鼓励驻社区单位将食堂、浴池、文体和科教设施等向社区居民开放,按照互惠互利、资源共享的原则,为社区居民提供服务。

五、发展农村社区服务,构建以农民需求为导向的农村社区服务体系

围绕农村居民生产生活要求,强化农村社会救助与社会保障、社区警务综治、医疗卫生、计划生育、文化教育、农技服务、法律服务等公共服务;广泛开展卫生保洁、慈善互助、应急救助等自助服务和便民超市、家政服务、农资供应等生产生活服务,探索构建政府服务、村民自我服务与市场化服务有机结合、相互促进的社区服务体系。充分发挥农村志愿组织、民间组织的作用,组织和动员各种社会组织和个人投身农村社区服务事业,拓宽服务领域,开发服务项目,提升服务手段,丰富服务内容。

六、完善保障体系,推动社区服务健康有序地发展

(一)加强社区工作组织领导

各级政府要把社区服务工作摆上重要位置,切实加强领导,统一规划部署。要建立健全政府统一领导、民政部门牵头协调、有关部门配合、社会广泛参与的社区服务管理体制和工作机制。依托社区提供公共服务的经贸、教育、科技、公安、司法行政、民政、劳动保障、建设、文化、卫生、人口计生、环保、体育等部门,要按照社区服务发展要求加强业务指导,提高服务水平。各级政府及发展改革、经贸、财政、税务、工商等部门要按照各自职能,进一步制定促进社区服务发展的政策措施。积极鼓励工会、共青团、妇联及残联、老龄、慈善、计生协会等组织参与社区服务,

大力倡导团结互助、扶贫济困的良好风尚，形成推动社区服务发展的合力。

（二）加强社区服务工作队伍建设

切实解决社区居委会成员及其聘用的服务人员的生活补贴、工资、保险等福利待遇问题，并使待遇水平随经济发展而适当增长。充分发挥社区居委会在了解社区居民需求、提供为民服务方面的独特优势和重要作用。实施社会工作者职业水平评价制度，积极推进社区工作者队伍专业化、职业化建设。大力发展社区志愿者服务组织，加强社区志愿者队伍建设，不断优化结构。强化社区服务人员的职业技能培训，树立为民服务的理念，形成一支专职和兼职相结合、专业化服务与志愿者服务互为补充的社区服务队伍。鼓励有条件的大专院校和培训机构开设社会工作专业、社区服务课程，培养专业人才。

（三）完善社区基础设施

各级政府要认真编制社区服务设施建设规划，并将社区服务设施建设的规划和配置纳入当地经济社会发展规划和城市建设总体规划，加强与城市总体规划、土地利用规划等的衔接。发展改革、财政、国土资源、规划、建设等部门要加大支持力度，依法在立项、审批、收费、产权置换等方面简化审批手续，减免相关费用。发展改革、国土资源、建设等部门要加强对规划、项目立项、土地出让、工程建设、竣工验收等环节的协调、管理和监督，确保社区工作服务用房与小区建设、旧城改造同步规划、同步设计、同步检查验收、同步投入使用。老城区社区工作服务用房，由县（市、区）政府牵头，街道办事处和有关部门配合，按照服务居民、利于工作、资源整合为原则，多渠道解决社区组织工作、社会劳动保障、帮扶救助、卫生计生、社区警务、社区志愿服务、党建（老年、文体）活动、图书阅览等用房需求。

（四）提高社区信息化水平

加大社区信息化建设硬件投入，配置社区信息化基础设施，建设电脑、电视、电话信息服务平台和政府公共服务网、社区管理服务网、便民利民服务网相连接，以城市为网络的社区管理信息系统和社区服务信息系统。推广、整合电子呼叫系统，服务居家养老。加快人口、企业、建筑物等基础信息资源和法律服务、家政物业、商品配送、卫生保健、文化教育、休闲娱乐、生殖健康等服务类信息资源的开发利用，实现社区服务的网络化、现代化。注重信息资源共享，加强民政、卫生、社保、就业、人口计生、教育等部门下延网络和系统在社区的整合、互联互通和共建共享，提高信息化的集群效益和网络效应。

（五）加强社区政策指导

各级政府和有关部门要帮助社区落实开展公共服务的资金、场所和人员，完善以财政为主，市、区、街道三级配套，辖区共建单位资助的多渠道投入机制。安排一定比例福利、体育彩票公益金投入社区福利、卫生保健和文体服务设施的建设。对社区组织开展的互助性服务、志愿服务和社会力量兴办的微利性商业服务给予政策和资金扶持。上级政府和部门出台的社区服务、老年福利服务的税费减免、奖励补助等优惠政策，要确保落实到位，充分发挥其加快推进社区服务的作用。

浙江省文化示范村（社区）评选标准

浙江省文化厅

一、领导重视、队伍健全

村（社区）领导重视文化建设工作，落实一名班子成员分管文化工作，至少有 1 名专职文化管理员，每年召开研究文化工作专题会议不少于 2 次。建立文化工作经费投入机制，年人均文化活动经费 10 元以上。建有 4 支以上常年开展文化活动、团队人数不少于 10 人的业余文体团队。建有文化志愿者队伍。乡风文明，环境优美，文化工作在当地具有典型示范带动作用。

二、设施完善，设备齐全

建有功能健全、符合需求的文化活动室（中心），室内建筑面积不少于500平方米（一类地区300平方米），设有多功能活动室、图书阅览室、培训排练室、展示展览室、文体娱乐室。加强文化信息资源共享工程建设，建有符合标准并经县级文化行政主管部门审核备案的公共电子阅览室。图书阅览室藏书不少于人均1册，报刊不少于30种。建有图书流通点，每季度流通1次，全年流通400册以上。室外文体活动场地不少于1500平方米（一类地区1000平方米），设有演出舞台、宣传长廊等，定期更换宣传内容，全年出刊不少于12期。

三、活动丰富，特色鲜明

每年组织开展由村民（居民）广泛参与的文化活动不少于6次，开展“文化走亲”2次以上，每月组织放映电影不少于1场。加强业余文艺骨干培训工作，每年培训5名以上业余文艺骨干。注重发掘保护当地文化遗产，形成特色鲜明的文化活动品牌或文化产业，有条件的村（社区）建有地方特色文化展示馆。

四、制度健全，管理规范

建立健全文化工作目标责任制、岗位责任制、服务公示制等一系列规章制度。文化设施管理规范，全面实行免费开放。文化活动室（中心）每周开放时间不少于40小时，每年到文化活动室（中心）人次不少于1万人次，居民受益率80%以上。文化活动有图片、文字等记录，档案规范。

参考文献

[1] 夏学銮主编:《社区管理概论》,北京:中共中央党校出版社,2005。

[2] 方明、王颖:《观察社会的视角——社区新论》,北京:知识出版社,1991。

[3] [美]R. E. 帕克等:《城市社会学》,宋俊岭等译,北京:华夏出版社,1987。

[4] 何金晖:《中国城市社区权力结构研究》,武汉:华中师范大学出版社,2010。

[5] 董小燕:《公共领域与城市社区自治》,北京:社会科学文献出版社,2010。

[6] 吴鹏森、章友德:《城市社区建设与管理》,上海:上海人民出版社,2007。

[7] 顾建键:《现代社区管理概论》,上海:上海人民出版社,2007。

[8] 天新叶:《社区管理学》,北京:北京大学出版社,2008。

[9] [古希腊]亚里士多德:《政治学》,吴寿彭译,北京:商务印书馆,1996。

[10] 李雪萍:《城市社区公共产品供给研究》,北京:中国社会科学出版社,2008。

[11] 孙秋云、曹志刚:《社区与社区建设八讲》,武汉:华中科技大学出版社,2011。

[12] 沈关宝:《历史、现实、模式——以上海社区文化为例的实证研究》,上海:上海人民出版社,2007。

[13] 王颖、杨贵庆:《社会转型期的城市社区建设》,北京:中国建筑工业

出版社,2009。

[14] 何海兵:《和谐社区:上海和谐社区建设报告》,上海:学林出版社2010年版,

[15] 翟桂萍:《公共空间的历史性建构:社区发展的政治学分析》,北京:军事科学出版社,2009。

[16] [英]爱德华·泰勒:《原始文化》,连树声译,上海:上海文艺出版社,1992。

[17] 吴文藻:《人类学社会学研究文集》,北京:民族出版社,1990。

[18] 刘易斯·芒德福:《城市文化》,宋俊岭译,北京:中国建筑工业出版社,2008。

[19] 孟固、白志刚:《社区文化与公民素质》,北京:中国社会出版社,2005。

[20] 汪大海、魏娜、郇建立:《社区管理》(第二版),北京:中国人民大学出版社,2009年。

[21] 杨贵华等:《自组织:社区能力建设的新视域——城市自组织能力研究》,北京:社会科学文献出版社,2010。

[22] 于显洋:《社区概论》,北京:中国人民大学出版社,2006。

[23] 北京城市服务管理广播:《北京社区魅力指数报告》,南京:凤凰出版社,2010。

[24] 白志刚:《社区文化与教育》,北京:中国劳动社会保障出版社,2001。

[25] 李光等:《中国城市社区建设新探索:百步亭花园社区研究》,武汉:武汉出版社,2002。

[26] 陈民宪:《社区文化与城市发展》,北京:北京出版社,2002。

[27] 陈民宪:《社区文化与公民权力》,北京:中国社会出版社,2005。

[28] 吴新叶:《社区管理学》,北京:北京大学出版社,2008。

[29] 叶辛、蒯大申:《城市文化研究新视点——文化大都市的内涵及其发展战略》,上海:上海社会科学出版社,2008。

[30] [美]朱克英(Zukin,S):《城市文化》,张廷佺、杨东霞、谈瀛洲译,上海:上海教育出版社,2006。
[31] 陈伟东:《社区自治:自组织网络与制度设置》,北京:中国社会科学出版社,2004。
[32] 唐娟:《政府治理论》,北京:中国社会科学出版社,2006。
[33] 陈野执行主编:《浙江蓝皮书·2011年浙江发展报告(文化卷)》,杭州:杭州出版社,2011。
[34] 谢守红:《城市社区发展与社区规划》,北京:中国物资出版社,2007。
[35] 齐心:《走向有限社区——对一个城市居住小区的社会网络分析》,北京:首都师范大学出版社,2007。
[36] 黎熙元、童晓频、蒋廉雄:《社区建设——理念、实践与模式比较》,北京:商务印书馆,2006。
[37] 王昆欣、周国忠、郎富平:《乡村旅游与社区可持续发展研究——以浙江省为例》,北京:清华大学出版社,2008。
[38] 刘来福:《富民文化论》,北京:中国社会科学出版社,2006。
[39] 陈庆德、马翀炜:《文化经济学》,北京:中国社会科学出版社,2007。
[40] 艾伦·J.斯科特:《城市文化经济学》,北京:中国人民大学出版社,2010。
[41] 缪朴:《亚太城市的公共空间》,北京:中国建筑工业出版社,2007。
[42] 王纪武:《人居环境地域文化论:以重庆、武汉、南京地区为例》,南京:东南大学出版社,2008。
[43] 陈立旭:《文化的力量——浙江社会发展的引擎》,杭州:浙江大学出版社,2008。
[44] 王鹏:《城市公共空间的系统化建设》,南京:东南大学出版社,2002。
[45] 刘合林:《城市文化空间解读与利用:构建文化城市的新路径》,南京:东南大学出版社,2010。

[46] 马钦忠:《雕塑、空间、公共艺术》,上海:学林出版社,2004。

[47] 王敏:《近代上海城市公共空间》,上海:上海辞书出版社,2011。

[48] 郭竞成:《浙江社区的建设与发展》,杭州:浙江工商大学出版社,2009。

[49] 张立东、梁小波、王正良:《温州竞争力:以学习型鹿城为坐标》,北京:中国社会科学出版社,2005。

[50] 丁元竹:《社区的基本理论与方法》,北京:北京师范大学出版社,2009。

[51] 鲍宗豪:《国际大都市文化导论》,上海:学林出版社,2010。

[52] 陈宇飞:《城市文化概论》,北京:文化艺术出版社,2008。

[53] 聂欣:《做最好的社区》,北京:东方出版社,2012。

[54] 陆自荣:《文化整合与社区和谐》,北京:中国社会科学出版社,2012。

[55] 朱健刚:《国与家之间:上海邻里的市民团体与社区运动的民族志》,北京:社会科学文献出版社,2010。

[56] 王惠、刘睿:《当代中国:社区发展与现代性追求》,北京:人民出版社,2011。

[57] 王伟强主编:《理想空间——文化·街区与城市更新》,上海:同济大学出版社,2006。

[58] 张江华、张佩国主编:《区域文化与地方社会:“区域社会与文化类型”国际学术研讨会论文集》,上海:学林出版社,2011。

[59] 杨军、李启英、周宇宏主编:《首都和谐社区建设典型案例评析》,北京:经济科学出版社,2009。

[60] 李文静等:《城市化进程中社会管理若干问题研究:上海市徐汇区华泾镇研究报告》,上海:上海人民出版社,2012。

[61] 马西恒、[加]鲍勃·谢比伯等:《中加社区治理模式比较研究》,上海:上海人民出版社,2006。

[62] 徐晓军:《城市自治社区的定位及其特征》,《北京社会科学》,2001

(4)。

[63] 费孝通:《居民自治:中国城市社区建设的新目标》,《江海学刊》,2002(3)。

[64] 何亚群:《从单位体制到社区体制——建国后我国城市社会整合模式的转变》,《前沿》,2005(4)。

[65] 李慧玲:《跨文化的互动与认同——义乌"国际社区"多元文化的考察与思考》,《义乌工商职业技术学院学报》,2008(1)。

[66] 全国教育科学规划领导小组办公室:《"学习型社区建设与社区教育发展研究"研究成果述评》,《当代教育论坛》(学科教育研究),2008(2)。

[67] 朱涛:《社区教育:新成效·新认识·新经验》,《河北师范大学学报》(教科版),2007(6)。

后　　记

经过两年多的时间,《浙江城市社区文化建设研究》一书终于完稿。回想这两年来在杂事繁多的情况下坚持写书的过程,感慨良多。

浙江省一直非常重视文化建设。早在1999年,浙江省委、省政府提出了建设"文化大省"的战略构想。"十一五"期间,浙江更是紧扣公共文化服务、文化产业发展、文化体制改革等关键环节,重点突破、整体推进,力图向"文化强省"迈进。

"十一五"期间,浙江省在公共文化服务方面做出了突出成绩:公共文化设施建设步伐加快,优秀作品不断涌现,重大公共文化活动丰富多彩,基层公共文化服务蓬勃开展,公共文化服务传输手段不断改进,公共文化服务机制不断创新,公共文化服务队伍不断壮大,公共文化服务体系建设全面推进。目前,浙江省已经基本上形成了优势互补、错位发展、优化配置、布局合理的城乡区域公共文化服务体系一体化格局。

在"十一五"规划收官、"十二五"规划开局之年,浙江省文化厅拟推出"公共文化服务研究丛书",总结这五年来浙江省在公共文化服务建设的成败得失,同时也探索新的发展道路。我们两位有幸承担了其中一个子课题,总结和研究这五年来浙江省在城市社区的文化建设方面的突出成绩和可资借鉴的经验,同时,也尽其可能为未来社区文化建设描绘新的发展空间。

2011年年初,我们两位作者首先从课题的核心概念,政策依据、调研方法,本书整体思路与体例设计等方面做了初步探讨。此后,经过近一年的资料收集整理和实地考察调研,我们对浙江城市社区文化建设的总体脉络与蓬勃生气有了较为深入的把握。事实上,浙江省在社区文化建设方面有许多做法走在全国前列，其中杭州、宁波、嘉兴和温州尤为突出，在文化建设方面的案例很多，亮点不少。像杭州的“邻居节”、嘉兴的“文化有约”、宁波的“数字图书馆在社区的推广服务”等已成为一个地区的文化品牌。还有许多社区在“一社一品”的建设中依据社区自身优势和地域特点，形成了各具特色的社区文化队伍和文化活动样本。像杭州钱塘社区的“钱塘茶诗社”，宁波后大街的“十里红妆”打击乐队，温州春秋社区的青少年教育，嘉兴亚都社区的社区运动会等，在全国都有一定的知名度。在调研过程中，浙江城市社区文化建设中涌现的一个个生动鲜活的案例让我们感受到基层群众无穷的创新力量，也激发了我们探索和研讨的热情。

在实地考察与调研过程中，我们得到了浙江省文化厅及各地市文广新局的大力支持。特别感谢浙江省文化厅、宁波文广新局、嘉兴文广新局、温州文广新局为本书的撰写提供了很大的帮助；此外，各个地市的示范社区所提供的资料为我们的调研提供了线索，这些社区在文化建设方面的创新思路也启发了我们的思考。

本书分为三个部分：概论篇、实践篇和思考篇(其中概论篇和实践篇由唐濛执笔，思考篇由龙长征执笔)。概论篇梳理城市社区与社区文化的基本理论观点和浙江省城市社区文化建设总体格局。实践篇全面介绍浙江省社区特色文化建设中的经典案例，并从社区文化建设的理念、队伍建设、特色活动、青少年教育、空间营造等方面总结浙江省社区文化建设的突出特点；文化是增强城市、社区的竞争力和提升形象的重要手段，更是创建和谐社会的重要力量，关于社区文化建设的命题在未来还有许多新的发展空间。思考篇从浙江省城市社区文化建设的现有成果出发，探索社区文化建设未来发展的道路。其中实践篇作为全书的重点，我们在篇幅上给予了较大比重。由于精力有限，时间仓促，个人的能力也有欠缺，我们对浙江省的各个地市涌现出来的一些精彩案例难免疏漏，但我们力求寻找到浙江省最鲜活、最经典的案例，这些案例切切实实证明浙江城市社区文化建设对于人民生活品质的提升、人文素养的培育都起着重要作用。在思考篇中，我们从社区文化整合性、文化供给、传播交流等方面总结了浙江省城市社区文化建设亮色，也指出其中不足，探讨其提升空间和发展趋势。这些是我们一点粗浅思考，希望能抛砖引玉，为社区文化建设者和研究者提供一些参考。

唐　濛　龙长征

2012年10月8日

图书在版编目（CIP）数据

浙江城市社区文化建设研究／唐濛，龙长征著.
—杭州：浙江大学出版社，2013.11
ISBN 978-7-308-12440-9

Ⅰ. ①浙… Ⅱ. ①唐… ②龙… Ⅲ. ①社区文化—社区建设—研究—浙江省 Ⅳ. ①G127.55

中国版本图书馆 CIP 数据核字（2013）第 259020 号

浙江城市社区文化建设研究

唐 濛 龙长征 著

责任编辑 余健波
封面设计 黄晓意
出版发行 浙江大学出版社
（杭州市天目山路 148 号 邮政编码 310007）
（网址：http://www.zjupress.com）
排　　版 杭州好友排版工作室
印　　刷 杭州杭新印务有限公司
开　　本 710mm×1000mm 1/16
印　　张 20.25
字　　数 291 千
版 印 次 2013 年 11 月第 1 版 2013 年 11 月第 1 次印刷
书　　号 ISBN 978-7-308-12440-9
定　　价 55.00 元

浙江大学出版社发行部联系方式：(0571) 88925591，http://zjdxcbs.tmall.com